法学与法治建设研究文丛
孟庆瑜 主编

RESEARCH ON JURISPRUDENCE
AND RULE OF LAW

5

河北省高等学校人文社会科学重点研究基地经费资助

刑法断思

Idea of Criminal Law

苏永生 著

法律出版社 LAW PRESS·CHINA

《法学与法治建设研究文丛》

总　序

“完善和发展中国特色社会主义制度，推进国家治理体系和治理能力现代化”是党的十八届三中全会确立的全面深化改革的总目标。在实现这一总目标的过程中，法治发挥着至关重要的作用。《中共中央关于全面推进依法治国若干重大问题的决定》进一步深刻指出，“依法治国，是坚持和发展中国特色社会主义的本质要求和重要保障，是实现国家治理体系和治理能力现代化的必然要求”。因此，如何将国家治理的现代化目标与全面推进依法治国的战略布局相结合，实现国家治理的法治化，不仅是党和政府需要全面推进的重大改革任务，而且是广大社会公众，特别是广大法律、法学工作者必须积极参与的重大系统工程。正是在这样一个特定的时代背景下，河北大学国家治理法治化研究中心适时成立和运行，并成功获批为河北省高等学校人文社会科学重点研究基地。

河北大学国家治理法治化研究中心是依托河北大学人大制度与地方立法研究中心、河北省政府法治研究中心等学术机构，整合法学、政治学、经济学、社会学等多方面的科研力量创建的，与河北省人大常委会法制工作委员会、河北省人民政府法制办公室、河北省人民检察院和河北省高级人民法院等国家机关和法律实务部门之间已建立交流与合作长效机制。中心拥有一支政治素质高、业务能力强、富有团队协作和创新精神的专兼职相结合的学术队伍，主要围绕人大制度与地方立法、政府法治与政府执行力、社会治理与法治创新、京津冀协同发展与地方法治等方向开展科学研究、人才培养和社会服务等工作。迄今为止，中心在课题研究方面，承担国家社会科学基金项目近10项，其中，中心负责人孟庆瑜教授主持承担的国家社会科学基金重点项目《京津冀区域生态环境协同治理政策法律问题研究》实现了河北省在该领域的突破；在决策咨询与服务方面，接受省人大法制工作委员会、省政府法制办公室、省人民检察院等部门委托，承担委托起草、专家论证、立法后评估、检察公信力测评等工作40余项；在学术交流方面，承办或协办第三届海峡两岸能源经济与能源法学术交流会、第六届中国农村法治论坛、第九届中国财税法前沿高端论坛、中国经济法学研究会2015年年会等多次全国性学术会议。

《法学与法治建设研究文丛》是河北大学国家治理法治化研究中心创设的，由法律出版社负责出版的研究成果转化平台，着力对法学研究和法治建设方面的原创性或实用性成果予以资助出版，以期能为推进国家治理体系和治理能力现代化这一总目标的实现提供必要的理论支撑和决策参考。

河北大学国家治理法治化研究中心
《法学与法治建设研究文丛》编辑委员会
2015年12月

刑法知识的地方性与普遍性(代自序)

自清末中国传统法律文化的近代转型以来,在刑法知识的发展上我们主要走的是学习型道路。先是被动学习德、日等大陆法系国家的刑法知识,新中国成立后我们开始主动学习苏联的刑法知识,改革开放后特别是到了20世纪90年代,我们又主动学习德、日等大陆法系国家的刑法知识。在这一过程中,我们一直把中国传统法律文化搁置起来,以致今天我们在刑法领域所使用的一些概念、原则、理论大都是从国外移植而来的,与中国传统法律文化之间难以契合,甚至存在冲突。当前,全面复兴传统文化不仅仅是一种口号,而且已经付诸实践。在这种大背景下,我们是继续学习西方刑法文化,还是改弦易张,从中国传统文化中寻求法治的基因?这是一个需要深入思考的问题,也是一个亟须解决的现实问题。而且这一问题解决的好坏直接关系我国刑法文化能否健康良性发展,因而需要慎重对待。

任何刑法知识都具有地方性,因为任何刑法的运作都是凭靠地方性文化。正如格尔茨所言:“和航海、园艺、政治和诗学一样,法律与民族志都是地方性的技艺:它们都凭借地方知识来运作。”[1]所以,对刑法问题首先应当从地方视角来理解。例如,罪刑法定原则是西方自由主义法律文化的产物,所以自由主义法律文化传统就构成了罪刑法定原则的地方性,是罪刑法定原则运作所凭靠的地方性知识,相应地,对罪刑法定原则应从自由主义法律文化传统以及促使这一法律文化传统形成的要素中来理解。若不如此做,则无法达致对罪刑法定

---

〔1〕[美]克利福德·格尔茨:《地方知识》,杨德睿译,商务印书馆2016年版,第261页。

原则的深度理解。在这个意义上,刑法知识的地方性也可以视为刑法知识的历史性。从现实情况来看,刑法知识之所以具有地方性,主要有两个方面的原因:一方面,刑法的制定具有地方性,是一国或一个地区政治、经济、文化共同作用的产物,而一国或一个地区的政治、经济、文化(特别是文化)大都具有地方特色。另一方面,刑法的解释具有地方性。刑法解释是在刑法规范与包括案件事实在内的一系列社会事实之间来回穿梭的过程,而社会事实往往都是地方性的。从刑法知识的地方视角来审视,可以得出这样一个结论:我国自近代以来刑法文化的过程,在很大程度上是摆脱刑法知识之地方性的发展过程,即去地方化的发展过程。在这一过程中,凡是传统的都被认为是落后的,以致传统文化中的一些优秀成分也被有意或无意遮蔽了,形成了中国刑法学中"中国元素"严重缺位的局面。

当前,刑法知识的去地方化具有双向特点,即不仅在刑法知识的建构上去中国化,而且在刑法知识的运用上去西方化。换言之,在运用西方刑法知识解释中国问题时,既忽视了中国问题的特殊性,又割裂了西方刑法知识本身的地方性。例如,针对我国近年来刑法立法上的犯罪化趋势,很多学者从德、日的以非犯罪化为表征的刑法谦抑主义立场出发提出了较为严厉的批评。但是,一方面,这种批评显然缺乏实践理性,既忽视了中国刑法立法既定性又定量的特点,又忽视了德、日刑法立法只定性不定量的特点,似在"真空状态"下讨论中国刑法立法。另一方面,这种批评既有意忽视了德、日刑法多年来的犯罪化趋势(如环境犯罪),又背离了刑法谦抑主义的本来含义,仅仅以刑法谦抑主义的部分实践和表象为依据来批评中国刑法立法。再如,法益概念是一个极具德、日色彩的概念,但在我国现已获得普遍接受,而且很多学者将其与中国刑法理论中的犯罪客体概念等同。事实上,这一刑法知识的德日化趋势同时背离了法益概念和犯罪客体概念所凭借的地方知识,以致以法益概念为基础把目的论解释视为刑法解释方法的桂冠并加以运用时,远离了法治在刑法领域的基本操守,而借目的论解释之名行扩大解释和类推之实。刑法知识的去地方化既不能有效解释中国刑法的立法和司法实践,而且在很大程度上扭曲了中国刑法立法和司法实践,因而其危害甚大。在全面复兴传统文化的背景下,刑法知识的去地方化应当受到清理。

但是,刑法知识的地方性并不否定刑法知识的普遍性。如果说刑法知识的地方性是同时从历史性、当下性以及具体性的视角来观察刑法,那么刑法知识的普遍性则是同时从发展性、当下性以及宏观性的视角来观察刑法的。毋庸置疑,任何刑法知识在原初意义上都是地方性的。也就是说,刑法知识的普遍性是从刑法知识的地方性发展而来的。例如,罪刑法定原则最初只是在英国的法律文件中得到了确认,后来在北美洲和欧洲大陆传播,再后来在世界范围内广泛传播,进而得到法治刑法的普遍承认。在这个意义上,获得普遍接受的刑法知识是地方刑法知识发展的结果,不可能是原初意义上的刑法知识,所以刑法知识的普遍性是发展了的地方刑法知识,并因而获得了发展性和当下性。所以,任何具有普遍性的刑法知识一定蕴含着地方性,但具有地方性的刑法知识则不一定具有普遍性。同时,应当注意的是,刑法知识的普遍性虽然具有相对性,但刑法知识一旦具有了普遍性,则意味着刑法知识在较大范围内获得了认可,所以刑法知识的普遍性也就意味着刑法知识的宏观性。

刑法知识的普遍性具有相对性。仅在一国范围内普遍使用的刑法知识,相对于外国而言,其又具有地方性,但相对于本国不同地区而言,则又具有普遍性。所以,对刑法知识的普遍性可以从国内与国际两个视角来认识。从国内视角来看,当某一刑法知识在国内被普遍接受时,其就获得了普遍性;从国际视角来看,当某一刑法知识被多个国家或地区接受时,其就获得了普遍性。刑法知识的普遍性是对刑法知识之地方性的抽象,所以刑法知识的普遍性意味着对刑法知识之地方性在一定程度上的剥离。例如,罪刑法定原则是一个从概念到理论再到实现机制的体系。但是,各国普遍接受的罪刑法定原则主要是指概念和理论层面上的罪刑法定原则,罪刑法定原则的实现机制因具有明显的地方性而在普遍接受中被剥离,以致形成了罪刑法定原则在实现机制上的多样性。再如,在德国和日本,法益的概念已经获得了普遍性,且其功能主要在于出罪。但是,在法益概念的基本功能上,在德国主要依靠二元的行为无价值论来实现,而在日本主要依靠结果无价值论来实现。

在全面复兴传统文化的大背景下,一个值得警惕的问题是,在实现刑法知识之地方化的同时,可能出现刑法知识的去普遍化。中国当前的刑法知识显然是一个“大杂烩”。既有对中国传统刑法知识和革命根据地时期刑法知识的继承和保留,又有对刑法知识苏俄化和德、日化的继受。这就是中国刑法知识的现状,也是中国刑法知识的中国特色。但是,长期以来,人们把刑法的中外比较主要限定为中国传统刑法与西方刑法的比较。[1] 在这种研究范式下,中国当前刑法知识中继受西方刑法知识的那部分易被认为属于西方刑法知识,对中国刑法知识而言具有"殖民"性质,因而在全面复兴传统文化的背景下易受到挤压,乃至被剔除。实际上,经过中国继受的西方刑法知识,已经是被剥离原初地方性而赋予新的地方性的刑法知识,因而属于当前中国刑法知识的重要组成部分。

刑法知识的普遍性意味着刑法知识的可接受性。越具有普遍性的刑法知识,说明其可接受性程度越高。可接受性程度越高的刑法知识,说明其涵摄力越强。在全球化和互联网时代,应当全面提倡在不同国家或地区的刑法知识之间进行比较。舍此,不仅刑法知识的普遍性就会被遮蔽,而且难以在不同国家或地区之间实现刑法知识之间的互通有无。而这不仅不利于本国刑法知识的传播,而且会对本国法治建设造成危害。所以,我们在刑法知识上必须实现双向发展:一方面,要增强刑法知识的地方性,使刑法知识能够"接地气";另一方面,要增强刑法知识的普遍性,使本国的刑法知识在更广泛的范围上获得接受,在国际竞争中增强软实力,同时以广阔的胸怀接纳来自国外的具有普遍性的刑法知识,最终实现刑法知识之地方性与普遍性的有机互动。

刑法知识的地方性和普遍性原理告诉我们,任何刑法知识都具有地方性,所以在认识到刑法知识之普遍性的同时,也必须认识到其地方性。认识不到刑法知识的地方性,就不会认识到刑法知识的本质,也不会认识到刑法知识发挥作用的机理。例如,作为德、日刑法知识的法益保护原则,是以作为宪法原则和法治原则的罪刑法定原则、阶层式犯罪论体系和以文义解释为"堤坝"的刑法解释方法体系为逻辑前提的,因而只具有出罪功能。这是法益概念原初意义上的地方性,也是法益概念在当下德、日的地方性。认识不到这一点,就无法使法益概念发挥应有的作用。在我国,很多学者接受了法益的概念,并把法益概念等同于传统中国犯罪构成体系中的犯罪客体概念,认为社会危害性就是法益侵害性。但实际上,无论从犯罪构成体系还是罪刑法定原则的法律地位来看,犯

---

[1] 实际上,这不是完全意义上的中外比较,因为在这种比较中舍弃了中国近代以来的刑法知识。这种比较有古今比较的意蕴,但它仅限于古代刑法文化与当前中国刑法文化中继受西方刑法文化之间的比较,因而也是不完整的。

罪客体的概念既有入罪功能,也有出罪功能。在这种情况下,如果把法益概念等同于犯罪客体的概念,就等于遮蔽了法益概念的地方性,法益概念的应有功能将得不到发挥。

刑法知识的地方性和普遍性还告诉我们,刑法知识可以通过赋予新的地方性而获得普遍接受。但是,这种新的地方性的赋予不能违反原初地方性所蕴含的普遍价值。例如,罪刑法定原则的基本表述是"法无明文规定不为罪,法无明文规定不处罚",基本功能在于通过限制刑罚权来保障人权。在这一前提下,任何新的地方性的赋予都是被允许的,也是罪刑法定原则被普遍接受的重要途径。但如若把"法律明确规定为犯罪行为的,应当定罪处刑"也认为是罪刑法定原则的内容,并以此赋予罪刑法定原则地方性,则是对罪刑法定原则的改变,因而不是罪刑法定原则的普遍化。对于树立刑法权威和增强民众的法规范忠诚感而言,"法律明确规定为犯罪行为的,应当定罪处刑"无疑具有合理性和必要性,而且当下中国的刑法确实需要这样的理念,但它不是罪刑法定原则的内容。

刑法知识的地方性和普遍性还告诉我们,有 3 种研究方法是刑法学研究不可或缺的:

一是教义学的研究方法。刑法教义学是从刑法理论上维护法治立场的一种学术手段。它不仅要求依据法治的基本理念来解释刑法规范,而且要求必须忠实于刑法用语的字面含义,特别是反对任意扩大或缩小刑法用语的含义范围。这是理论上维护法治的基本操守,但在我国刑法学领域还远未得到贯彻。例如,现行《刑法》第 14 条第 1 款和第 15 条第 1 款把罪过形式的判断立场规定为"危害社会的结果",但在理论上以行为为立场来解释罪过形式的情形大量存在。[1] 再如,《刑法》第 338 条没有明文规定污染环境罪的罪过形式,而且依据该条的文理和污染环境罪的犯罪性质也难以确定该罪的罪过形式到底是故意还是过失,但刑法理论上非得认为污染环境罪的罪过形式不是故意就是过失,而不承认可能是故意也可能是过失。这显然是在人为缩小刑法用语的含义范围。所以,在我国当下,为了维护法治立场,强化刑法知识的地方性,首先得

〔1〕 这种情况的出现可能意味着刑法把罪过形式的判断立场确定为"危害社会的结果"存在问题,但在刑法如此规定的情况下,以行为为立场来判断罪过形式,不能不说是对刑法教义学的背离。

强调有效贯彻刑法教义学,严格依照我国刑法的字面含义来解释刑法,不能动辄以西方的刑法理论为依据来任意扩大或缩小我国刑法用语的含义范围。

二是文化与社会人类学的研究方法。在文化与社会人类学视野中,制度包括正式制度和非正式制度。前者主要是指法律、政策等由权威部门制定颁布的规范性文件;后者主要是指法律、政策等正式制度之外的社会规范,如风俗习惯、道德、宗教规范等。文化与社会人类学关注正式制度的运作过程与结果,但更关注非正式制度的运作过程与结果,特别是正式制度与非正式制度的互动关系。所以,从文化与社会人类学的立场来看,刑法学不仅应当研究一国或一个地区的刑法,更应当研究刑法运行所凭靠的地方知识,如风俗习惯、宗教规范、伦理道德等民间规范。所以,文化与社会人类学的研究方法能够为刑法与其他社会规范之间建立有效联系,是重新认识和评估中国传统法律文化的当代意义,增进刑法知识与中国传统法律文化有效对接,进而实现刑法知识地方化的有效途径。

三是比较研究的方法。比较研究有助于发现刑法知识的地方性,进行孰优孰劣的比较。表面上完全相同的法律原则,通过比较后就可以发现其中的差异,进而可以判断出优劣。例如,中国刑法和德、日刑法都贯彻责任主义原则,但在具体贯彻上则存在差异。德、日刑法立法不仅强调犯罪的成立需要行为人有责任,而且在处罚上严格区分故意与过失。而中国刑法虽然在犯罪成立上需要行为人有责任,但在有些情况下在处罚上没有严格区分故意与过失,罪过不明的立法即是如此。通过比较后可以发现,德、日的刑法立法在严格责任的贯彻上显然比我国刑法立法要彻底。这是普遍性之下的地方性。对于这种地方性,只有运用比较研究的方法才能发现,进而判断优劣。比较研究还有助于增强刑法知识的普遍性。一些看似地方性的刑法知识实际上具有普遍性,这种普遍性只能通过比较研究的方法才能发现并得以传播。例如,中国刑法中的死缓制度,看似死刑的重要组成部分,但实际上主要是限制适用死刑的一种制度,与限制和废除死刑的国际趋势不谋而合。所以,通过比较研究,就会发现本国刑法知识的优点,有助于实现本国刑法知识的普遍化,增强制度自信和理论自信。

本书所收录的是笔者自 2011 年以来在法治的地方性和普遍性原理指导下写就的 11 篇论文。有的侧重刑法知识的普遍性,有的侧重刑法知识的地方性,但均充分展现了刑法知识的地方性与普遍性相结合的思想。有的从刑法知识之地方性出发反思刑法知识的普遍性,有的则从刑法知识的普遍性出发批评刑法知识的地方性,旨在建立刑法知识之地方性与普遍性的互动关系。从内容上来看,可以将这些论文归纳为3类:第一类是关于刑法价值问题的研究,包括“刑法公法化的疑问”“刑法目的的基本层面及其展开”和“刑事政策与刑法关系:中国问题、德国经验及其借鉴”。这组论文偏重于从不同视角来讨论刑法的功能和价值,故冠名“价值论”。第二类是关于刑法立法问题的研究,包括“刑法谦抑主义的西方图景与中国表达”“变动中的刑罚结构”“污染环境罪的罪过形式研究”以及“贪污罪数额规定修改之利弊分析”。这组论文侧重于对晚近中国刑法立法进行整体或者个别性评价,故命名为“立法论”。第三类是关于刑法解释问题的研究,包括“我国刑法中的法益保护原则”“刑法合宪性解释的意义重构与关系重建”“刑法司法解释的限度”以及“酌定从重处罚情节之否定”。这组论文侧重于研究刑法解释基本原理和对现行刑法的部分规定进行学理解释,故称“解释论”。

目录

上篇　价值论

中篇　立法论

下篇　解　释　论

上篇　价　值　论

刑法公法化的疑问

一、问题及研究进路

近年来，随着法律移植活动的深入进行，大陆法系国家法学理论中公、私法的分类理论在我国法学界备受青睐。无论法理学者还是刑法学者，大都接受了公、私法的分类理论，而且在这一法律分类中，刑法往往被认为是公法。然而，在阐述刑法为何属于公法的理由时，不同刑法学者之间却存在差异，主要有两种不同的观点：第一种观点认为，在公法与私法的分类中，刑法属于公法，因为刑事法律关系的主体限于国家和个人，而且在这一法律关系中个人处于法律上的从属地位，是一种以权力为基础的服从关系。[1] 不难看出，这种观点以法律关系的性质作为划分公、私法的标准，即凡是调整国家与个人之间关系的法律属于公法，凡是调整个人与个人之间关系的法律属于私法。因为刑法调整的是国家与个人之间的从属关系，所以刑法属于公法。第二种观点认为，在公法与私法的分类中，刑法属于公法，因为在刑法中，科处刑罚的国家以特别强烈的方式实施着公权性质的行为。[2] 这种观点以法律制裁的强弱程度作为划分公、私法的标准，即凡是以特别强烈的方式实施公权的法律就属于公法，凡是以平和的方式实施私权或公权的法律就属于私法。因为刑法以特别强烈的方式实施着公权，因而刑法属于公法。

公、私法的划分是西方国家对法律的一种基本分类，自古罗马时期就一直贯穿于大陆法系国家法学理论发展的过程。但随着法律的发展，关于公、私法的划分标准可谓经历了从一元到多元的发展过程。如果说在古罗马时期私法

---

〔1〕 参见陈兴良：《本体刑法学》（第2版），中国人民大学出版社2011年版，第11 ~ 12页。

〔2〕 参见张明楷：《刑法学》（第5版）（上），法律出版社2016年版，第16页。

是指“私”的法，即习惯法，公法是指“公”的法，即制定法，那么到目前为止，公、私法的划分标准则距离这一原本意义上的分类标准越来越远，而且始终无法就这一问题达成共识。因而，从前述将刑法归属于公法的理论根据来看，论者只是选择了公、私法划分的诸多理论之一。然而，从公、私法划分的现有理论出发，是否真的就可以得出刑法属于公法的结论呢？这实在令人怀疑。

刑法是一种制裁性法律，其他法律分支借助于这一制裁性法律，以求得对各自确立的义务予以充分认可。[1] 刑法的这种保障法地位，随着我国宽严相济刑事政策的施行，必将得到加强，因为宽严相济刑事政策的价值理念正体现在刑法的谦抑性之中，[2] 而刑法的谦抑性本身就蕴含在刑法的保障性之中。然而，将刑法归属于公法的理论是否真的就能为刑法的保障法地位提供有力的解释呢？值得深思。

近年来，刑事和解制度在我国基层司法实践中逐步兴起。一方面，在一些地方国家机关颁布的规范性法律文件中，刑事和解作为一种制度被确立了下来；另一方面，刑事和解的基本理念逐步深入人心，并形成了丰富的刑事和解实践。刑事和解制度的兴起，对传统刑法理论提出了极大挑战，使刑法的发展出现了民法化趋势，刑法与民法之间的界限变得越来越模糊。在这种情况下，如果还固守刑法属于公法的理论通说，那么还能够对因刑事和解制度兴起而导致的刑法理论和刑事法治实践模式的新发展进行合理而有效的解释吗？值得认真思考。

基于以上认识，笔者从以下 3 个方面出发，对刑法的公法化提出了质疑：首先，从公、私法划分的理论出发，认为公、私法的划分虽然是大陆法系国家法学对法律的一种基本分类，但从目前关于公、私法划分的多元标准出发，实在难以将刑法归属于公法。其次，从刑法在法律体系中的地位出发来看，刑法是一切法律的保障法，这种保障法的地位决定了刑法不应当属于公法。最后，从刑事和解视野下刑法理论和刑事法治的新发展来看，将刑法归属于公法的理论无法解释刑事和解的制度实践，更无法解释因刑事和解制度实践而引起的刑法理论

〔1〕 参见[法]卡斯东·斯特法尼等：《法国刑法总论精义》，罗结珍译，中国政法大学出版社 1998 年版，第 34 页。

〔2〕 参见陈兴良：《宽严相济刑事政策研究》，载《法学杂志》2006 年第 2 期。

和刑事法治的新发展,因而具有现实的不合理性。而质疑的目的在于对刑法的基本法律属性予以重新界定,为合理解决刑法与其他法律的关系提供理论支撑,进而增强刑法理论对社会实践的解释力。

二、刑法公法化不符合公私法的划分理论

到目前为止,中外法学界关于公、私法的划分没有一致的认识,且比较混乱。其中,影响较大的学说主要有以下5种:一是目的说。该说从立法的目的出发,认为以维护公共利益为目的的法律属于公法,以维护私人利益为目的的法律属于私法。这是公、私法划分的最初标准。古罗马法学家乌尔比安首次提出公、私法的这种划分标准。他认为,公法“造福于公共利益”,私法“造福于私人”。[1] 二是社会关系说。该说从法律所调整的社会关系的不同性质出发,认为调整国家和私人之间关系的法律是公法,调整私人与私人之间关系的法律是私法。这是目前关于公、私法划分的一般标准。[2] 三是与国家强制机构有无关系说。该说是德国著名社会学家马克斯·韦伯关于公、私法划分的学说,认为公法所调整的行为涉及国家的强制机构,即它服务于国家机构本身的存在、扩展以及直接贯彻那些依照章程或者契约所适用的目的,私法所涉及的行为与国家的强制机构无涉,而是仅仅可以被国家强制机构视为通过准则调节的行为。[3] 四是行为说。该说是英国著名学者哈耶克所提倡的关于划分公、私法的学说。哈耶克从法律所调整的行为的不同性质出发,认为公法主要是指那些下达各层人员执行集体计划或具体目的的组织命令,调整政府行为或国家行为,而私法主要是指那些支配着个人行动和交易的规则,调整个人行为。[4] 五是强行法说。该说以瑞士法学家伯克哈特为代表,认为公法是强行法,其法律关系不能由当事人任意改变,法律应由国家机关根据职权强制执行;私法是任意法,其法律关系可以由当事人双方通过协议加以改变,法律的强制执行也应通过当事人的要求。[5]

---

〔1〕 [意]彼得罗·彭梵得:《罗马法教科书》,黄风译,中国政法大学出版社2005年版,第7页。
〔2〕 参见张文显主编:《法理学》(第2版),法律出版社2004年版,第74页。
〔3〕 参见[德]马克斯·韦伯:《经济与社会》(下卷),林荣远译,商务印书馆1998年版,第1页。
〔4〕 参见邓正来:《法律与立法二元观》,上海三联书店2000年版,第49页。
〔5〕 参见沈宗灵:《比较法研究》,北京大学出版社1998年版,第125页。

以上5种学说从各自的立场出发或者将刑法归属于公法，或者将刑法归属于私法。但在笔者看来，从这5种主要学说及其理论根据出发，均无法得出近代以来的刑法属于公法的结论。

第一，从目的说出发，只能够得出近代以前的刑法属于公法，而近代以后的刑法不属于公法。在近代以前，市民社会没有从政治国家中分离出来，一切利益几乎都被认为是国家利益，连个人的人身本身也都被认为是国家的财产。在这种情况下，刑法保护的所有利益都被认为是国家利益，刑法不仅干涉个人生活的所有领域，而且刑罚的发动具有恣意性。[1] 按照目的标准说，此时的刑法无疑属于公法。然而，生活利益的不断变化，致使法益的数量和种类也随之发生变化。[2] 近代以来，随着商业复兴运动、法人运动和环境保护运动的先后兴起，刑法在承担维护公共利益的任务的同时，还承担着维护私人利益、社会利益和生态利益的使命，各国刑法均先后增设规定了侵犯个人利益的犯罪、侵犯社会利益的犯罪和侵犯生态利益的犯罪。由此不难看出，近代以来的刑法所保护的利益范围不再限于国家利益，还包括个人利益、社会利益和生态利益。因而，按照目的说，无法将近代以来的刑法归属于公法，刑法的公法性逐渐被消解，其公法性"唯我独尊"的地位发生了动摇。

第二，从社会关系说出发，亦只能得出近代以前的刑法属于公法，而近代以后的刑法不属于公法的结论。在近代以前，市民社会没有从政治国家中分离出来，国家权力具有集中性、庞大性与绝对性，国家是个人生活的唯一场所，个人与国家的关系成为人类社会生活的全部内容，于是个人显得非常渺小，个人权利惨遭剥夺。[3] 在这种情况下，刑法所调整的社会关系均被认为是国家与个人之间的关系，犯罪是"孤立的个人反对统治关系的斗争"，因此，按照社会关系标准说，此时的刑法无疑属于公法。但是，随着近代以来的商业复兴运动的深入发展，市民社会逐渐从政治国家中分离出来，导致了以私法与公法分庭抗礼为主要内容的第一次法律革命的发生。在这种情况下，刑法的调整范围从以

---

〔1〕 参见[日]平野龙一：《刑法总论Ⅰ》，有斐阁1972年版，第5页。转引自张明楷：《刑法学》(第5版)(上)，法律出版社2016年版，第4页。

〔2〕 参见[德]弗兰茨·冯·李斯特：《德国刑法教科书》，许久生译，法律出版社2006年版，第6页。

〔3〕 参见张明楷：《刑法的基本立场》，中国法制出版社2002年版，第1页。

往的国家与个人之间的关系不得不扩展到私人与私人之间的关系。之后,随着以法人运动和环境保护运动为推动力的第二次和第三次法律革命的发生,刑法的调整范围进一步发展为私人与私人之间的关系乃至国家、社会、私人与自然界之间的关系。显然,按照社会关系说,只能将近代以前的刑法归属于公法,而近代以来,刑法的公法性一统江湖的局面先后被其私法性、社会法性和生态法性所打破并消解。

第三,按照与国家强制机关有无关系说,任何国家法都属于公法,因为任何法律(指国家制定法)都依仗于国家的强制机构,因而就国家法内部而言,并无所谓公、私法的划分,刑法属于公法还是属于其他这一问题就变得没有任何意义了。与强制机关有无关系说是德国著名学者马克斯·韦伯所主张的划分公、私法的标准。诚然,韦伯的法学理论不仅构成一个独立的体系,而且还与其在社会学领域所建树的各个命题都有着密切关系。[1] 但不可否认的是,韦伯首先是一个社会学家,在法学界往往被尊称为法律社会学家,因而其理论观点无法摆脱社会学之前见影响。在韦伯的法律社会学视野中,法律被分为两类:一类是严格意义上的法律,即所谓"国家法律";另一类是一般社会规范,即所谓"超国家的法律"。[2] 韦伯把法律划分为"国家法律"和"超国家的法律"的标准正是"法律与国家强制机关有无关系",并由此得出"国家法律"属于公法,而"超国家的法律"属于私法的结论,因为前者与国家强制机关的关系密切,而后者则与国家强制机关没有多大关系。这一观点正确揭示了国家法与其他社会规范之间的区别,因为正是国家强制力把法律与其他以习惯、道德、社会伦理或协议为基础的社会规范相区别。[3] 但问题是,从韦伯的立场出发,国家法都属于公法,因而其内部就无所谓公、私法的划分了,更遑论刑法属于公法还是其他的问题了。

第四,从行为说出发,也无法得出刑法属于公法的结论。行为说主张,公法是规制组织行为(如国家的司法行为)的法律,而私法主要是指那些支配着个人行为的法律。但现代刑法理论一般认为,刑法规范具有二重性,即刑法规范

---

〔1〕 参见徐爱国等:《西方法律思想史》,北京大学出版社2002年版,第353页。

〔2〕 [德]马克斯·韦伯:《经济、诸社会领域及权力》,李强译,生活·读书·新知三联书店1998年版,第8页。

〔3〕 参见[德]魏德士:《法理学》,丁晓春、吴越译,法律出版社2005年版,第30页。

既是面向裁判者的裁判规范，又是面向一般人的行为规范。作为裁判规范，刑法规范为裁判者的裁判活动提供行为模式；而作为行为规范，刑法规范又为社会大众的活动提供行为模式。[1] 而且刑法规范首先表现为裁判（或审判）规范，即刑法规范首先发挥着指示或命令司法工作人员如何裁定、判断行为是否构成犯罪以及对犯罪如何追究刑事责任的机能；其次才是行为规范，发挥着禁止一般人实施犯罪行为，给一般人提供评价行为的标准，以期一般人不实施犯罪行为的机能。[2] 依据刑法规范的二重性，刑法不仅规制个人的行为，同时还规制司法机关的行为。因此，依据行为说的标准，根本无法得出刑法属于公法的结论。

第五，从强行法说出发，也无法得出刑法是公法的结论。强行法说把法律分为强行法和任意法，认为法律关系不能由当事人任意改变的就属于强行法，而法律关系可以由当事人双方通过协议加以改变的就属于任意法。相应地，强行法属于公法，任意法属于私法。那么，刑法是否属于强行法呢？笔者认为，对此不能一概而论。例如，现代各国刑法中大多规定了亲告罪，即刑法明文规定需要被害人告诉才处理的犯罪。对于亲告罪而言，被害人不告诉的，国家司法机关不予处理，即使告诉了还可以撤回。所以，因亲告罪而设立的刑事法律关系并非属于不能由当事人任意改变的法律关系。换言之，在有些情况下，刑事法律关系也可以由当事人双方通过协议加以改变。在这个意义上，刑法不完全属于强行法，因而就不能将刑法绝对地划归为公法。

由上可见，按照目前关于公、私法划分标准的主要学说，把刑法归于公法的做法，都是不科学的。同时也可以看出，在西方法学中关于公、私法划分的标准也是比较混乱的。

划分公、私法的标准是什么，在我国法学家中是一个长期争论不休且至今仍无结论的问题。有的倾向于以法律的形式特征作为标准，有的倾向于以法律的实质内容或目的作为标准；有的倾向于单一标准，有的倾向于多种标准。[3] 20 世纪以来，随着自由主义思潮的衰落和国家职能的强化，公法与私法之间相

---

〔1〕 参见刘志远：《二重性视角下的刑法规范》，中国方正出版社 2003 年版，第 111 页。

〔2〕 参见张明楷：《刑法学》（第 5 版）（上），法律出版社 2016 年版，第 26 页。

〔3〕 参见沈宗灵：《比较法研究》，北京大学出版社 1998 年版，第 124 页。

互浸透，其界限日益模糊。“私法的公法化”和“公法的私法化”成为立法的主导潮流。与此同时，许多法学家，如奥斯丁、狄冀、凯尔逊等，纷纷反对公法与私法的划分。例如，狄冀从个人没有主观权利而只有服从客观法即社会连带关系的义务这一前提出发，反对公法和私法的传统划分。[1] 凯尔森指出，人们往往认为有可能将私法规范界说为保护私益的规范，公法规范则是捍卫国家利益的规范。“然而，这一定义由于国家可以是私法范围中法律关系的当事人这一事实而归于无效。在这种情况下，私法规范无疑体现了保护国家利益，所谓‘公’益的职能。姑且不论这一特殊情况，人们总不能否认维护私人利益也合乎公共利益的。如若不然，私法的适用也就不至于托付国家机关。”[2]

不仅如此，在当今世界法学界具有极大影响的两位学者——德国的马克斯·韦伯和英国的弗里德利希·冯·哈耶克，对刑法到底是属于公法还是属于私法，有着极为不同的认识。一如前述，在韦伯看来，刑法与国家的强制机构之间有着极为密切的联系，当然属于公法；而哈耶克则认为，私法与公法之间的区别就是正当行为规则与组织规则之间的区别，刑法主要是用来支配个人行动的，当然属于私法。[3] 这种对刑法法律属性的不同认识，正说明了公、私法划分标准的不确定性。

中国本无“私法”的观念。私法赖以存活的社会文化条件是独立的个人以及与之相对应的权利。但是，中国传统文化中没有个人以及与之相对应的权利这一基本的文化立场，因而不可能产生“私法”这一概念。[4] 所以，就我国现代法学理论而言，公、私法的划分理论纯属移植的结果。20 世纪 80 年代，我国法学界对公、私法的划分理论曾提出过严厉批评，但这种批评只具有意识形态或阶级立场方面的意义，而不具有法学理论和法律实践层面的重要价值。进入 20 世纪 90 年代以来，随着市场经济模式和“依法治国”基本方略的先后确立，

---

〔1〕 参见[法]狄冀：《宪法论》(第 1 卷)，钱克新译，商务印书馆 1959 年版，第 484 ~ 494 页。

〔2〕 [奥]凯尔森：《法与国家的一般理论》，沈宗灵译，商务印书馆 2013 年版，第 303 ~ 304 页。

〔3〕 参见[英]弗里德利希·冯·哈耶克：《法律、立法与自由》(第 1 卷)，中国大百科全书出版社 2000 年版，第 209 页。

〔4〕 参见梁治平：《寻求自然秩序中的和谐：中国传统法律文化研究》，商务印书馆 2013 年版，第 216 ~ 217 页。

移植西方法律和法律理论又一次成为我国法律发展的重要途径。在这种情况下,我国法学理论和立法实践都对大陆法系国家的法学理论和法律进行了大规模的移植。正是在这种背景下,公、私法的划分理论在我国法学界得以“昭雪”,成为法律分类理论的重要组成部分。

然而令人不解的是,对于什么是公法和私法这一大陆法系国家法学理论尚难以厘清的问题,在我国法学理论中居然成为了法律的重要分类,而且被广泛运用于部门法的划分当中。刑法属于公法这一在西方法学理论中存在极大争议的问题,在我国法学理论中居然成为了定论。之所以出现这种情况,究其原因,无非是对西方公、私法的划分理论进行了简单移植。如果说前述我国学者将刑法归属于公法的第一种观点依据的是社会关系说,那么第二种观点依据的则是强行法说。而无论社会关系说还是强行法说,均没有被作为公、私法划分的合理标准而得到普遍接受,根本原因在于其都无法解决现代刑法中的一些问题。[1] 我国刑法理论将刑法归属于公法的理论似乎是对西方国家公、私法划分标准模糊性的一种回避,然而,这种“回避”将公、私法的划分人为地简单化了,并没有为刑法属于公法的论断提供合理而有效的解释。

三、刑法公法化不符合刑法在法律体系中的地位

刑法在法律体系中处于何种地位?这一问题一直到20世纪90年代随着张明楷教授的《刑法在法律体系中的地位》一文的发表才引起了我国学者的重视。张明楷教授指出,法律体系由3部分法律组成:一是根本法,包括宪法及相关的国家法;二是部门法,包括能按所调整的对象和保护的社会关系进行分类的法律,诉讼法归入相应的实体法,不是独立的部门法;三是保障法,即刑法,包括刑法典、单行刑法、非刑事法律中的刑法规范及刑事诉讼法。[2] 至此,刑法的保障法地位在我国从理论上得以确立。刑法在一国法律体系中为何处于保障法地位?在笔者看来,这主要是由于两个方面的原因所致:一是刑法的严厉

---

〔1〕 例如,依据社会关系说,无法解释刑事法律关系中加害人与被害人及其家属之间这种具有私权性质的关系。而且正因为强调加害人对被害人或社区的侵害,使人们对传统的报应性司法进行了前所未有的反思和批判,提出了主导当今刑事司法发展趋势的修复性司法。参见陈晓明:《论修复性司法》,载《法学研究》2006年第1期。

〔2〕 参见张明楷:《刑法在法律体系中的地位》,载《法学研究》1994年第6期。

性。刑法的制裁方法主要是刑罚，而刑罚是所有法律制裁手段中最严厉的一种，所以只有在迫不得已的情况下才能规定并运用刑罚。“刑法只不过是保障生活中已经被实施的行为规范的顺利实行而已。因而人们往往把刑法称为二次性规范或保障性规范。”[1]二是刑法调整范围的广泛性。一般部门法只调整和保护某一方面的社会关系，而刑法则调整有关人身、经济、财产、婚姻家庭、社会秩序等诸多方面的社会关系。在这个意义上，刑法没有特定的调整对象，划分刑法与其他部门法的标准，只能是刑法特有的制裁措施。任何法律规范，只要规定的制裁措施是刑罚，就属于刑法规范。[2] 因而，刑法所调整的社会关系往往也是其他法律所调整的社会关系。在这种情况下，只有当其他法律不能有效调整某一社会关系时才可能动用刑法，这也是刑法与其他一切法律的重要区别。

自近代以来，随着社会利益格局的发展变化，法律结构也发生了很大变化，并且被划分为不同的领域。在实行专制统治的古代社会，几乎所有的利益都以国家利益的形式表现出来。与这种一元利益结构相适应，任何法律基本上都具有“公”的性质，在保护国家利益之外，别无他求。资本主义社会初期，随着商业复兴运动的兴起和发展，个人利益逐渐得到确认，以往的国家利益唯一论的利益结构被“国家利益—个人利益”的二元利益结构所取代，与此相适应，形成了“公法—私法”的二元法律结构。[3] 18 世纪中叶以后，随着法人运动的深入发展，社会利益（团体利益）从国家利益中逐渐分离了出来，并被提上了与国家利益和个人利益同等乃至更高的地位，以往的二元社会利益结构被“国家利益—个人利益—社会利益”的三元利益结构所取代。相应地，以往的“公法—私法”的二元法律结构被“公法—私法—社会法”的三元法律结构所取代。20 世纪 50 年代以来，随着生态危机的加剧，人们对以往以牺牲生态利益为基础的

---

[1] 李海东主编：《日本刑事法学者》（上），中国法律出版社、日本国成文堂 1995 年版，第 22 页。

[2] 参见陈忠林：《意大利刑法纲要》，中国人民大学出版社 1999 年版，第 1～2 页。

[3] 公、私法的划分最早是由古罗马法学家提出来的，目的是捍卫“私的法”（习惯法）而作出的一种学理上的努力。与罗马人划分公、私法的目的不同，近代人对公、私法的划分是由于市民社会先于国家组织，自由主义思潮深入人心且具有制度性保障的条件下，法学家为了教学、司法实践和立法上的方便而随意地借用了这一对概念。参见强世功：《法制与治理》，中国政法大学出版社 2003 年版，第 351 页、第 353 页。但不可否认的是，正是近代以来人们对私益的重视，才赋予了私法以新的含义和意义，并使私法成为了对抗国家权力的重要法域。

发展模式进行了深刻反思,提出了可持续发展理念。在可持续发展理念的影响下,生态利益在观念上受到了空前的重视,使现代社会的利益结构正在由以往的三元结构朝着"国家利益—个人利益—社会利益—生态利益"的四元利益结构演变。与此相适应,法律结构也正在从以往的三元结构向"公法—私法—社会法—生态法"的四元结构演进。可见,在当今社会,法律应当被划分为公法、私法、社会法和生态法四个不同的法域,[1]分别对国家利益、私人利益、社会利益和生态利益予以保护。

由上述分析可以看出,如果将刑法归属于公法,则会出现以下无法解释的问题:首先,无法解释刑法对公法、私法、社会法和正在形成的生态法的保障作用。现代刑法都规定了对私人利益、社会利益和生态利益的犯罪,这正是刑法对私法、社会法和生态法的保障性的体现。而且公法、私法、社会法、生态法这四大法域之间是并列关系,由各自所保护的利益性质的不同所决定,它们之间不可能存在保障与被保障的关系。所以,如果把刑法归属于公法,就从理论上失去了刑法对私法、社会法和生态法的保障作用。其次,无法解释刑法调整范围的广泛性。一如前述,刑法的调整范围具有广泛性,或者说刑法没有特定的调整范围。但如果将刑法归属于公法,而按照通行的观点,公法是保护国家利益的法律,这就使刑法只能调整至少有一方为国家机关或其他公共机构的社会关系,但事实上并非如此。最后,无法解释通行的犯罪分类。意大利著名学者贝卡里亚在其《论犯罪与刑罚》一书中依据犯罪所侵犯的不同利益把犯罪分为3类,即危害国家利益的犯罪、危害个人利益的犯罪和危害社会利益的犯罪。[2]贝氏对犯罪的这一分类具有重要意义,基本上厘定了近代以来大陆法系各国刑法对犯罪的分类。现代世界各国刑法大多将犯罪分为侵犯国家利益的犯罪、侵犯个人利益的犯罪和侵犯社会利益的犯罪,并依此建立了刑法分则的体系,只不过是排列次序不同罢了。如果将刑法归属于公法,并按照通行的观点——公法是保护国家利益的法律,则刑法规定的所有的犯罪都只能是侵犯国家利益的犯罪,就无所谓侵犯社会利益和个人利益的犯罪了,这显然不符合现实。

---

〔1〕 参见郑少华:《生态主义法哲学》,法律出版社2002年版,第27~28页。

〔2〕 参见[意]贝卡里亚:《论犯罪与刑罚》,黄风译,中国大百科全书出版社1993年版,第71~85页。

刑法在法律体系中的保障法地位决定了刑法具有谦抑性。所谓刑法的谦抑性，是指这样一种价值理念：只有在迫不得已的情况下才能规定并运用刑法。从刑法的谦抑性价值理念中可以看出，刑法具有紧缩性和补充性。

自近代以来，法律的发展出现了法的非刑法化嬗变。在这一嬗变过程中，法越来越丧失其以刑法的暴力性为后盾的强制性，而是增加了涵括面，成为社会关系的纽带。从历史演变过程来看，可以发现一个共同的趋势，就是刑法在整个法律体系中所占比重逐渐降低，表现为刑法的紧缩性。[1] 刑法的紧缩性并不意味着刑法的作用越来越不重要了，因为在当今社会，公民的自由依然主要依靠良好的刑法，正因为刑法的存在，才迫使人们不去选择犯罪，促使人们选择使用其他方法来解决社会冲突。在现代社会，制裁犯罪行为的法律主要包括3种，即侵权行为法、行政处罚法和刑法。在这3种法律中，人们更倾向于使用侵权行为法和行政处罚法，而不是刑法，这正是刑法的紧缩性的体现。刑法的紧缩性表明，刑法对社会生活所持的态度是消极守望，而非积极干预。

我国有学者曾经指出，在公法与私法的分类中，刑法属于公法，但刑法的公法性质与行政法等法律的公法性质存在差异。[2] 但这种差异在哪里？论者并未阐明。笔者认为，这种差异主要在于行政法与刑法对社会生活的不同态度，即行政法对社会生活采取的是积极干预的态度，而刑法对社会生活所持的是消极守望的态度。虽然行政法的目的主要在于控制政府的权力，但如果公共权力机关渎职，行政法也要强迫它去履行职责。[3] 况且行政法所保护的是国家利益，因而基于政治目的的需要，行政法往往保持着一种积极的扩张态度。自19世纪以来，行政法发展中所表现出的不断扩张的趋势，正是这种情况的反映。与行政法不同，自近代以来，刑法的发展出现了萎缩的趋势，非犯罪化、非刑罚化和非监禁化成为了刑法发展的世界性潮流，而且将诸多应由其调整的社会关系让位给了行政法。行政法对社会生活所采取的这种积极干预的态度，正是公法的特有理念。因为行政法是特别用于调整作为管理者的国家和作为被管理者的臣民之间的关系的法律部门，它本身所关注的首先是公共集体本身的事

---

〔1〕 参见陈兴良：《本体刑法学》（第2版），中国人民大学出版社2011年版，第61页。

〔2〕 参见张明楷：《刑法学》（第5版）（上），法律出版社2016年版，第16页。

〔3〕 参见［英］威廉·韦德：《行政法》，楚建译，中国大百科全书出版社1997年版，第5～6页。

务,其次才是个人的事务。[1] 这显然与刑法的目的不同。

由此可见,将刑法归属于公法,必然会在理论上赋予刑法积极干预社会生活的特性,削弱刑法对个人自由的保障,因为公法只是一种复杂的政治话语形态,公法领域内的争论只是政治争论的延伸。[2] 这与刑法的紧缩性不相符合,也不符合刑法的发展趋势。

法国著名思想家卢梭曾经指出:“刑法在根本上与其说是一种特别的法律,还不如说是对其他一切法律的制裁。”[3]日本学者平野龙一也指出,即使行为侵害或威胁了他人的生活利益,也不是必须直接动用刑法。若可能,采取其他社会统制手段才是理想的。可以说,只有在其他社会统治手段不充分,或者其他社会手段(如私刑)过于强烈,有代之以刑法的必要时,才可以动用刑法。[4] 这就是刑法的补充性价值理念。由此价值理念可以得出:第一,刑法是保护其他一切法律实施的法律;第二,只有当其他社会手段无法制裁某一行为时才能动用刑法。

在一个国家的法律体系中,刑法虽然只具有补充性的地位,而且是解决社会冲突的最后一道手段,但这并不意味着刑法是可有可无的;恰恰相反,对其他一切法律来说,刑法是一种必要的补充。正如我国著名刑法学家高铭暄教授所言:“刑法是其他部门法的保护法,没有刑法作后盾、作保证,其他部门法往往难以得到贯彻实施。”[5]刑法的补充性范围随着法律革命的深入发展而发展变化。每一次重大的法律革命都带来了法律结构的重大变化,导致部门法的增加,并对刑法的补充性范围有所拓展。在以商业复兴运动为动力的第一次法律革命产生之前,法律主要是为了维护国家利益而存在的。在这种情况下,刑法无所谓补充性,因为以刑罚为主要制裁方式的刑法,经历了从介入国民生活各个角落的全面法到调整一定范围社会关系的部门法,再到作为其他部门法实施后盾的保障法这样一个演变轨迹,而在第一次法律革命发生之前,刑法是介入

---

〔1〕 参见[德]奥托·迈耶:《德国行政法》,刘飞译,商务印书馆2002年版,第15~17页。

〔2〕 参见[德]马丁·洛克林:《公法与政治理论》,郑戈译,商务印书馆2002年版,第8页。

〔3〕 [法]卢梭:《社会契约论》,何兆武译,商务印书馆1980年版,第73页。

〔4〕 参见[日]平野龙一:《刑法总论Ⅰ》,有斐阁1972年版,第47页。转引自张明楷:《刑法格言的展开》(第3版),北京大学出版社2013年版,第167页。

〔5〕 高铭暄主编:《中国刑法学》,中国人民大学出版社1989年版,第12页。

国民生活的全面法。第一次法律革命促成了以个人本位为基础的法律——私法。从这一次法律革命开始，刑法才真正具有了补充其他法律的性质，同时兼具补充维护国家利益和个人利益的法律实施的性质。以法人运动为动力的第二次法律革命促成了以社会本位为基础的法律——社会法。与此相适应，刑法也将其补充性拓展到社会法领域。进入20世纪以来，随着生态危机日益加剧，对生态利益的保护受到了人们的广泛关注，引发了第三次法律革命。这次法律革命的最重要成果是促成了以生态本位为基础的法律理念——生态法理念，与此相适应，刑法还将承担补充生态法实施的任务。

由上可见，刑法不仅是补充公法和私法的法律，而且也是补充社会法和生态法的法律。刑法的补充性价值理念充分说明了刑法不仅具有公法性和私法性，还具有社会法性和生态法性。因而，不能因为刑法具有公法性就认为刑法是公法，把刑法视为公法的理论通说显然有悖于刑法的补充性价值理念。

四、刑法公法化无法解释刑事和解的制度实践

刑事和解是近年来在我国兴起的一种制度性实践，而且对传统的刑法理论提出了挑战。就目前情况而言，刑事和解不仅适用于轻微刑事案件，而且逐步扩展到未成年人犯罪案件、过失犯罪案件、在校学生涉嫌犯罪的案件；不仅适用于轻罪案件，而且适用于重伤、抢劫、杀人等重罪案件。各地对刑事和解的适用，普遍收到了积极的社会效果，获得了法律实务界和法学界的普遍认同。对于刑事和解这一新的制度，由于其与传统的刑事法律制度存在分歧，因而受到了不少学者的批判。但笔者认为，无论理论上是否承认刑事和解，刑事和解都将作为一种社会现象存在下去。而存在的东西都有它存在的原因和背景，它能一直存在，就说明它能够发挥某种特定的社会功能。这也许就是黑格尔作出“存在的就是合理的”这一论断的深刻理由。刑事和解这一制度实践之所以存在，显然有它存在的理由，因而对这一制度实践不应当视而不见，相反，应当采取积极的态度对其对我国刑法理论的挑战予以积极回应。在这种情况下，刑法的法律属性这一刑法学的基本理论首先应当得到反思。

从刑事和解的理论与实践来看，将刑法界定为公法的传统理论显然是较为僵化的。

首先，将刑法界定为公法无法解释刑事和解制度下犯罪理论的新发展。刑

事和解制度在我国的广泛实践对传统的犯罪理论构成了挑战。传统理论认为，犯罪是孤立的个人侵犯社会整体利益的违法行为，国家通过对犯罪人的定罪量刑来对犯罪人进行惩罚，实现刑罚的正义，并预防那些被定罪的犯罪人以及潜在的犯罪人继续实施犯罪行为。而在刑事和解理论构造中，犯罪被认为首先侵犯了被害人的利益，正因如此，才有犯罪人与被害人及其家属之间的和解。无论在传统的刑法制度还是刑法理论当中，刑事被害人都是缺位的，而刑事和解正是基于对传统刑法制度及刑法理论的这种缺失的补充而建立起来的。因而，在刑事和解的制度构造中，犯罪不仅表现了国家与个人之间的隶属关系，更重要的是体现了以加害人与被害人为中心而展开的平等关系。我国学者依据我国的刑事和解实践，把刑事和解分为 3 种模式，即加害方与被害方自行和解模式、司法调解模式和人民调解委员会调解模式。[1] 如果说在第一种模式中纯粹体现了加害人与被害人之间的平等关系的话，那么在第二种和第三种模式中，虽然有国家司法机关或人民调解委员会的参与，但这种参与在更多情况下只起到促成和引导的作用，加害人与被害人及其家属在刑事和解中的主体地位没有发生任何动摇，因而也体现了加害方与被害方之间的平等关系。在这种情况下，如果把刑法界定为公法，则意味着刑法所调整的关系只能是国家与犯罪人之间的关系，那么如何对主要体现加害方与被害人之私人关系的刑事和解制度予以解释呢？如果一定要坚持刑法是公法，那么，刑事和解就无法在刑法上得到承认，反而应当受到打压。但现实情况是，刑事和解显然已构成了我国丰富多彩的法律实践，而且无论实务部门还是理论界的主流观点，均对刑事和解持积极的肯定态度。法治从来都是自生自发的法律与立法相结合的产物，[2] 相应地，法治的生成是一种自上而下与自下而上的互动过程。不顾刑事和解制度所体现的加害方与被害方之间的平等关系，将刑法界定为公法并在此理论框架下硬性坚持刑法只调整国家与犯罪人的关系，显然不符合法治的发展规律，是纯粹建构理性主义的体现。因而，将刑法界定为公法的传统理论，显然无法解释由刑事和解这一新的社会法律现象所导致的刑事法律的发展趋势。

---

〔1〕 参见陈瑞华：《刑事诉讼的中国模式》，法律出版社 2008 年版，第 4 ~ 10 页。

〔2〕 参见［英］弗里德里希·冯·哈耶克：《法律、立法与自由》（第 1 卷），邓正来等译，中国大百科全书出版社 2000 年版，第 135 页以下。

其次，将刑法界定为公法无法解释刑事和解制度下刑事责任理论的新发展。刑事和解制度的兴起，对刑事责任理论也构成了挑战。我国学者指出，虽然从责任产生的前提来看，刑事和解的理解与传统理论极为接近，即承认犯罪人的自由意志，分清是非，避免角色混论，强调犯罪人主动担当责任。但从责任主体来看，除了犯罪人之外，强调社区的责任担当，则是刑事和解理论相当独特的贡献；从责任的对象来看，刑事和解强调以被害人和社区为责任履行之对象，摒弃面向国家承担责任；从责任承担的形式来看，赔偿、道歉和社区劳动构成了主要的 3 种形式，在刑事和解的理解中，适当的责任形式绝非消极地接受刑罚，而是积极地挽回因犯罪造成的不良后果；从责任的目标来看，刑事和解的基本目标定位于恢复，恢复这一目标，不要被简单地理解为“使事物恢复到犯罪发生前的状态”，而是蕴含着更高的精神意向，那就是以个案处理为契机，努力实现某种改进与超越。[1] 可见，在刑事和解视野中，犯罪与其说是传统意义上的犯罪，倒不如说更接近于民法上的侵权行为。正因为对刑事被害人的重视和对社区利益的强调，才使刑事和解备受关注，也使刑事法律关系由以往的国家与犯罪人之间的关系发展为犯罪人与被害人之间的关系，使刑法的发展出现了刑法的民法化趋势。这足以表明：刑法所保护的社会关系绝非仅仅具有“公”的性质，而且还具有“私”的性质；刑事责任的实现绝非意味着仅仅由国家来主导，犯罪人与被害人通过自行协商或通过第三人调解完全可以实现刑事责任；“赔偿”这一在以往因具有“以钱赎罪”之嫌而被排除在了刑事责任实现方式之外的惩罚方法，完全有可能成为刑事责任的实现方式之一，而正因如此，才使刑法具有了更多“私”的性质，才更加贴近人们的社会生活。如此一来，如果将刑法界定为公法，则根本无法解释刑事责任的这一发展趋势，无疑会使刑法“戴着脚镣跳舞”，无法发挥其应有的职能，进而无法适应社会的发展。

最后，将刑法界定为公法无法解释刑事和解制度下刑事法治的新发展。在刑事和解制度兴起以前，刑事法治在两个领域(国家与社会)中展开。“国家—社会”框架是 20 世纪 80 年代下半叶以来法学研究的一个重要分析框架。在这一框架下，针对犯罪处理方式的不同，可以将犯罪处理分为国家模式和社会模式两种类型。其中，犯罪处理的国家模式是指以国家垄断司法权为基础的形式

---

〔1〕 参见杜宇：《刑事和解与传统刑事责任理论》，载《法学研究》2009 年第 1 期。

理性诉讼制度。典型的国家模式一般排斥社会力量对犯罪处理权的实质分享，被害人、加害人以及社区的意志无法终止犯罪的处理程序。犯罪处理的社会模式是指以社会自主处理犯罪为基础的制度模式，这种模式在现代还在一定范围内存在，如中国基层社会中大量存在的犯罪"私了"现象。[1] 如果说犯罪处理的国家模式充分体现了国家公权力在犯罪治理中的作用的话，那么犯罪处理的社会模式就成为了国家公权力企图控制但始终控制不了的领域，这也是人们将刑法界定为公法的重要理由之一。然而不可否认的是，任凭国家公权力如何扩张，犯罪处理的社会模式都始终存在，即使在国家公权力无比强大的当今社会依然如故。这足以说明，在治理犯罪方面，国家公权力始终是有限的，而且在特定情况下还显得极为有限，企图将犯罪的治理全部纳入国家刑法框架体系下的想法是不现实的。因而，犯罪处理的社会模式作为刑事法治的重要领域，应当受到重视。在这一犯罪处理模式下，无论什么样的法律，显然只具有"私"的性质，因为这里根本就没有国家公权力的介入。由此来看，如果把刑法界定为公法，则犯罪处理的社会模式不仅仍然会成为游离于国家公权力之外的一种模式，而且更为重要的是，其既不利于国家刑事制定法与民间社会之间的沟通，也不利于刑法公众认同感的培养，这在法治贫困的民间社会表现得极为突出。

刑事和解制度的兴起，开辟了刑事法治的"第三领域"。刑事和解制度与犯罪处理的国家模式和社会模式之间均存在较大差异。其一，刑事和解制度与犯罪处理的国家模式相差甚远。在刑事和解制度实践中，被害人、加害人乃至非公、检、法机关的第三方都或多或少地实质分享了犯罪的处理权，尤其是被害人和加害人的合意或同意，对于犯罪处理的程序进程产生了实质性影响。其二，刑事和解制度也基本上不属于犯罪处理的社会模式。在刑事和解实践中，尽管公、检、法机关不再垄断犯罪的处理权，但其仍然对案件的和解结果享有最终的司法审查、确认乃至否决权，这与社会处理模式对国家权力机构的排斥和消极态度正好相反。刑事和解在极具形式合理性的国家刑事制定法与注重实质合理性的民间社会之间架起了沟通两者的桥梁，有利于缓解两者之间的紧张

---

〔1〕 参见肖仕卫：《刑事法治的"第三领域"：中国刑事和解制度的结构定位与功能分析》，载《中外法学》2007 年第 6 期。

关系。[1] 从实用主义的角度来看,刑事和解制度不仅契合了加害方—被害方的利益需求,而且对司法机关也带来了收益,同时也有利于达成社会和谐。[2] 因而,刑事和解理念一经推广,就受到人们的普遍重视。刑事和解制度的兴起,实质上是社会分享了国家的刑罚权。如果说在此之前在刑事领域对权利的救济表现为公力救济和私力救济的话,那么在此之后又出现了介于公力救济与私力救济之间的社会救济。按照当前流行的公、私法划分的理论,如果说公力救济属于公法的调整对象,私力救济属于私法调整对象的话,那么显然无法将刑事和解制度所影射出来的社会救济纳入公法或私法。所以,将刑法界定为公法的理论,显然无法解释以刑事和解制度实践为主要表现形式的刑事法治的新发展。

综上所述,刑事和解制度的兴起,对传统的犯罪、刑事责任、刑事法治理论均提出了极大挑战。无论是犯罪理论还是刑事责任理论,抑或是刑事法治理论,都在刑事和解制度实践中实现着不同程度的超越,催生出一系列与刑事和解相适应的理论谱系,使犯罪理论、刑事责任理论和刑事法治理论出现了新发展。将刑法界定为公法的理论通说均无法解释这些新的发展,显得较为僵化。

五、结语

把刑法归属于公法的传统理论,既无法从当前公、私法的划分理论中得到充分且合理的解释,也不符合刑法作为保障法这一法律性质的发展,同时更无法解释我国正在兴起的刑事和解的制度实践。那么刑法到底是一种什么样的法律呢? 从以上分析可以得出:第一,刑法只能是保障法。既然刑法是保障公法、私法、社会法和生态法实施的法律,那么刑法本身就不可能是公法、私法、社会法或生态法。否则,一旦发生社会冲突,刑法就会与公法、私法、社会法或生态法同时被发动,这显然不合理。所以,刑法只能是保障公法、私法、社会法和生态法实施的法律,而不可能是公法。第二,刑法只能是综合本位的法。本位,依王伯琦先生之说,乃指法的基本观念,或基本目的,或基本作用。[3] 刑法既

---

〔1〕 参见肖仕卫:《刑事法治的"第三领域":中国刑事和解制度的结构定位与功能分析》,载《中外法学》2007 年第 6 期。

〔2〕 参见陈瑞华:《刑事诉讼的中国模式》,法律出版社 2008 年版,第 10 ~ 21 页。

〔3〕 参见王伯琦:《民法总则》,台北,台湾学生书局 1979 年版,第 31 页。

然是保障其他一切法律实施的法律，就不能认为刑法是单纯的国家本位、个人本位、社会本位或生态本位的法。换言之，如果将刑法界定为任何“一种”本位的法，则必然导致刑法无法对其他本位的利益进行保护，刑法的保障性也就无从体现。在这个意义上，国权主义刑法与民权主义刑法的划分是不能成立的，刑法只能是综合本位的法。

刑法目的的基本层面及其展开

刑法目的是刑法的一个根本问题。一方面,刑法目的对刑法理论体系的架构具有重要的指导意义;另一方面,对刑法目的的不同理解也会给司法实践带来较大的影响。因而,正确界定刑法目的,对于刑法理论和刑事司法实践均具有重要的现实意义。近年来,随着我国刑法学研究的深入发展,刑法目的问题逐步受到重视。不仅有的刑法教科书已开始专门探讨刑法目的问题,[1]而且有的论著对刑法目的问题进行了专门研究;[2]与此同时,还有学者曾专门主持了有关刑法目的问题专题研讨。[3] 然而,从当前的研究成果来看,存在以下较明显的缺陷:其一,具有浓厚的形而下色彩,没有把刑法的性质与刑法目的联系起来,致使刑法目的与刑法价值之间出现了断裂,不利于对刑法的正确认识。其二,只是从理论和逻辑上来研究刑法目的问题,并未将中国具体的司法实践纳入刑法目的问题的研究视野,概念法学的色彩浓厚,致使其研究成果的现实指导意义极为有限。其三,只是从刑事实体法的角度来研究刑法目的,未将"刑事一体化"思想贯穿于刑法目的问题的研究中,忽视了实践中如何应对犯罪及其衍生出来的一系列社会问题。笔者通过分析与评价我国当前关于刑法目的的学说,提出应当从不同层面来理解刑法目的,初步建立了刑法目的层次理论,并通过刑法解释方法的具体运用分析了不同层面刑法目的的具体展开。

---

〔1〕 例如,张明楷教授撰写的《刑法学》(法律出版社 2003 年版、2007 年版、2011 年版、2016 年版)专门阐述了刑法目的。

〔2〕 例如,张智辉先生在其出版的《刑法理性论》(北京大学出版社 2006 年版)一书的第三章第一节专门论述了刑法目的问题。

〔3〕 例如,邓子滨研究员于 2008 年年初主持研究了刑法目的问题,并在《环球法律评论》2008 年第 1 期上刊登了陈兴良、张明楷、储槐植、曲新久、周光权、刘艳红等部分国内知名学者研究刑法目的问题的论文。

一、刑法目的的确立依据

(一)关于刑法目的的学说及其确立依据

刑法目的到底是什么？这在我国刑法学界并不是一个比较清楚的问题,甚至是一个众说纷纭的问题,致使不同观点并驾齐驱的原因在于确立刑法目的的依据存在重大差异。

1.“惩罚犯罪,保护人民”说

我国刑法理论的通说认为,刑法的目的在于“惩罚犯罪,保护人民”。这种学说坚持以刑法的相关规定为依据来确定刑法目的。我国《刑法》第1条规定:“为了惩罚犯罪,保护人民,根据宪法,结合我国同犯罪作斗争的具体经验及实际情况,制定本法。”第2条规定:“中华人民共和国刑法的任务,是用刑罚同一切犯罪行为作斗争,以保卫国家安全,保卫人民民主专政的政权和社会主义制度,保护国有财产和劳动群众集体所有的财产,保护公民私人所有的财产,保护公民的人身权利、民主权利和其他权利,维护社会秩序、经济秩序,保障社会主义建设事业的顺利进行。”据此,我国刑法理论的通说认为,刑法的目的就是“惩罚犯罪,保护人民”。[1]

2.法益保护说

近年来,随着我国刑法学界对德、日刑法理论的大面积接受,有学者提出刑法的目的在于保护法益。比如,张明楷教授指出,刑法的目的是保护法益,刑法目的与刑法机能具有一致性,因而作为刑法目的的法益保护包括对行为人自由的保障。[2] 不难看出,法益保护说的依据在于刑法的社会机能。现代刑法理论一般认为,刑法的社会机能包括法益保护和人权保障,所以把刑法的目的确定为法益保护正是刑法机能的集中展开。同时,这一观点也自认为具有刑法规范层面的依据。比如,张明楷教授指出:“刑法第2条关于刑法任务的规定,同时也是关于刑法目的的规定。”[3]当然,主张刑法的目的在于保护法益的观点还有一个理论根据,即法益侵害说。法益侵害说是当前关于犯罪本质的有力学

---

〔1〕 高铭暄、马克昌主编:《刑法学》(上编),中国法制出版社1999年版,第13页。

〔2〕 参见张明楷:《刑法目的论纲》,载《环球法律评论》2008年第1期。

〔3〕 张明楷:《刑法学》(第5版)(上),法律出版社2016年版,第22页。

说，既然认为犯罪的本质是侵害法益，那么逻辑上理所当然地就可以得出刑法的目的在于保护法益的结论。

3. 人权保障说

在刑法目的的确立上，有一种较为有力的观点认为刑法的目的在于保障人权。比如，陈兴良教授指出，刑法机能，也可以归结为刑法目的。刑法的社会机能包括人权保障与社会保护两大机能，这两大机能也就是刑法的目的。在我国当前情况下，应当首先强调人权保障。[1] 我国台湾地区学者黄荣坚教授也认为，确立刑罚权的要求，和对于法治国家的要求一样，是来自弱势的被统治者的愿望，这也是人类一开始想要制定刑法的动机之所在。质言之，人类想要有刑法，不是要创设刑罚，而是要限制刑罚。因为统治者的刑罚本来就已经存在了。因而，刑法的直接目的在于罪刑法定。[2] 罪刑法定是为保障人权而设定的，所以根据黄荣坚教授的观点，刑法的目的就在于保障人权。另外，还有学者依据宪法把刑法的目的确定为保障人权。这种观点认为，现代刑法目的的生成根基大致有三：一是宪法性根基，它指刑法目的在生成过程中根植于宪法中的基础，包括宪法目的、价值观以及宪法条文。二是客体性基础，即可能被择定为刑法目的内容的那些对象，如刑法功能、作用和价值等。三是社会性基础，它是指刑法目的在生成过程中，刑法目的主体在追求与选择客体性目标以及反馈宪法性根基时，起制约作用的各种社会性背景。其中，宪法发展对刑法目的具有导向和制约作用，我国应构建宪治基础上的刑法目的。宪治基础上的刑法目的，主要是张扬人权和自由的充分保障与国家政治权力有限收缩条件下的秩序与安全。无论立法者的刑法目的，还是司法者的刑法目的，都应当加强人权保障的分量。[3]

4. 规范效力维护说

关于犯罪的本质，在德、日等大陆法系国家刑法理论上历来存在法益侵害说与规范违反说之争。近年来，随着我国刑法学对德、日刑法理论的借鉴，这一争论在我国部分刑法学者之间也得以具体展开。这一争论跟结果无价值与行

---

〔1〕 参见陈兴良：《刑法机能的话语转换——刑法目的论的一种探讨路径》，载《环球法律评论》2008年第1期。

〔2〕 参见黄荣坚：《基础刑法学》（上），中国人民大学出版社2009年版，第7～8页。

〔3〕 参见曾明生：《宪法发展与刑法目的的生成》，载《法学杂志》2004年第3期。

为无价值的争论紧密联系在一起,不仅是一个犯罪本质问题的论争,而且引发了整个犯罪论乃至刑罚论之争。正如日本学者所言:“行为无价值论和结果无价值论的对立,尽管已经遍布整个犯罪论,但是,其最初是在违法论的阶段上加以讨论的。”[1]表现在刑法目的上,这一争论就是法益保护说与规范效力维护说之争。规范效力维护说认为,刑法的目的在于维护规范的有效性。例如,有学者指出,刑法目的具有相对性,可能在法益保护和规范维护之间转换。对于处在剧烈转型时期的当下中国社会而言,权利关系不清、规范关系有待建构、国民规范意识薄弱的现实决定了应当将刑法目的定位于对规范的维护。稳定规范是刑法的现实目的。在权利关系明确,国民的规范意识逐步形成,社会整体高度稳定之后,刑法目的可能从规范维护转向对法益的保护。[2] 可见,在我国,维护规范的有效性应当说是刑法目的的一种学说。从这一学说的理论脉络来看,其确立的依据就在于犯罪本质上的规范违反说以及与此相对应的更为根本的理论基础——行为无价值论。换言之,在刑法目的上坚持规范效力维护说,是在犯罪本质上坚持规范违反说及以此为中心而展开的行为无价值论的必然逻辑结果。

(二)关于刑法目的的确立依据

笔者认为,依据《刑法》的相关规定、刑法的社会机能以及犯罪本质理论等来确定刑法目的,都具有一定的道理,但都只是看到了刑法的某一部分,而忽视了刑法的整体。

“惩罚犯罪,保护人民”说确立的依据是我国《刑法》第 1 条和第 2 条的规定,但《刑法》第 1 条和第 2 条既非刑法的全部,也非刑法全部的代表,因而仅仅依据该两条规定来确定刑法目的,就刑法内部而言其片面性是不言而喻的。同时应当注意到,这种观点只是看到了刑法的规范层面,并没有把刑法的价值层面和实践层面作为确立刑法目的的依据来加以考量,因而从刑法外部来看也具有片面性。

法益保护说把法益保护与人权保障对立起来,并不符合犯罪论体系的基本架构。就我国刑法理论而言,法益保护说源自德、日等大陆法系国家,因而与其

[1] [日]曾根威彦:《刑法学基础》,黎宏译,法律出版社 2005 年版,第 86 页。
[2] 参见周光权:《论刑法目的的相对性》,载《环球法律评论》2008 年第 1 期。

犯罪论体系之间关系密切。在构成要件符合性、违法性和有责性的三阶层体系中,法益保护与违法性相对应,[1]而且在违法性判断上属于出罪判断。所以,法益保护与罪刑法定的作用方向是一致的,相应地,法益保护与罪刑法定之间逻辑上不存在对立关系。[2] 在这种情况下,把法益保护作为刑法目的,不仅有悖于刑法的思维逻辑,[3]而且不符合刑法的价值构造。此外,法益保护说只是从刑法的价值或机能的层面来寻求确定刑法目的的依据,没有对刑法规范和实践层面的考量,因而从方法论上来看,其片面性也是极为明显的。

规范效力维护说认为,刑法的目的在于维护规范的有效性。然而,这里的"规范"指的到底是何种规范却并不是很清楚。在行为无价值论的历史上,曾经历了伦理规范违反说和社会相当性说,当前的行为无价值论者已摆脱了道德主义的羁绊,确立了法规范违反说(行为规范违反说)。[4] 依据我国学者的论述,这里的规范应当指法规范。例如,有学者指出,那种认为法益侵害说在今天的大陆法系国家占主导地位,中国也就应当采取法益侵害说的观点值得商榷。因为中国素来不缺少刑法,但缺少刑法领域的法治传统,国民经常性地将刑法直接等同于令人恐怖的生杀予夺,一般不愿意主动去认识规范,信赖规范、遵守规范就更是难以谈起。由于缺乏规范意识和法情感,刑法的存在根基就经常性地发生动摇。[5] 然而,到底什么是"法规范",则是行为无价值论者根本就没有也无法说清楚的一个问题。因而,主张刑法目的在于维护规范的有效性,等于无的放矢。

可见,由于确立刑法目的的依据五花八门,所以导致刑法目的的学说异彩纷呈,各自为政。笔者认为,刑法目的具有综合性,仅仅从某一个方面无法得到充分的说明。换言之,既然刑法目的是刑法的一个根本问题,那么就应当从刑法价值、刑法规范和刑法实践3个层面来具体说明,并应坚持刑法的价值、规范

---

〔1〕 正因如此,大陆法系国家刑法理论提出了法益保护的刑法基本原则。参见张明楷:《外国刑法纲要》(第2版),清华大学出版社2007年版,第19页。

〔2〕 在这个意义上,刑法的目的解释不应当是对刑法的"解释",而充其量只是在刑法文义的范围内选择恰当文义的一种方法。

〔3〕 一个显而易见的理由是,为什么不把罪刑法定与责任主义确定为刑法的目的,而偏偏要把法益保护确定为刑法的目的呢?

〔4〕 参见张明楷:《行为无价值论与结果无价值论》,北京大学出版社2012年版,第24页以下。

〔5〕 参见周光权:《论刑法目的的相对性》,载《环球法律评论》2008年第1期。

和实践的一体化。

首先,刑法价值是确立刑法目的的重要乃至首要依据。价值是客体对主体的意义,包括客体对主体需要的满足和主体关于客体的绝对超越指向两个方面。价值在满足人的需要的同时,作为一种绝对超越指向,包含着人类的要求与愿望。[1] 相应地,刑法的价值是指刑法对人的意义,包括刑法对人的需要的满足和人关于刑法的绝对超越指向。“刑法价值是一个关系到刑法存在合理性的问题,是刑法的内在生命。”[2]因而,刑法价值在很大程度上决定了刑法的发展走向,是刑法的主导因素,关系着刑法运行的正当化,在确立刑法目的时必须得到充分考虑。相反,如果在确定刑法目的时不考虑刑法价值,那么在刑法目的指导下的刑法运行就必然会偏离刑法价值的要求,进而为刑事法治制造障碍。例如,在没有罪刑法定原则制约法益保护之传统的我国,单纯强调刑法目的是保护法益的观点,必然会使司法者把本不该由刑法来规制的情形依据处罚的必要性与合理性解释为能够为刑法所规制,进而破坏罪刑法定原则。

其次,刑法规范是确立刑法价值的重要依据。虽然刑法由概念、原则、规范以及技术性规定组成,但刑法规范是刑法的核心内容,而且概念、原则与技术性规定都是为刑法规范服务的。刑法规范是以禁止、处罚犯罪行为为内容的罪刑规范,其内容蕴含在刑法规定当中。因而,刑法的实现,实质上就是刑法规范之内容的实现。不仅如此,迄今为止的人类文明的发达程度表明,刑法规范只能通过语言文字来表述,正所谓“法律是通过语言被带出来的”。[3] 因而,刑法规范的实现就表现为刑法用语真实含义的实现。由此不难看出,刑法规范对刑法目的的确立意义重大。刑法目的的确立应当为如何有效实现刑法规范服务,为如何有效贯彻刑法用语真实含义服务。唯有如此,才能在刑法目的与刑法规范之间建立紧密联系,使刑法目的获得刑法规范上的合法性。

最后,刑法目的的确立离不开刑法实践。刑法不是用来供人观赏的,而是用来解决社会问题的,具体而言是用来解决刑事冲突的,这也就构成了刑法实践的核心内容。“建立和实施法治属于国家的重要任务,其原因在于没有法

---

〔1〕 参见卓泽渊:《法的价值论》,法律出版社 1999 年版,第 4 ~5 页。

〔2〕 陈兴良:《本体刑法学》(第 2 版),中国人民大学出版社 2011 年版,第 44 页。

〔3〕 [德]阿尔图·考夫曼:《法律哲学》,刘幸义等译,法律出版社 2011 年版,第 133 页。

治，人类就不可能和谐地共同生活。而刑法是任何法治的一个重要组成部分，因为现代国家习惯于一个有计划、引导性的和高效的角色，所以，保护人类的共同生活是刑法的主要任务之一。"[1]刑法对人类社会的保护不应当仅停留在对刑事冲突的压制上，而在于尽量实现刑事冲突的彻底解决——虽然刑法往往难以彻底解决刑事冲突。相反，如果刑法的运行不致力于刑事冲突的解决，那么必将导致人们对刑法的不信任。在这种情况下，刑法只能够依凭赤裸裸的国家暴力来维持其生命；相应地，人类生活也将由此进入由刑法带来的灾难，或者出现脱离刑法的混乱。因而，无论何时，刑法实践都是确立刑法目的的重要维度。撇开这一维度的刑法目的，最终将被无情的实践碰得粉碎。

可见，刑法价值、刑法规范和刑法实践都各自表达了对确立刑法目的的重要意义。值得注意的是，之所以从这 3 个方面来寻求确定刑法目的的依据，是因为迄今为止的刑法学思维，只有包括价值、规范和实践 3 个层面，才是完整的刑法学思维。"我们的历史经验告诉我们，任何人都不可能根据某个单一的、绝对的因素或原因去解释法律制度。"[2]迄今为止，关于法律的思维主要形成了 3 种倾向，即自然法学、分析法学和社会法学，除此之外的法学大多是对这 3 种思维倾向的重述、深化或者是这 3 种思维倾向的变种。不仅如此，法学发展史亦表明，法律是从法律理念出发，经由法律规范，进而达致具体的法律实践的。而且"并无任何法律判断，系仅仅由法律理念（仅仅由法律原则）推论而得，亦无任何法律判断，系仅仅由法律规范推论而得（亦即，没有现实因素是行不通的）"。"只有在规范与生活事实，应然与实然，彼此互相对应时，才产生实际的法律：法律是应然与实然的对应。"[3]对于刑法而言，这 3 种法学思维模式提供了检视刑法的 3 个层面，即要求分别从价值、规范和实践层面来检视刑法。因而，从刑法的价值、规范和实践 3 个层面来寻求刑法目的的确立依据，或者说，从刑法的价值、规范和实践 3 个层面来确立刑法目的，则穷尽了刑法学思维的基本方面，使刑法目的的确立依据更为全面而合理。

---

〔1〕［德］汉斯·海因里希·耶塞克、托马斯·魏根特：《德国刑法教科书》，徐久生译，中国法制出版社 2001 年版，第 13 页。

〔2〕［美］E. 博登海默：《法理学：法律哲学与法律方法》，邓正来译，中国政法大学出版社 2004 年版，第 218 页。

〔3〕［德］阿尔图·考夫曼：《法律哲学》，刘幸义等译，法律出版社 2011 年版，第 169 页。

二、价值层面的刑法目的及其具体展开

(一)价值层面刑法目的的确立——历史社会学的考察

前文已指出,刑法的价值即刑法对人的意义,包括刑法对人的需要的满足和人关于刑法的绝对超越指向。那么,刑法的价值到底是什么呢?对此,古今中外一直以来争议颇多。笔者认为,刑法的价值应当从刑法产生的历史动因来分析。

在此,首先应当把刑法与刑罚严格区分开来。日本刑法学者指出:“刑法是规定刑罚的法律。”〔1〕这句话看似简单,实则复杂。其中最为关键的是,刑罚到底产生于刑法之前还是刑法之后。换言之,在作为国家法律的刑法产生之前就已经有了刑罚,还是刑罚是基于刑法的规定而产生?也就是说,刑罚是法定的存在还是前法定的存在。本文认为,从事实论的角度来看,刑罚当然属于前法定的存在。例如,在我国奴隶制社会,受神权观念的影响,统治者推行“法不可知,则威不可测”的原则,〔2〕但并不能因此而认为当时就没有刑罚。事实上,因为不受刑法的制约,所以统治者的刑罚种类繁多,随意增减。从认识论的角度来看,刑罚在很大程度上属于规范性存在,即刑罚是刑法规定的产物,这不仅是人们认识刑罚的一种具体路径,而且是实现法治社会最为重要的路径之一。因为罪刑法定原则被认为是法治的重要原则,且以制约刑罚权为己任,这是人们对刑罚本性充分认识之后而达成的一种契约。由此可见,从事实论的角度来看,刑罚是先于刑法而存在的;从规范论的角度来看,刑罚又是刑法规定的产物。刑罚经历了从事实性到事实性与规范性并存的发展过程。在刑法产生之前,刑罚是一种事实性存在;而在刑法产生以后,刑罚也被赋予了规范性。

那么,刑法又是如何产生的呢?换言之,刑法产生的动因到底是什么?对此,我国学者曾经有过极为精辟的论述:“一个国家对付犯罪并不需要刑事法律,没有刑事法律并不妨碍国家对犯罪的有效镇压与打击;而且,没有立法的犯罪打击可能是更加及时、有效、灵活与便利的。如果从这个角度讲,刑法本身是多余和伪善的,它除了在宣传与标榜上有美化国家权力的作用外,主要是束缚

---

〔1〕[日]西原春夫:《刑法的根基与哲学》,顾肖荣等译,法律出版社2004年版,第42页。

〔2〕参见张国华主编:《中国法律思想史新编》,北京大学出版社1998年版,第41页。

国家机器面对犯罪的反应速度与灵敏度。”“那么,人类为什么要有刑法?”“对于这个问题在三百年前欧洲启蒙思想家们作出了回答:刑事法律要遏制的不是犯罪人,而是国家。也就是说,尽管刑法规范的是犯罪及其刑罚,但它针对的对象却是国家。”〔1〕可见,刑法产生的动因在于制约国家刑罚权,难怪在我国春秋战国时期颁布成文法的活动会遭到保守派贵族的强烈反对。〔2〕不仅如此,专制社会刑法到法治社会刑法的转变过程,也说了这一点。根据平野龙一教授的分析,封建刑法具有干涉性、恣意性、身份性、残酷性等特点。资产阶级思想家正是在批判封建刑法的这些特征的基础上,提出了制约刑罚权的法治刑法思想。〔3〕这与其说是对封建刑法的批判,还不如说是对封建刑罚的批判,因为所谓干涉性、恣意性、身份性、残酷性等说的都是封建刑罚的特点。不难看出,近现代刑法的产生和发展,不是为了惩罚犯罪,而正是为了保障自由。换言之,从刑法的产生和发展过程来看,刑法不是为了满足人们惩罚犯罪的需要,而是为了满足人们保障自由或人权的需要,相应地,刑法的价值就只能是保障人权。

值得注意的是,在中外刑法理论中,刑法被赋予了保护社会的价值目标。例如,日本学者指出:“刑法作为行使制止犯罪机能的一个方面,还具有保护国民的权利和利益免受犯罪的侵害的机能,因为刑法上的规范是对一切侵犯或危害某些利益(个人、社会、国家的利益)的行为施加刑罚,由此而具有保护这些利益的性质。刑法还有保障机能,即行使保护犯罪行为者的权利及利益,避免因国家权力的滥用而使其受害的机能。”〔4〕我国学者也指出,刑法的社会机能包括人权保障与社会保护两个方面。其中,社会保护机能是指刑法对社会的保护效用,包括对国家利益的保护、对社会利益的保护和对个人利益(被害人利益)的保护。〔5〕在本文看来,人们之所以把社会保护作为刑法的价值目标,是借用了刑事政策的思路,换言之,是混淆了刑法功能与刑事政策功能的界限。

在刑法与刑事政策的关系上,德国著名刑法学家李斯特曾经提出了一个著名论断——“刑法是刑事政策不可逾越的屏障”。之所以说是著名论断,是因

---

〔1〕 李海东:《刑法原理入门(犯罪论基础)》,法律出版社1998年版,代自序,第3~4页。
〔2〕 参见张国华主编:《中国法律思想史新编》,北京大学出版社1998年版,第41~45页。
〔3〕 参见张明楷:《刑法学》(上)(第5版),法律出版社2016年版,第4页。
〔4〕 [日]西原春夫:《刑法的根基与哲学》,顾肖荣等译,法律出版社2004年版,第45页。
〔5〕 参见陈兴良:《本体刑法学》(第2版),中国人民大学出版社2011年版,第34~36页。

为这一论断彻底厘清了刑法与刑事政策的关系,从理论上奠定了法治刑法的基础。罗克辛指出:"这句名言一方面将刑法视为社会科学,另一方面又视其为法律科学。在李斯特亲自创建的'整体刑法学'的双重特性里,体现着互相疏离的两股趋势:具体而言,一方面,他将体现整体社会之目的的、与犯罪作斗争的方法,按照他的话,也就是刑法的社会任务,归于刑事政策;另一方面,按照刑法的司法意义,法治国—自由的机能,亦即法律的平等适用和保障个体自由免受'利维坦'的干涉的机能,则应归于刑法。"〔1〕由罗克辛的论述来看,李斯特的论断之所以著名,是因为它不仅彻底厘清了刑法与刑事政策的关系,而且通过刑事政策与刑法的关系划定了刑事领域法治与反法治的界限。换言之,如果把刑事政策仅仅限制为指导刑事立法,而不指导刑事司法,就是一种法治的态度;如果赋予刑事政策指导刑事司法的功能,则是一种反法治的态度。事实上,在这一问题上,英美法系的理论也是如此。例如,美国著名法学家德沃金就指出,法律的构成要素包括政策、原则与规则,其中政策是用来指导立法的,不能直接适用,而原则与规则是可以直接适用的。〔2〕这就意味着,刑法与刑事政策在功能上的分野是刑事法治的基本要求。

可见,无论从刑法产生的动因还是刑法与刑事政策之关系的历史发展来看,刑法的价值目标只能是保障人权。刑法不仅应当为满足人的人权需求而运行,而且应当以人权保障作为其绝对指向。从这一层面来看,刑法的目的只能是保障人权,至少可以说保障人权是确立刑法目的的重要依据。

(二)价值层面刑法目的的具体展开——文义解释的重塑

刑法目的的展开必须借助于刑法解释方法的具体运用。那么,价值层面之刑法目的的展开应当依凭何种刑法解释方法的具体运用呢?值得认真思考。

刑法解释是对刑法用语的阐明,但如何阐明刑法用语的含义,涉及各种刑法解释方法的具体运用,因而较为复杂。自萨维尼以来,法律解释方法主要被划分为文义解释、体系解释、历史解释和目的解释,并在法律解释学中广泛采

---

〔1〕[德]克劳斯·罗克辛:《刑事政策与刑法体系》,蔡桂生译,中国人民大学出版社 2011 年版,第 4 页。

〔2〕参见[美]罗纳德·德沃金:《认真对待权利》,信春鹰、吴玉章译,中国大百科全书出版社 1998 年版,第 40~48 页、第 116~119 页。

用。[1] 这些法律解释方法也被刑法学者作为经典的刑法解释方法而加以运用。[2] 那么,各种刑法解释方法之间是什么关系,则在刑法理论上存在较大争议。[3] 为了实现刑法的人权保障目的,我国学者设计出了以合宪性解释为最终解释方法的刑法解释方法位阶关系。例如,有学者指出,刑法适用解释应当以文义解释为原则,以论理解释为补充,按照先文义解释,后体系解释、历史解释、目的解释并最终诉诸合宪解释的方法与顺序展开。[4] 还有学者指出,刑法解释应当遵循文义解释→体系解释→历史解释→目的解释→合宪性解释的运用顺序。[5] 笔者认为,这种对刑法解释方法体系的安排是存在问题的,人权保障目的的实现依赖于对文义解释的重塑。

首先,对任何刑法用语都得先进行文义解释,但这并不意味着文义解释就与其他解释方法之间具有位阶关系。"严格意义上的解释都是以待解释之规范的'可能语义'为界限的。如果法律适用偏离了这一原则,比如出于正当的同等对待的考虑,将某一法律规范适用于根据该规范的语义明显不属于其适用范围的情形,或者不将该规范适用于明显属于其适用范围的情形,则这些做法都不属于法律解释,而已经进入了对法律进行补充或校正的法律续造领域。"[6]由此来看,所谓法律解释,实质上就是对法律用语的含义进行探究,超出用语含义范围的所谓"解释"就不再是法律解释,而是造法了。在刑法解释上,文义解释往往有两种结果:一是当通过文义解释对刑法用语解释后得出单一含义时,则没必要再进行其他解释;二是当通过文义解释对刑法用语解释后得出多种含义时,则还得借助于体系解释、历史解释、目的解释等解释方法进一步明确刑法用语的含义。"每个解释,皆是依照自然的和特别的法学名词术语字义,从法律条文的所用文字上开始。字义多义时,以法律的产生史和在整个法律体系中的系统相关性作为进一步的辅助手段。"[7]以此来看,当运用文义

---

〔1〕 参见[德]卡尔·恩吉施:《法律思维导论》,郑永流译,法律出版社2004年版,第87~88页。

〔2〕 参见[德]汉斯·海因里希·耶塞克、托马斯·魏根特:《德国刑法教科书》,徐久生译,中国法制出版社2001年版,第191页。

〔3〕 参见苏彩霞:《刑法解释方法的位阶与运用》,载《中国法学》2008年第5期。

〔4〕 参见梁根林:《罪刑法定原则视域中的刑法适用解释》,载《中国法学》2004年第4期。

〔5〕 参见苏彩霞:《刑法解释方法的位阶与运用》,载《中国法学》2008年第5期。

〔6〕 [德]齐佩利乌斯:《法学方法论》,金振豹译,法律出版社2009年版,第28页。

〔7〕 [德]约翰内斯·韦塞尔斯:《德国刑法总论》,李昌珂译,法律出版社2008年版,第24页。

解释出现第二种结果后，体系解释、历史解释、目的解释等解释方法都是寻求刑法用语之恰当含义的方法，因而其本身与文义解释之间不可能存在位阶关系。

其次，体系解释、历史解释和目的解释三者之间也没有位阶关系。依据前述论者的观点，体系解释、历史解释和目的解释三者之间也存在位阶关系，换言之，当依据文义解释得出刑法用语具有多义性时，首先应采用体系解释，之后才能采用历史解释，最后采用目的解释来阐明刑法用语的真实含义。但在本文看来，这既不符合实际，也不值得提倡。一方面，刑法解释是一种创造性活动，即法官必须在刑法用语的含义范围内进行创造。“法官必须在各种可能的含义之间加以选择，而这种根据特定规则进行的创造性活动，就被人们称为解释。”[1]“法律不仅仅受限于立法者及其意图，法律是一系列价值观的集合。”[2]在文化多元的当今社会，当司法者遇到刑法用语具有多种含义时，可能直接依据体系解释、历史解释和目的解释中的任何一种解释方法得出刑法用语的真实含义，或者可能同时运用体系解释、历史解释和目的解释中的两种或者三种解释方法得出刑法用语的真实含义，或者可能把体系解释、历史解释和目的解释中任何一种解释方法作为第一种解释方法，而把其他两种解释方法作为第二种或第三种解释方法来使用。另一方面，刑法解释过程是一个受刑法解释理论指导的过程。在刑法用语具有多种含义的情况下，一个深受主观解释论影响的解释者则完全可能诉诸历史解释，而一个深受客观解释论影响的解释者则完全可能倾向于目的解释或体系解释。不仅如此，“不同的解释方法必须根据解释需求来确定。解释需求来自不同的案例所应当适用的不同的规范，在具体的工作步骤依次运用于同一规范的词上。然后在此基础上总结出法律解释结果；如果得到不同的部分结果，则必须以一个统一的眼光来衡量并论证其中哪一种结果更为合适”。[3] 由此来看，主张体系解释、历史解释和目的解释之间存在位阶关系的观点，是纯粹的理性建构。按照这种思维要求司法人员，不仅会制约司法人员创造性的发挥，而且会使刑法规范面临复杂多变的社会现实而

---

〔1〕［德］克劳斯·罗克辛：《德国刑法学总论》（第1卷），王世洲译，法律出版社2005年版，第85页。

〔2〕［挪威］斯坦福·U. 拉尔森主编：《社会科学理论与方法》，任晓等译，上海人民出版社2002年版，第75页。

〔3〕［德］N. 霍恩：《法律科学与法哲学导论》，罗莉译，法律出版社2003年版，第132页。

显得僵化。

最后,合宪性解释恐怕很难与其他解释方法之间形成位阶关系。根据前述刑法解释方法位阶关系理论,合宪性解释被认为属于最后一种解释方法,也是最为重要的一种解释方法,运用文义解释、体系解释、历史解释和目的解释所得出的解释结论都必须接受合宪性解释的检验。[1] 问题是,既然运用其他所有解释方法得出的解释结论都必须接受合宪性解释的检验,何不径直采用合宪性解释来解释刑法用语,而非得多此一举呢?事实上,依据论者的理论设计,任何解释方法都应在合宪性的范围内进行,即合宪性解释之外的刑法解释方法都是为合宪性解释服务的。在这种情况下,合宪性解释就不仅是最后才采用的刑法解释方法,而且是一切解释的出发点。既然如此,何来的其他解释方法在先而合宪性解释在后的刑法解释方法的位阶关系呢?

可见,所谓合宪性解释,实质上就是文义解释;体系解释、历史解释、目的解释等其他解释方法都是在刑法用语具有多种含义的情况下选择恰当含义的方法。因而,只有文义解释才是刑法解释的出发点,也是刑法解释的归宿。"从法治国家理由出发,可能的词义标准是不可缺少的,因为它提供了唯一的在客观上可检验的特征,而该特征可从能达到的可靠性上来加以认识,由此使得法官对自己创造之法律开始负责任。"[2] 自近代以来,人权保障的刑法目的是通过罪刑法定原则来担当的,而罪刑法定原则的基本含义是"法无明文规定不为罪,法无明文规定不处罚"。因而,在刑法用语范围内对刑法作出解释,就是符合罪刑法定原则的解释,就意味着人权保障的刑法目的的实现。

三、规范层面的刑法目的及其具体展开

(一)规范层面刑法目的的确立——思想史与规范论的考察

"……制度性规范的存在以及对该规范性制度的严格遵守,乃是在社会中推行法治所必须依凭的一个不可或缺的前提条件。"[3] 从刑法产生与发展的过

---

〔1〕 参见苏彩霞:《刑法解释方法的位阶与运用》,载《中国法学》2008 年第 5 期。

〔2〕 [德]汉斯·海因里希·耶塞克、托马斯·魏根特:《德国刑法教科书》,徐久生译,中国法制出版社 2001 年版,第 197 页。

〔3〕 [美]E. 博登海默:《法理学:法律哲学与法律方法》,邓正来译,中国政法大学出版社 2004 年版,第 255 页。

程来看,刑法规范是一种裁判规范,而非行为规范。“把法律理解为行为规则,这种法学本来就不大可能说明一个原则,即人们即使根本不知道法律也受法律约束,因为人们不可能按照其所不知道的规则来行为。”“然而,假如我们(像通常所做的那样)说,法律既对知道它们的人有效,也对不知道它们的人有效,那么我们显然就彻底放弃了作为人们行为规则的法的概念;我们将它仅仅确立为针对国家机关的规则,国家机关必须适用法律,而不管它是否为参与者所知。”[1]因而,刑法规范必须得到实施,这也是刑法规范作为裁判规范所承载的法治意义之所在。

事实上,自亚里士多德始,刑法规范必须得到实施的理念就已经被充分表达。亚里士多德指出:“我们应该注意到邦国虽有良法,要是人民不能全部遵循,仍然不能实现法治。法治包含两重意义:已成立的法律获得普遍的服从,而大家所服从的法律又应该本身是制订得良好的法律。”[2]不难看出,在亚里士多德的法治基本要素中,法律获得普遍的服从是法治的关键要素,暗含着法律规范(包括刑法规范)必须得到实施的思想。

如果说在亚里士多德的法治公式中只是暗含着刑法规范必须得到实施的基本思想,那么贝卡里亚则首次把这一思想在刑法中加以系统化,进而提出并论证了有罪必罚思想。贝卡里亚指出:“对于犯罪最有力的约束力量不是刑罚的严酷性,而是刑罚的必定性,这种必定性要求司法官员谨守职责,法官铁面无私、严肃认真,而这一切只有在宽和法制的条件下才能成为有益的美德。即使刑罚是有节制的,它的确定性也比联系着一线不受处罚希望的可怕刑罚所造成的恐惧更令人印象深刻。因为即便是最小的恶果,一旦成了确定的,就总令人心悸。”“如果让我们看到他们的犯罪可能受到宽恕,或者刑罚并不一定是犯罪的必然结果,那么就会煽惑起犯罪不受处罚的幻想。既然罪犯可以受到宽恕,那么人们就认为:无情的刑罚不是正义的伸张,反而是强力的凌暴。”“法律应当是铁面无私的,每一个具体案件的执法者也应当是铁面无私的。但是,立法

---

〔1〕 [奥]欧根·埃利希:《法社会学原理》,舒国滢译,中国大百科全书出版社2009年版,第11页、第12页。

〔2〕 [古希腊]亚里士多德:《政治学》,吴寿彭译,商务印书馆1965年版,第199页。

者应当是温和的、宽大的和人道的。”[1]在贝卡里亚看来，刑罚应当宽和，但刑罚宽和是建立在刑罚的必定性之上的。刑罚的宽和性是针对立法者而言的，而对于司法者则必须做到有罪必罚。

如果说贝卡里亚只是提出并论证了有罪必罚思想，那么费尔巴哈则是把有罪必罚作为刑法的最高原则来看待。费尔巴哈指出，刑法的最高原则是：国家的每一部法律中的刑罚都是一个为维护外在权利而构成的，对违法给予感官上（内心）的恶的法律后果。从这一定义中可以得出3个从属原则：一是无法无刑（法无明文规定不处罚）。法律只处罚行为前法律规定加以处罚的行为。二是无法无罪（法无明文规定不为罪）。因为法律规定对特定的行为给予刑罚威慑，是法律上的必要的前提条件。三是有罪必罚。因为法律规定对特定的违法给予刑罚之恶，是必要的法定后果。[2] 其中，前两个从属原则就是我们非常熟悉的罪刑法定原则，后一个从属原则就是有罪必罚原则。可以看出，在费尔巴哈的思想中，刑事法治是由罪刑法定与有罪必罚两个原则来支撑的，绝非罪刑法定原则单方面就可以实现的，这正是亚里士多德思想在刑事法治中的具体运用。然而，令人遗憾的是，我们一直以来对费尔巴哈进行着片面解读，往往只是把费尔巴哈与罪刑法定原则的实定化联系在一起，没有对费尔巴哈提出的有罪必罚原则对于刑事法治的重要意义给予足够的重视。

刑法学的本体是刑法解释学，即对现行刑法进行解释而形成的学问。刑法解释学本身是一门很高深的学问。这是因为“我们的时代说到底只不过像是旧时的古老岁月与过去时代的投影，其中，法律是最杰出的智慧，代代相传，由经久不断的经验所构成，（经由光明与真理的检验）精致而优雅”。[3] 但在我国，刑法的解释（包括学理解释和有权解释）都是比较随意的，甚至有时并不完全遵循刑法用语的含义，对我国《刑法》第3条的解释就是如此。我国《刑法》第3条规定：“法律明文规定为犯罪行为的，依照法律定罪处刑；法律没有规定为犯罪行为的，不得定罪处刑。”刑法理论大都认为，该条后段是对罪刑法定原

---

〔1〕［意］贝卡里亚：《论犯罪与刑罚》，黄风译，中国大百科全书出版社1993年版，第59页、第60页。

〔2〕参见［德］安塞尔姆·里特尔·冯·费尔巴哈：《德国刑法教科书》（第14版），徐久生译，中国方正出版社2010年版，第31页。

〔3〕［英］沙龙·汉森：《法律方法与法律推理》，李桂林译，武汉大学出版社2010年版，第19页。

则的规定。但是,学界却对该条前段赋予了五花八门的含义。有人解释为其与后段一样,是对罪刑法定原则的规定;[1]有人解释为规定了积极的罪刑法定原则,而且弥补了消极的罪刑法定原则的不足;[2]有人以其中的"依法"这一用语为依据,作出了罪刑法定原则化的解释;[3]有人解释为是对罪刑法定原则的否定,应当删除;[4]还有人解释为是对刑法之法益保护机能的强调,与后段并不矛盾。[5] 事实上,如果坚持对我国《刑法》第3条前段作文义解释,而且按照一般的字面含义来理解,那么得出的结论就只能是该条规定了有罪必罚原则。而且在规范意识依然较为缺乏且特权思想仍旧比较浓厚的我国当前情况下,强调有罪必罚对于刑事法治的意义绝不亚于罪刑法定。有罪必罚的意义不是别的,而意味着必须维护刑法规范之有效性,这就为把规范层面的刑法目的确立为维护刑法规范的有效性提供了重要的法律依据。

可见,法律规范之所以是一种规范,其本身就暗含着必须得到实施的意向;否则,它就不应当是一种法律规范。对此,法社会学家的论述可谓更加令人信服:"唯有进入生活之中的规范,才是活的规范,其他的则纯粹是学说、裁判规范、教义或理论。事实上,仅仅在人类行为规则的意义上才有习惯规范、荣誉规范、礼仪规范、社交规范、礼节规范和时尚规范;虽然每时每刻都在出现新的荣誉法典(决斗规则)、新的社交法典,新的礼节法典和新的时尚法典,但是假如它们没有真正地渗透生活,那么它们是毫无意义的。"[6]要使刑法规范保持活力,使其与社会生活之间建立紧密联系,就得保证刑法规范的有效性,即对违反刑法规范的行为必须定罪处刑。由此来看,在规范层面上,刑法的目的不是别的,而正是维护刑法规范的有效性。

---

〔1〕 参见高铭暄、马克昌主编:《刑法学》(第7版),北京大学出版社、高等教育出版社2016年版,第27页。

〔2〕 参见何秉松主编:《刑法教科书》,中国法制出版社1997年版,第63~68页;曲新久:《刑法学》(第2版),中国政法大学出版社2009年版,第35~36页。

〔3〕 参见胡康生、朗胜主编:《中华人民共和国刑法释义》(第3版),法律出版社2006年版,第4页;张军等:《刑法纵横谈》(总则部分),北京大学出版社2008年版,第19页;陈兴良:《教义刑法学》,中国人民大学出版社2010年版,第50页。

〔4〕 参见刘艳红:《刑法的目的与犯罪论的实质化——"中国特色"罪刑法定原则的出罪机制》,载《环球法律评论》2008年第1期;劳东燕:《罪刑法定本土化的法治叙事》,北京大学出版社2010年版,第173~181页。

〔5〕 参见张明楷:《刑法学》(第5版),法律出版社2016年版,第48页。

〔6〕 [奥]欧根·埃利希:《法社会学原理》,舒国滢译,中国大百科全书出版社2009年版,第44页。

(二)规范层面刑法目的的具体展开——历史解释与体系解释的具体运用

“每一个法律规范均需要进行解释,即使‘表达清楚的条文’也需要解释,这是因为法条所具有的法学意义,可能与通常的理解有所不同。”[1]规范层面之刑法目的的具体展开,对刑法解释提出了严格要求,即刑法解释应当以维护刑法规范的有效性为基本向度。在这个问题上,历史解释与体系解释往往发挥着重要作用。

历史解释的特性决定了历史解释有助于维护刑法规范的有效性。

首先,历史解释方法表达了服从法律的意向。历史解释是与主观解释论紧密联系的一种刑法解释方法,甚至可以说历史解释就是主观解释。因为历史解释意味着,为表明法律意思,从法律一般的历史联系及法律本身特殊的产生史中,尤其是从法律资料(草案、立法理由、委员会记录和议会记录等)中来加以解释。而刑法解释上的主观解释论要求,在历史上立法者的意志与人们在后来赋予刑法规定的内容不相吻合的情况下,历史上的立法者的主观意志优先。[2]可见,在历史解释的视域中,立法是神圣的,不允许在立法者的意志之外寻求刑法的意义,这本身就暗含着解释者必须服从刑法的意向。

其次,历史解释方法能够维持刑法语词的界限不被突破。“在某些情况下,对法律安定性和分权原则的考虑会要求严格禁止司法性的漏洞补充活动。比如按照‘法无明文规定不为罪’原则,对于确立刑罚以及加重刑罚的规定禁止类推适用。”[3]由于刑法实行罪刑法定原则,所以刑法解释对语词界限的遵守要比其他任何法律解释都要严格。历史解释也不是很主观地揣摩立法者的心思,那种把历史解释等同于主观主义进而理解为揣摩立法者的心思的观点,显然是对历史解释的误解。“一个真诚地主张的主观理论的贯彻,没有认真地利用资料和全部的产生史,无论如何是不可想象的。”[4]历史解释的依据在于立法资料,即立法草案、立法理由、委员会记录和会议记录等。这些资料虽然不

---

〔1〕[德]汉斯·海因里希·耶塞克、托马斯·魏根特:《德国刑法教科书》,徐久生译,中国法制出版社2001年版,第190页。

〔2〕参见[德]汉斯·海因里希·耶塞克、托马斯·魏根特:《德国刑法教科书》,徐久生译,中国法制出版社2001年版,第192~193页。

〔3〕[德]齐佩利乌斯:《法学方法论》,金振豹译,法律出版社2009年版,第97页。

〔4〕[德]卡尔·恩吉施:《法律思维导论》,郑永流译,法律出版社2004年版,第116页。

是刑法,但却是刑法之海形成之前的涓涓溪流,在不同程度上汇成了当时的语义。因而,在维持刑法语词不被突破这一问题上,历史解释显得最为有力。

最后,历史解释方法能够集中表达民主。“在特别重大的问题上,公民继续保留其否决权:这属于人权与基本权利,可以被理解为民主的创造性存在而非像在传统自由主义中被作为对民主的提防。”〔1〕刑法是规定犯罪与刑罚的法律,因而刑法的制定当然属于重大事项,应当由人民自己来决定,这使民主成为了现代刑法的基石。民主不仅是对刑法立法的要求,也对刑法的适用构成了制约,即如果司法者对刑法的解释结论超出了刑法的文义范围,那么其就是对民主的违反,是借助民主之名来行专制之实。历史解释的宗旨在于通过立法资料来探求立法者的意志,而非个人的意志。“因为对于法学家来说,法律不是法律起草人、政府代表和议会议员的集合意志,而是国家的意志。这种国家意志与任何个人想要放入法律中的意志并无关系,它在任何情况下都根本不可能见诸法律之外,而只能在法律之中生存。”〔2〕因而,历史解释促使司法者忠实于立法者的意志,进而表达立法者的意志。而在代议制民主下,立法者的意志往往被假定为多数人的意志,〔3〕是民主的。司法者依据历史解释对立法者意志的表达,实际上就是捍卫了刑法的民主性。

维护刑法规范的有效性,就必须捍卫刑法的文义,而对刑法文义之探求应当坚持体系性思维。“一般来说,法律系统作为一个整体所具有的合法性程度高于单个的法律规范的合法性程度。”〔4〕撇开其他刑法条文单独对某一刑法用语进行解释,往往会损害刑法整体的效力,这就决定了维护刑法规范的有效性还得借助于体系解释方法。

关于刑法的体系解释,当前主要有狭义和广义两种理解。狭义的体系解释,是指在某一用语与刑法其他条文的关联上考量该用语的含义;广义的体系

---

〔1〕 [德]乔治·恩德勒等主编:《经济伦理学大辞典》,李兆雄、陈泽环译,上海人民出版社 2001 年版,第 89 页。

〔2〕 [德]拉德布鲁赫:《法学导论》,米健译,商务印书馆 2013 年版,第 233 页。

〔3〕 制定刑法的最直接的原动力在于赞同法律案的议员的投票,但实际上,刑法的制定过程还受到新闻媒介所反映的社会舆论、压力团体、政治捐款等外界影响力的影响,致使刑法的制定过程会出现偏离民主的病态。参见[日]西原春夫:《刑法的根基与哲学》,顾肖荣等译,法律出版社 2004 年版,第 13 ~ 16 页。

〔4〕 [德]哈贝马斯:《在事实与规范之间:关于法律和民主法治国的商谈理论》,童世骏译,生活·读书·新知三联书店 2011 年版,第 36 页。

解释,是指在某一用语与其他法条(包括刑法条文和其他法律条文)的关联上考量该用语的含义。换言之,狭义的体系解释是一种内部的解释,而广义的体系解释是一种外部的解释。在一个法制健全的社会,刑法与其他法律之间应当实现最大限度的协调。然而,刑法用语与其他法律用语之间的差异,往往会导致依据其他法律用语解释刑法用语时会突破刑法用语的界限,或者过度缩小刑法的处罚范围。因而,本文坚持狭义的体系解释的概念。

体系解释对刑法规范有效性之维护,主要从3个方面得以展开:

其一,体系解释维护了刑法用语的统一性。"如果法律在不同的地方采用相同的概念与规定,则应认为这些概念与规定实际上是一致的。"[1]如果司法者在没有相当令人信服之理由的情况下,对同一刑法用语在不同场合作出不同解释,则往往会给人们造成司法不公的印象,进而会给刑法的权威性造成较大损害。例如,根据我国《刑法》第279条规定,冒充国家机关工作人员招摇撞骗的,成立招摇撞骗罪;根据第263条规定,冒充军警人员抢劫的,成立抢劫罪的加重情形。对这两个刑法条文中的"冒充",就应当作出相同的解释。在"冒充"的场合,存在冒充者和被冒充者。其中,冒充者一定是假的,而被冒充者只能是真的;否则,就不会成立"冒充"关系。因而,真正的国家机关工作人员公开自己的身份招摇撞骗的,就不符合"冒充"的含义,不成立招摇撞骗罪;相应地,真正的军警人员公开自己的身份抢劫的,也不符合"冒充"的含义,不成立抢劫罪的加重情形。基于当然解释原理把真正军警人员抢劫的情形(此军警人员冒充彼军警人员抢劫的情形除外)解释为"冒充军警人员抢劫",不仅是对"冒充"这一刑法用语的不当理解,而且破坏了刑法用语的统一性,进而破坏了刑法规范的有效性。

其二,体系解释维护了刑法用语的普遍性。刑法规范具有普遍的效力,但刑法规范本身无法表达自己的效力,它必须借助于语言。因而,语言对于刑法规范之普遍效力的形成可谓举足轻重。"世界通过语言(而联系),它不能外于语言而存在。""法律也是一个'世界',或者我们可以说:当法律'被使用'——被实现,往往联系两个世界:与法有相关的生活事实,这种日常真实的世界与以

〔1〕[德]伯阳:《德国公法导论》,北京大学出版社2008年版,第24~25页。

一个应然规范为内容的法律世界。通过法律的实现，使应然与实然相连结。"[1]刑法的意义不仅仅在于它是一种理念，是一种应然的规范，更为重要的是，它要对社会生活发生影响，给人们的生活提供一个明确的预期。这一预期的实现，必然借助于语言的一致性。如若对刑法用语不进行体系性解释而只做个别性探讨，则刑法用语的普遍性将无法建立，刑法对社会生活的预期功能将难以实现。"数千年的经验向我们表明，一个在局部上四分五裂的法的图景只能够满足简约的地方性需求；只有当法律发展在大的疆域上从某个唯一的中心点出发展开时，才会发生大规模的行动。显然，为了使自己能够得到丰富地展开，法律需要大量的刺激，只有散布于地域辽阔的国家各处的丰富多彩的法律关系才会给予这样的刺激；同时，法律也需要一个能够把所有这些刺激聚合在一起的中心点。然而，这个中心点只能由国家创造。"[2]事实上，国家不仅通过立法来实现这一任务，更是通过司法来达致这一要求。其中，不得不承认的是，要求司法者对法律用语作出在统一的法律范围内尽量一致的解释，并借助于此来实现法律的普遍性。

其三，体系解释维护了刑法的安定性。相对于社会事实而言，刑法用语应当是开放的，否则，面对丰富多变的社会生活，刑法将变得日益僵化，并最终走向死亡。事实上，刑法用语的开放性也来自刑法用语本身。"在人类的语言工作中，没有任何一个术语历经若干世纪而始终保持同样的涵义。……特别是，每个语言研究者都知道，术语都是通过其正在使用的对称（反义）词来获取某种特定的涵义的。"[3]然而，刑法的安定性价值使刑法被人为地赋予了封闭性，以致人们在把犯罪的构成要件划分为封闭的构成要件与开放的构成要件之后又指出，开放的构成要件概念现在基本上已被否定。[4] 刑法是正义的文字表述，所以刑法的封闭性也只能经由刑法的用语来实现。体系解释的要义在于在刑法体系内部寻求刑法用语的普遍含义，并尽量避免外界的干扰。这种寻求刑法用语之解释方法，显然在很大程度上能够保持刑法的封闭性，并最终实现刑法的安定性。例如，刑法中的强奸与社会生活中的强奸之间就存在很大差异，

---

〔1〕 [德]阿尔图·考夫曼：《法律哲学》，刘幸义等译，法律出版社 2011 年版，第 131 页、第 134 页。
〔2〕 [奥]欧根·埃利希：《法社会学原理》，舒国滢译，中国大百科全书出版社 2009 年版，第 198 页。
〔3〕 同上书，第 483 页。
〔4〕 参见张明楷：《刑法学》（第 5 版）（上），法律出版社 2016 年版，第 118 页。

即刑法中的强奸是指“强奸妇女”，而社会生活中的强奸则完全可能包括女性强行奸淫男性的行为，以致在发生女性强行与男性发生性关系的案件后，要求以强奸罪来论处的呼声不绝于耳。在这种情况下，只有在刑法之内对“强奸”这一用语进行体系性解释，才能保持刑法的封闭性。再如，刑法中的行贿是指为谋取不正当利益，给予国家工作人员以财物的行为。但在社会生活中，行贿往往被理解为包括性贿赂。因而，在性贿赂已经成为行贿之重要手段的当今社会，要求对性贿赂以受贿罪定罪处罚的呼声愈演愈烈。在这种情况下，只有从刑法之内对“行贿”这一用语进行解释，才能维护刑法的封闭性，进而使刑法的安定性价值得以实现。

四、实践层面的刑法目的及其具体展开

（一）实践层面刑法目的的确立——社会文化人类学的考察

前文业已指出，刑法的运行不仅是为了保障人权，而且要维护刑法规范的有效性，这是刑事法治的基本要求。如果说前者通过罪刑法定原则来表达且通过对文义解释的重塑来展开，那么后者则经由有罪必罚原则来表达并通过历史解释和体系解释来具体展开。然而，刑法目的不能仅仅停留在这两个层面上，还有第三个层面，即实践层面。而且正是在实践层面上，才使价值层面与规范层面的刑法目的得以具体落实。正因如此，实践层面上的刑法目的显得更为重要。

从实践层面来考察，刑法通过互惠原则而型构着一种秩序，这一秩序对人类社会的存在是不可或缺的。

互惠的概念是由德国学者图恩瓦首先提出来的。从他的定义上来看，所谓互惠就是：“当人们尝试从人类行为方式及其与宗教—巫术的玄思的纠缠之间的规则抽丝剥茧的话，人们便会发现，互惠是法律的天平，诸如报复，如血仇或反惩，或如反罚；再如（在经济领域里）的礼物之回报，或如适当的偿付；（在个人关系上）如社群间的交换女儿，群体间的婚姻规则，如买新娘或在债务上为信用贷款而付利息等。另一方面，单方面的给予被视为‘不公平的’；如下对上纳税，奴隶的经济服务等。但是在依赖关系的组织上，也有相互性的基本原则，如领主与附庸的保护——忠诚的相互对应关系：领主有义务保护，反之附庸有

义务纳税服役。如果有滥用,便是对互惠的损害。”[1]图恩瓦称这种“给予—回报”的互惠原则是人类公平感的基础,是“所有法律的社会心理基础”,为本文从实践层面分析刑法目的提供了有力支撑。

长期以来,人们把刑法与国家强制力紧密结合在一起,甚至认为刑法的强制力只表现为国家强制力。但事实上,刑法的国家强制只是刑法强制的表象,其背后蕴含的正是建立在互惠原则之上的社会心理强制。“法律规则与其他规则之所以不同,就在于它们能被感受并确定为一个人的义务和另一个人的权利诉求。它们不仅只依靠心理动机,而是正如我所知道的那样,是由建立在互赖基础上和互惠服务的同等安排的认同上的特定社会约束力机制所强制执行的,并将这些权利主张融入错综复杂的关系网络中才能得以实现。”[2]正是互惠原则为刑法所提供的社会心理强制,才使刑法的国家强制获得了合法性。互惠原则在刑法领域主要从两个层面得以展开:其一,刑法为国民提供了安全,国民就得回馈刑法,至少不作出破坏刑法规范的行为;其二,国民犯罪了,实质上就是破坏了互惠原则,为了维护互惠原则的有效性,就得惩罚国民。“实际上,受到一个国家的刑法保护的集体情感,要在这个国家的一定历史时期深入到那些一直对它们封闭着的个人意识中去,或者在它们的权威性尚不强的地方建立更大的权威就必须具有比以往更大的强度。”[3]可见,刑法中的安全与一个社会的安全价值和安全因素之间应当具有极为紧密的联系,甚至可以说刑法中的安全就是社会安全,否则,刑法将会因失去互惠原则的支撑而走向死亡。

在当今社会,刑法被认为是正式制度,而互惠原则——由于其主要是更加关注非正式制度的文化人类学的研究对象,在很大程度上被视为一种非正式制度;而且正式的就是正规的,非正式的就是不正规的。因而,在刑法这一正式且正规的制度面前,互惠原则及其所代表的精神意向不假思索地受到了排除。然而正如法人类学家所指出:“法律的制定者如果对那些促进正式合作的社会条件缺乏眼力,他们就可能造就一个法律更多但秩序更少的世界。”[4]美国大法

---

〔1〕 林端:《儒家伦理与法律文化:社会观点的探索》,台北,巨流图书公司1994年版,第62页。

〔2〕 [英]马林诺夫斯基:《原始社会的犯罪与习俗》,原江译,法律出版社2007年版,第36页。

〔3〕 [法]E. 迪尔凯姆:《社会学方法的准则》,狄玉明译,商务印书馆1995年版,第85页。

〔4〕 [美]罗伯特·C. 埃里克森:《无需法律的秩序——邻人如何解决纠纷》,苏力译,中国政法大学出版社2003年版,第354页。

官卡多佐也曾经更为深刻地指出:“不断坚持说道德和正义不是法律,这趋于使人们滋生对法律的不信任和蔑视,把法律视为一种不仅与道德和正义相异而且是敌对的东西。”[1]从这些论述中可以看出,互惠原则之于法律的重要意义在很大程度上大于法律本身,以致考夫曼指出,制定法理念的胜利源于多样的因素。“除了更佳地运用抽象化方法之外,诸如早期资本主义,逐渐兴起的工业化,以及社会国家的形成等值得一提。”[2]对刑法的理解,亦当如此。

相对于社会生活而言,互惠原则实质上也只是一种手段,它是人们为了解决某种问题而不得不建立起来的制度,甚至是自发形成的制度。人们之所以选择或者接受互惠原则,是为了维持人类生活所需的社会秩序。因为凡是互惠原则被破坏的地方,就是社会秩序被破坏的地方,也是规则被破坏的地方;凡是互惠原则被严格遵守的地方,就是社会秩序比较和谐的地方,也是规则的效力得到有效维护的地方。在这个意义上,互惠、秩序、规则是融为一体的。由此来看,坚持互惠原则的目的在于解决社会问题,更确切地说,是为了解决社会冲突。

在所有的社会问题中,最严重的问题就是犯罪问题;相应地,最严重的社会冲突就是由犯罪而引发的社会冲突。正如葛德文所指出,从物质世界中产生的弊害与由人所制造的犯罪(包括轻微的伤害、各种分散的犯罪以及战争这种最为巧妙的残忍的犯罪)比较起来,后者要严重和令人恐怖得多。“人的历史无非是一部犯罪的历史,这是一种古已有之的说法。”[3]“在万物中,人乃是人的最可怕的敌人。在他设计出来的各种毁灭和折磨他同类的方法中,战争是最可怖的。在造成许多轻微的伤害和进行各种分散的犯罪之后,他进而设计出这种使国家成为废墟、使世界人口变得稀少的计划。”[4]而且犯罪也是人类社会生活中必须时时刻刻面临的一个问题。“尽管国家暴力不断加强,但是,国家的和平秩序每日通过法律的规定与人们的弱点和狂热作斗争。正义受到非正义的挑战:时而有些人顽固地反抗法治,时而有些人狡猾地规避法律。”[5]其理由

〔1〕［美］本杰明·卡多佐:《司法过程的性质》,苏力译,商务印书馆1998年版,第83页。
〔2〕［德］阿尔图·考夫曼:《法律哲学》,刘幸义等译,法律出版社2011年版,第164页。
〔3〕［英］威廉·葛德文:《政治正义论》(第1卷),何慕李译,商务印书馆1980年版,第6~7页。
〔4〕同上书,第7页。
〔5〕［德］李斯特:《德国刑法教科书》(修订译本),徐久生译,法律出版2006年版,第7页。

正如迪尔凯姆所不无洞见地指出的那样:"犯罪不仅见于大多数社会,不管它是属于哪种社会,而且见于所有类型的所有社会。不存在没有犯罪行为的社会。""这样,犯罪就成为必然的。它同整个社会生活的基本条件联系在一起,由此也就成为有益的,因为与犯罪有密切联系的这种基本条件本身是道德和法律的正常进化所必不可少的。"〔1〕可见,在犯罪面前,人类面临着一个两难选择:既要减少乃至消灭犯罪,又不得不承认犯罪的存在,所以只能把犯罪控制在为维护既定的社会秩序所能接受的限度之内,这也是包括刑法在内的与犯罪作斗争的所有手段的宿命。由此来看,实践层面的刑法目的只能是定分止争。

(二)实践层面刑法目的的具体展开——目的解释的具体运用

实践层面的刑法目的是定分止争,其具体展开主要依赖于目的解释,一个最为基本的理由是,目的解释表达的是解决问题的意向。

首先,目的解释属于客观解释,要求在刑法规范与社会事实的关系中发现刑法用语的真实含义,这显然有利于问题的最终解决。在法学理论中,目的解释即目的论的解释,包括主观(历史解释)和客观解释两种。〔2〕这取决于对"目的"的不同理解。如果把"目的"仅仅理解为法律规范的当下目的,那么目的解释就只能是客观解释;如果把"目的"理解为还包括立法者立法时的目的,那么历史解释实质上就是目的解释的一种情形。本文认为,应当对历史解释与目的解释加以区分,坚持客观意义上的目的解释,即应当把"目的"仅仅理解为刑法规范在当下社会生活中的目的。进言之,刑法规范的客观含义无法通过刑法规范本身来获得,必须把刑法规范与包括案件事实在内的社会生活对接起来才能发现。这是因为刑法解释只能发生在刑法规定不明确的场合。"如果法律没有不明之处,就不存在解释问题,因为在这种情况下,解释就不仅无益,而且是有害的。……明确的法律条文需要解释的唯一情况是立法者在制定这项法律条文时出现了明显的笔误或差错。"〔3〕同时应当注意,即使是不明确的刑法规定,如果没有具体适用于解决刑事冲突,那么也没有解释的必要;而且刑法规定的不明确在很大程度上也是借助于案件事实才得以彰显的。可见,目的解

---

〔1〕[法]E. 迪尔凯姆:《社会学方法的准则》,狄玉明译,商务印书馆1995年版,第83页、第87~88页。

〔2〕参见[德]阿尔图·考夫曼:《法律哲学》,刘幸义等译,法律出版社2011年版,第101页。

〔3〕[法]亨利·布津尔:《法律社会学》,郑钧译,上海人民出版社1987年版,第69页。

释的客观性来自社会生活的客观性,而非刑法规范本身。

目的解释的这种客观面向,有利于克服刑法的僵化性。一般认为,刑法的僵化性来自刑法规范的原则性(抽象性)和滞后性。事实上,刑法的僵化性除了立法的原因外,更为重要的就是刑法解释的僵化性。“许多人都是习惯的奴隶;他们愿意无怨言地或毫无置疑地承受现状,尽管改变现存事态有可能对它们有益。”[1]在法律解释中,也会出现这种情况。例如,在我国1979年《刑法》中,遗弃罪被规定于分则第七章“妨害婚姻、家庭罪”中,而现行《刑法》把该罪规定于分则第四章“侵犯公民人身权利、民主权利罪”中。但是,在现行《刑法》实施后相当长的一段时期内,在学理解释上仍然把遗弃罪解释为必须发生在共同生活的家庭成员之间。如果把目光转向社会实践就会发现,遗弃现象不仅发生在共同生活的家庭成员之间,而且在失独现象日益突出和养老机构日益普遍化的今天,也势不可当地发生于不具有家庭关系的共同生活的成员之间。因而,在遗弃罪构成要件的解释上,不应当再局限于过去,而应当转向《刑法》规定遗弃罪的目的,使我国《刑法》第261条的规定跟上社会生活的发展。可见,如果坚持目的解释,刑法解释就是“把刑法规范向社会生活拉近,同时把社会生活向刑法规范拉近”的双向互动过程,把刑法的规范意向通过社会事实来加以重新诠释。

其次,目的解释属于实质解释,是对“具体问题具体解决”之思维方式的贯彻,为刑事冲突的解决提供了有效途径。在日本刑法理论中,针对构成要件的解释,形成了形式解释论与实质解释论之争。前者主张应当对构成要件进行字面解释,而后者主张应当依据处罚的合理性与必要性解释构成要件。[2] 我国刑法学者引入了这种刑法解释理论,并据此试图在我国引起刑法学派之争。[3]而且近年来形式解释论与实质解释论之争在我国部分刑法学者之间已经展开。不过,与日本刑法理论把形式解释论与实质解释论限于对构成要件的解释不同,我国刑法理论中的形式解释论与实质解释论之争不仅涵盖整个犯罪论领

---

〔1〕 [美]E. 博登海默:《法理学:法律哲学与法律方法》,邓正来译,中国政法大学出版社2004年版,第238页。

〔2〕 参见[日]大谷实:《刑法讲义总论》(新版第2版),黎宏译,中国人民大学出版社2008年版,第87~88页。

〔3〕 参见张明楷:《刑法的基本立场》,中国法制出版社2002年版,第110页以下。

域,而且涉及刑罚论的相关问题。[1] 在这一理论论争中,目的解释显然属于实质解释。例如,实质解释论的有力倡导者张明楷教授认为,在各种刑法解释方法中,目的解释是刑法解释的桂冠,依据各种刑法解释得出的解释结论,最终必须接受目的解释的检验。[2] 而在形式解释论看来,目的解释则没有这种殊荣。依据形式解释论,应当按照字面含义对刑法进行解释,因而即使某种行为在实质上没有处罚的必要性与合理性,但只要刑法把这种行为规定为犯罪,就应当受到刑罚处罚;而依据实质解释论,应依据处罚的合理性与必要性对刑法进行解释。一般认为,目的解释中的目的,是指法益保护目的。因而,依据法益保护目的(处罚的必要性与合理性)把刑法规定为犯罪的行为解释为非罪,则是目的解释的当然要求,这显然有利于刑事冲突的解决。例如,在盛行"赔命价"习惯法的少数民族地区,依据形式解释严格按照《刑法》第 232 条的规定解决故意杀人问题,则往往不能实现处罚的必要性与合理性;但如果依据目的解释,使刑法向"赔命价"习惯法作出一定的妥协,反而有利于刑事冲突的解决。[3]

在刑法思维中,存在整体思维与具体思维之分。整体思维注重刑法规范的整体但忽视部分,往往只强调原则,几乎不承认例外情况的存在。具体思维在注重刑法规范之整体的同时,对部分也给予了足够的关注,不仅强调原则,也承认例外。例如,在未遂犯上,整体思维虽然把未遂犯划分为能犯未遂与不能犯未遂,但大都主张无论是哪一种未遂都应当受到刑罚处罚。在此即坚持了未遂犯概念的整体性,即既然都属于犯罪,那么就应当处罚。具体思维则不仅把未遂犯划分为能犯未遂与不能犯未遂,而且主张不处罚不能犯未遂,赋予这种划分以实质意义。在此,未遂犯概念的整体性被打破,即虽然不能犯未遂属于犯罪,但不处罚。在整体思维与具体思维的划分中,目的解释显然属于具体思维,其坚持的是一种"具体问题具体分析"的思路。这种思维可以把刑法的处罚范围限制在一个合适的范围内,进而有利于问题的解决。例如,我国《刑法》对暴

[1] 参见周详:《刑法形式解释论与实质解释论之争》,载《法学研究》2010 年第 3 期。
[2] 参见张明楷:《刑法学》(第 5 版)(上),法律出版社 2016 年版,第 38 ~ 39 页。
[3] 参见苏永生:《"赔命价"习惯法:从差异到契合——一个文化社会学的考察》,载《中国刑事法杂志》2010 年第 7 期。

力危及飞行安全罪、抢夺罪、抢劫罪都规定了“暴力”。[1] 如果坚持整体思维，那么这3个犯罪中的“暴力”的含义都应当是一致的。但问题是，如果把“暴力”解释为最广义的暴力，虽然符合暴力危及飞行安全罪和抢夺罪的要求，但明显扩大了抢劫罪的处罚范围；如果把“暴力”解释为广义的暴力和狭义的暴力，则抢夺罪就无法成立，而且会缩小暴力危及飞行安全罪的处罚范围，并同时扩大抢劫罪的处罚范围；如果把“暴力”解释为最狭义的暴力，则虽然符合抢劫罪的要求，但会明显缩小暴力危及飞行安全罪的处罚范围，而且根本无法解释抢夺罪。可见，依据整体思维，坚持其中任何一种暴力概念，都不利于问题的解决。在这种情况下，只有坚持具体思维，依据刑法设立各罪的目的对该罪的构成要件作出解释，才能使问题得以圆满解决。

最后，目的解释本身也表达了解决问题的意向。在目的解释的视野中，刑法解释活动不仅要求在案件事实与刑法规范之间进行互动，而且其他社会事实不可避免地参与了进来。因而，在目的解释的视野中，刑事案件的结构既是一个法律结构，也是一个社会结构。在这种情况下，刑事案件的解决就不仅仅是一个单纯的案件解决过程，而且是刑法规范与社会生活互动的过程。“不管法律的条文和证据是什么，也不管论证的逻辑如何陈述，要想理解案件是如何处理的，我们必须仔细研究案件的社会结构。”[2] 案件的社会结构，实际上是指各种社会因素对案件的影响，实践中主要表现为集体意识对案件的影响。这里的集体意识，可能是官方的，也可能是民间的。前者如政治形势对案件的影响，后者如社会舆论对案件的影响。虽然恪守法律的规定是处理刑事案件的第一原则，但任何刑事案件的处理都必须以解决当下的问题为直接目的，否则刑事案件的处理就被认为是没有意义的。在这种情况下，仅仅在刑法条文之间的逻辑关系和历史关系中寻求刑法条文的字面含义，是无助于问题的解决的。所以，必须发现刑法条文在当下的客观含义。这就意味着必须把刑法条文与当下所

---

〔1〕 在刑法中，对“暴力”有不同的理解。最广义的暴力，包括不法行使有形力的一切情况，其对象不仅可以是人（对人暴力），而且可以是物（对物暴力）；广义的暴力，是指不法对人行使有形力的行为，但不限于直接对人的身体行使，只要对人的身体以强烈的物理影响即可，如在他人身边播放高分贝的噪声。狭义的暴力，是指对人的身体不法行使有形力，但不要求达到足以抑制对方反抗的程度，如打人一耳光；最狭义的暴力，是指对人行使有形力，并达到了足以抑制其反抗的程度，但不要求直接对人的身体行使有形力。参见张明楷：《刑法学》（第5版）（下），法律出版社2016年版，第707页。

〔2〕 [美]唐·布莱克：《社会学视野中的司法》，郭星华等译，法律出版社2002年版，第104页。

发生的案件事实以及因案件事实而引发的一系列社会问题联系起来进行考察，并通过对刑法用语认真而仔细的考量后，才能发现既符合刑法条文的含义范围又有利于问题解决的真实含义，而这正是目的解释的意旨。

事实上，目的解释还具有前瞻性。在刑法解释方法中，历史解释、体系解释和目的解释都是为寻求刑法用语的真实含义而服务的，依据各种解释方法得出的解释结论都不能超出刑法的文义范围。但在历史解释、体系解释和目的解释三者中，各自的解释向度是不同的。如果说历史解释是回溯性的，那么目的解释就是前瞻性的，而体系解释则居于历史解释与目的解释之间。目的解释的前瞻性，使刑法与社会生活的变动性之间建立了紧密联系。当然，目的解释的前瞻性是以刑法用语的开放性为前提的。换言之，正是刑法用语的开放性才使目的解释获得了合法性，进而使其获得了前瞻性。例如，我国《刑法》第358条使用了“卖淫”一词。以往，卖淫往往表现为妇女出卖肉体。因而，组织卖淫罪、强迫卖淫罪和协助组织卖淫罪中的“卖淫”就被解释为“妇女出卖肉体”。但随着同性之间性交易的大量出现及其对社会秩序的危害日益严重，完全就可以把“卖淫”解释为一切性交易的活动。如果立法者依据词典在立法时把“卖淫”规定为“妇女出卖肉体”，则刑法在面对大量的男性出卖肉体的行为时将难以应对。[1] 可见，正是基于维护社会秩序这一目的，才使立法者在制定我国《刑法》第358条时选择了“卖淫”这一用语，而没有使用“妇女出卖肉体”的用语，如果依据该条规定的目的进行解释，就使目的解释具有了前瞻性，为解决新的社会问题提供了重要途径。

五、结语

刑法目的问题是刑法的一个根本问题，因而仅仅依据刑法的某个侧面来确定刑法目的是不妥当的。无论把刑法目的确定为保障人权或保护社会（保护法益），还是确定为“惩罚犯罪，保护人民”，抑或是确定为维护规范的有效性，均只是看到了问题的一个层面。从刑法与社会的关系以及法学思维的基本模

---

〔1〕 这种问题在强奸罪之构成要件的设计上已经出现了。我国《刑法》第236条把强奸行为的对象规定为妇女，致使只能把近年来出现的女性强行与男性发生性关系的行为认定为侮辱罪，但这难以解决问题。在这个意义上，刑法规定应当适中，既不能过于抽象，也不能过于具体。

式来看，刑法目的的确定必须兼顾刑法的价值、规范和实践 3 个层面。

从刑法产生的动因来看，刑法的价值在于保障人权，而不是保护社会（或保护法益），与此相适应，价值层面的刑法目的只能是保障人权。从刑事法治的基本要素来看，刑法规范表达的是有罪必罚的意向，因而规范层面的刑法目的只能是维护刑法规范的有效性。从刑法与社会的关系来看，刑法是用来解决社会问题（具体而言是刑事冲突）的，相应地，实践层面的刑法目的只能是定分止争。

刑法目的是一个理念性问题，必须借助于具体的刑法解释方法来展开。文义解释意味着刑法解释结论不能超出刑法用语的含义范围，为国家刑罚权的发动划定了严格的界限。因而，文义解释的重塑及具体运用，就意味着价值层面刑法目的的具体展开。历史解释是回溯性的解释方法，旨在追求立法原意；体系解释是内敛性的解释方法，只能在刑法条文体系内寻求刑法用语的真实含义。因而，这两种解释方法的具体运用就意味着规范层面刑法目的的具体展开。目的解释属于客观解释，主张在刑法规范与社会事实的关系中寻求刑法用语的真实含义；同时，目的解释属于实质解释，坚持的是具体思维。另外，目的解释具有前瞻性，其本身就表达了解决问题的意向。因而，目的解释的具体运用，就意味着实践层面刑法目的的具体展开。由此可见，在文义解释、历史解释、体系解释和目的解释中，文义解释既是解释方法，也是解释限度，它为历史解释、体系解释和目的解释划定了界限，而历史解释、体系解释和目的解释只是在文义解释的限度内寻求刑法用语之真实含义的解释方法。

刑事政策与刑法关系

——中国问题、德国经验及其借鉴

刑事政策与刑法之间到底应当是怎样的关系？这在德国与中国似乎遵循着不同的认识路径。大致可以得出这样的结论：在德国，主要把刑事政策的功能限制在刑事立法领域，在刑事司法领域，刑事政策只能在罪刑法定原则之下为出罪提供依据；但在中国，刑事政策被赋予了全面指导刑法运行（包括刑事立法、刑事司法和刑事执行）的功能，而且实践中对刑事司法的指导似乎远远多于刑事立法。那么，刑事政策与刑法关系的德国经验正确，还是中国认识有理？换言之，德国经验与中国认识都是对文化相对性的集中反映，还是其中有一个是对文化普遍性的背反？这在我国长期以来是一个没有引起人们普遍关注的问题，以致刑事政策全面指导刑法的运行不假思索地成为人们处理刑事政策与刑法关系的基本思维方式。笔者通过中德在刑事政策与刑法关系认识上的比较分析，试图阐明法治社会中刑事政策与刑法的一般关系，并以此为参照提出与论证中国刑事法治建构中刑事政策与刑法的应有关系及其具体展开。

一、刑事政策与刑法关系的中国问题

（一）关于刑事政策与刑法关系的基本认识

在我国，长期以来对刑事政策与刑法关系的一般认识是，刑事政策对刑法运行具有全面的指导功能。不论在理论层面还是在实践领域，这种认识均具有很大市场。

在理论上，人们主要从两个角度来论证刑事政策对刑法运行具有全面的指导意义：一是直接从刑事政策的指导功能上来论证。例如，有学者指出："有机地处理惩办与宽大相结合的最终目的就是为刑事立法、司法指明刑罚惩罚的范

围、重点、刑罚惩罚的强度以及与其他社会预防活动之间的联系。”刑事政策在刑事立法与刑事司法之间具有中介的功能。“一方面,刑事政策是刑事立法与刑事司法的中间环节,在立法与司法之间起到一种中介作用,刑事政策既指导刑事立法又指导刑事司法。另一方面,刑事政策还是理论与实践——刑事立法和司法实践的中间环节,刑事政策表明国家在预防、控制犯罪领域决定和实际采取行动,而不再停留在抽象的理性形态。”〔1〕二是从刑事政策的分类上来论证。例如,有学者指出:“从政策的指导功能的不同,可以分为刑事立法政策、刑事司法政策、改造罪犯政策。后者,也有的称为劳动改造、徒刑政策或罪犯处遇政策。”〔2〕另外,在刑事政策的分类中,我国学者大都从纵向上把刑事政策分为基本刑事政策和具体刑事政策,而且认为基本刑事政策就是对刑事立法、刑事司法和刑事执行均具有指导意义的刑事政策。例如,有学者指出:“基本刑事政策,是指党和国家制定的,对一切犯罪及其他有关危害行为作斗争具有普遍指导意义的方针和策略。这种刑事政策的精神是指导全部刑事立法、刑事司法及其他有关活动的,也是贯穿于全部刑事政策之中的,带有整体性的、全局性的指导意义,因此又可称为总刑事政策。”〔3〕

在司法实践中,赋予刑事政策全面指导刑法运行的功能,则属于极为普遍的认识;而且无论基本刑事政策还是具体刑事政策,都被赋予了这种功能。

我国1979年《刑法》颁布实施之前,我国没有统一的刑法典,一个不容否认的事实是,实践中主要依靠刑事政策和单行刑法定罪量刑,刑事政策对刑法具有绝对的指导意义。这一时期,我国起初施行的是镇压与宽大相结合的刑事政策。1956年9月15日中国共产党第八次代表大会的政治报告指出:“我们对反革命分子和其他犯罪分子一贯地施行惩办与宽大相结合的政策,凡是坦白的、悔过的、立功的,一律给以宽大的处置。大家知道,这个政策已经收到了巨大的成效。”这是首次正式将惩办与宽大相结合的政策定型化为我国的基本刑事政策,并适用于包括反革命罪在内的各种类型的犯罪,标志着镇压与宽大相结合的政策向惩办与宽大相结合的刑事政策转换的完成。〔4〕 这一时期,虽然

---

〔1〕 何秉松主编:《刑事政策学》,群众出版社2002年版,第56~57页。

〔2〕 杨春洗主编:《刑事政策学》,北京大学出版社1994年版,第173页。

〔3〕 马克昌:《论宽严相济刑事政策的定位》,载《中国法学》2007年第4期。

〔4〕 参见卢建平:《刑事政策与刑法改革》,中国人民公安大学出版社2011年版,第125页以下。

刑事政策通过《惩治反革命条例》《惩治贪污条例》等单行刑法文本，但由于没有系统化的刑法，办理刑事案件主要依靠的仍然是刑事政策。

1979年《刑法》颁布实施以来，我国刑法的发展渐趋成熟，为办理刑事案件提供了重要的法律依据。对此，高铭暄教授指出："1979年刑法典和1979年刑事诉讼法典一起，都是改革开放之后第一批通过的法律。这两部法律的通过，标志着新中国刑事法典从无到有，其意义是巨大的、深远的。从此以后，刑事立案、刑事侦查、刑事起诉、刑事审判由主要依靠政策转变为主要依靠法律，起诉书、判决书、裁定书都要引用法条作为依据，不引用法条的刑事司法文书一去不复返了。"〔1〕然而，实践中赋予刑事政策全面指导刑法运行的功能，则依然是人们对刑事政策与刑法关系的基本认识，并左右着司法实践。从我国1979年《刑法》颁布实施至2005年，我国施行的基本刑事政策是惩办与宽大相结合的刑事政策。实践中，随着20世纪80年代犯罪形势日趋严峻，这一刑事政策之"惩办"的一面通过"严打"政策得以凸显，以致"宽大"几乎被"惩办"所遮蔽。"严打"刑事政策的施行，不仅促进了刑法的改革，而且直接指导了刑事司法。在刑法改革方面，先后颁布实施了贯彻"严打"政策的单行刑法，如《关于严惩严重危害社会治安的犯罪分子的决定》《关于迅速审判严重危害社会治安的犯罪分子的程序的决定》等。与此同时，"严打"刑事政策对刑事司法具有直接的指导意义。"严打"是"从重、从快严厉打击刑事犯罪活动"的概称。其中，"从重"是对刑事实体的要求，即对特定的严重危害社会的刑事犯罪分子予以相对严厉的制裁；"从快"是对刑事程序的要求，立法上主要表现为简化程序，司法上主要表现为加快办案速度。问题是，既然《刑法》明文规定了各种从重处罚的情节，《刑事诉讼法》明文规定了诉讼期限，那么从刑事政策上要求从重处罚和缩短诉讼期限，就意味着刑事政策的效力高于《刑法》和《刑事诉讼法》。正如卢建平教授指出："特别是在'严打'期间，刑事政策同刑法一样不但具有国家意志性，而且靠国家强制力实施的现象并没有绝迹。"〔2〕

当前，这一认识也深深地嵌入对宽严相济刑事政策与刑法关系的处理中，

---

〔1〕 高铭暄：《中华人民共和国刑法的孕育诞生与发展完善》，北京大学出版社2012年版，前言，第3页。

〔2〕 卢建平：《刑事政策与刑法变革》，中国人民公安大学出版社2011年版，第141页。

主要表现为以下两个方面：

其一，宽严相济刑事政策首先是被作为刑事司法政策而提出来的。2006年10月召开的党的十六届六中全会通过了《中共中央关于构建社会主义和谐社会若干重大问题的决定》，其中明确要求："实施宽严相济的刑事司法政策，改革未成年人司法制度，积极推行社区矫正。"这标志着宽严相济刑事政策的正式确立，但在这一决定中使用了"宽严相济的刑事司法政策"的提法，这表明宽严相济刑事政策是被作为刑事司法政策来看待的。之后，在最高人民检察院发布的规范性文件中，也把宽严相济刑事政策作为刑事司法政策来看待。例如，2007年1月15日最高人民检察院发布的《关于在检察工作中贯彻宽严相济刑事司法政策的若干意见》、2007年3月最高人民检察院在全国人大会议上的工作报告，[1]都使用了"宽严相济的刑事司法政策"的提法。

其二，宽严相济刑事政策的施行，使刑事司法活动在一定程度上偏离了《刑法》规定。由于宽严相济刑事政策在表述上"宽"在前，"严"在后，而且是在反思"严打"政策的基础上提出来的，因而在学术界有很多人对宽严相济刑事政策作出了趋宽的解读，[2]司法实务部门也以这种思维来指导司法实践，并出现了普遍趋宽的倾向。对此，我国学者通过调查研究后指出："尽管最高人民法院一再强调'严格依照刑法，刑诉法以及相关的刑事法律，根据具体的案件情况来惩罚犯罪，该严则严，该宽则宽，宽严相济，罚当其罪'，但实际上，目前基层刑事司法已经出现量刑轻缓的趋向。这种趋向的背后既交织着司法对政治形势的简单回应和法院内部管理设计的连锁反应，又通透着基层法官在现实司法语境下面临的诸多正式与非正式的制约，以至于他们在相当程度上有意无意地误读了宽严相济刑事政策。"[3]在实践中，不仅对重罪案件的处理普遍趋宽，例如，由于杀害尊亲属而应当判处死刑立即执行的罪行极其严重的死刑案件，法官为了贯彻宽严相济刑事政策而判处了死缓，而且轻罪案件不起诉或

---

〔1〕 2007年3月最高人民检察院在全国人大会议上的工作报告中指出：要贯彻宽严相济的刑事司法政策，最大限度地增加和谐因素。宽严相济是我国的一项重要刑事司法政策，在和谐社会建设中更具有现实意义。

〔2〕 参见马克昌：《论宽严相济刑事政策的定位》，载《中国法学》2007年第4期；刘仁文：《宽严相济的刑事政策研究》，载《当代法学》2008年第1期。

〔3〕 陈力：《宽严相济刑事政策的意外后果》，载苏力主编：《法律和社会科学》（第5卷），法律出版社2009年版，第166页。

者不判处实刑的情况大量存在,成为了这一时期刑事司法实践的重要特点。这种情况一直延续到2010年2月8日最高人民法院发布《关于贯彻宽严相济刑事政策的若干意见》之后,才逐步有所改观。

可见,不论在施行惩办与宽大相结合刑事政策的过去,还是在贯彻宽严相济刑事政策的当下,赋予刑事政策全面指导刑法运行的功能,是我国理论界与实务部门对刑事政策与刑法关系的一般认识,即使在刑事法制较健全的当下,依然如故。

(二)问题之所在

然而,必须指出,赋予刑事政策全面指导刑事司法的功能,是关于刑事政策与刑法关系认识上的一个误区。之所以如此,是因为这种认识不符合法治的思考方式。

首先,赋予刑事政策全面指导刑事司法的功能,从逻辑上违背了罪刑法定原则。从近代以来各国法治的发展来看,罪刑法定原则是法治国家的重要标志,因而是法治原则和宪法原则,并通过刑法来具体展开。在罪刑法定原则的逻辑构造中,犯罪与刑罚只能由立法机关制定颁布的法律来规定,此即法律专属主义。罪刑法定主义以"法无明文规定不为罪"为其基本内容,这里的"法"并非一般意义上的法,而是特指法律。即使采取相对法律专属主义的现代各国刑法,也只能由法律和授权的其他机关来规定犯罪要件。[1] 法律专属主义表明,罪刑法定原则的思考方式是通过限制国家刑罚权来保障人权,司法机关只能依据罪刑法定之"法"来定罪判刑,依据其他任何规则定罪判刑都是对罪刑法定原则的公然违反。作为权力知识之公共政策的刑事政策,是国家的刑事战略、刑事策略(刑事方针)和刑事战术的总称,与刑事法律存在根本属性上的差异。[2] 这种差异实质上是思考方式的差异,即刑事政策的思考方式是通过惩罚犯罪来保护社会,与罪刑法定原则通过限制刑罚权来保障人权的思考方式完全对立。因而,赋予刑事政策全面指导刑事司法的功能,从逻辑上违背了罪刑法定原则,背离了法治的基本立场。

其次,赋予刑事政策全面指导刑事司法的功能,在法制不健全的社会,极易

---

〔1〕 参见陈兴良:《罪刑法定主义的逻辑展开》,载《法制与社会发展》2013年第3期。

〔2〕 参见刘远:《刑事政策的哲学解读》,中国人民公安大学出版社2005年版,第185页。

使刑事政策超越刑法而成为定罪量刑的直接依据。从理论上来说,刑事政策与刑法应当是一致的。然而,在法制不健全的时代,刑事政策往往会超越法律来运行。在我国施行“严打”政策期间,一个普遍的印象是,刑事政策被赋予了国家强制力,与刑法具有同等效力。例如,1981 年 2 月 20 日《中共中央、国务院关于处理非法刊物、非法组织和有关问题的指示》规定:“出版登记法、结社法、集会法经全国人民代表大会常务委员会或国务院审查批准后予以公布。公布之前,各地在处理有关非法刊物、非法组织等类问题时,一律严格按照本指示的原则办理。”在 20 世纪 80 年代,我国已经颁布实施了《刑法》,但从以上中共中央、国务院发布的指示的内容来看,追究刑事责任可直接依据指示或决定来进行,这显然是刑事政策超越刑法的表现。

再次,赋予刑事政策全面指导刑事司法的功能,即使在法制较为健全的时代,也会使人们不顾刑法理论的基本逻辑把刑事政策作为解释与适用刑法的重要理由。例如,根据我国现行《刑法》第 14 条、第 15 条和第 16 条的规定,承担刑事责任要求行为人在实施犯罪行为时必须具有刑事责任能力。同时,我国《刑法》第 18 条第 4 款规定:“醉酒的人犯罪,应当负刑事责任。”那么,为什么还要求行为人对其在完全醉酒且完全失去刑事责任能力的情况下所实施的犯罪行为负刑事责任呢?对此,刑法解释学往往抛开刑法的基本原理,从刑事政策上寻求处罚理由。例如,有的刑法教科书指出:“在生理醉酒的场合,醉酒的人可能在事实上的辨认和控制能力有所减弱,但是鉴于酗酒是一种陋习,且屡屡发生借酒滋事或者借酒壮胆犯罪的情况,因此,刑法实际是从刑事政策上考虑,将醉酒的人视为有完全刑事责任能力人,不因为醉酒在事实上减弱辨认控制能力而减轻其罪责。”[1]在此,给人的印象是刑事政策很不讲道理,并且有借助刑法来禁止酗酒的嫌疑。事实上,要求行为人对其在醉酒且完全失去刑事责任能力的情况下所实施的犯罪行为负刑事责任,就不具有妥当性,但这种不妥当性往往被人们通过刑事政策上的理由所遮蔽。再如,根据我国《刑法》第 236 条第 3 款的规定,强奸妇女、奸淫幼女致使被害人重伤、死亡或者造成其他严重后果的,处 10 年以上有期徒刑、无期徒刑或者死刑。在司法实践中,往往把被害人事后自杀的情形解释为“造成其他严重后果”。有的教科书也指出,所谓

---

〔1〕 曲新久:《刑法学》(第 5 版),中国政法大学出版社 2016 年版,第 73 页。

造成其他严重后果,是指因为强奸引起被害人自杀、精神失常以及其他严重后果。[1] 但问题是,在强奸行为不可能类型性地引起被害人自杀的情况下,仍然将被害人事后自杀的结果作为对行为人加重处罚的根据,在刑法理论上是说不通的,其理由恐怕只能来自刑事政策。[2] 在此,显然是刑事政策的理由代替了刑法原理。中国的司法实践是由两部分组成的,即具体的司法活动和最高司法机关的司法解释活动,而且司法解释对司法活动构成了明显的制约,俨然形成了所谓"唯司法解释论"之局面。但是,司法解释往往依据刑事政策的思维作出超越刑法用语之含义范围的解释。例如,最高人民法院、最高人民检察院于2013年6月17日发布的《关于办理环境污染刑事案件适用法律若干问题的解释》第1条把我国《刑法》第338条中的构成要件要素"严重污染环境"解释为14种情形。其中,把"两年内曾因违反国家规定,排放、倾倒、处置有放射性的废物、含传染病病原体的废物、有毒物质受过两次以上行政处罚的,又实施前列行为的"解释为"严重污染环境"。但问题是,这种情形并非已经严重污染环境,而充其量只是造成严重污染环境的危险,故这一解释显然超出了"严重污染环境"的含义范围,是环境犯罪的刑事政策超越刑法的集中体现。

最后,赋予刑事政策全面指导刑事司法的功能,实践中可能出现违反有罪必罚原则的情况。法治的经典定义最初来自古希腊哲学家亚里士多德的如下论述:"我们应当注意到邦国虽有良法,要是人们不能全部遵循,仍然不能实现法治。法治应包含两重意义:已成立的法律获得普遍的服从,而大家所服从的法律又应该本身是制订得良好的法律。"[3] 亚里士多德对法治含义的这一深刻洞见,不仅揭示了法治的真谛,而且迄今为止在法治的发展方向上仍然具有重要的指导意义。在亚里士多德看来,法治的关键在于"法律获得普遍的服从",具体到刑法领域就是有罪必罚。近代以来,这一思想经过孟德斯鸠、贝卡里亚

---

〔1〕 参见黎宏:《刑法学各论》(第2版),法律出版社2016年版,第236页。

〔2〕 这种情况也发生在杀人碎尸案件的司法审判中。在杀人后碎尸的场合,司法者往往把碎尸的情形解释为故意杀人后果严重,并对行为人从重处罚。但问题是,碎尸行为并不是杀人行为,何来的故意杀人后果严重?司法人员往往用刑事政策上的理由掩盖了碎尸行为可能构成其他犯罪(如侮辱尸体罪、毁灭证据罪)的情形。

〔3〕 [古希腊]亚里士多德:《政治学》,吴寿彭译,商务印书馆1965年版,第199页。

等思想家的继承和发展,[1]最终——如后所述——由费尔巴哈将其作为刑法的最高原则之一确立了下来。我国《刑法》第3条规定:"法律明文规定为犯罪行为的,依照法律定罪处刑;法律没有明文规定为犯罪行为的,不得定罪处刑。"该条后半段规定了罪刑法定原则,学界对此并不存在争议,但对该条前半段的理解上存在较大分歧。[2] 笔者认为,如果采取文义解释(这是最为重要的刑法解释方法),那么只能把我国《刑法》第3条前半段理解为有罪必罚原则,因为从语法的角度来看,"依照法律定罪处刑"的表述首先强调的是"定罪处刑",其次要求"依照法律"定罪处刑。然而,施行宽严相济刑事政策的实践业已表明,正是赋予刑事政策全面指导刑事司法的功能,才使得宽严相济刑事政策在施行过程中出现了普遍趋宽的现象,这实质上就是对有罪必罚原则的违反,毁坏了"已成立的法律获得普遍的服从"这一基本的法治要素。

二、刑事政策与刑法关系的德国经验

在德国,刑事政策与刑法关系的发展主要经历了费尔巴哈、李斯特和罗克辛3个时期。在这3个时期,虽然在刑事政策与刑法的关系上具有明显不同的认识,但一个共同的特点是,其都始终围绕罪刑法定原则来展开。

(一)费尔巴哈时期刑事政策与刑法的关系

费尔巴哈是刑事政策概念的提出者,其提出刑事政策概念的基本理论根据在于心理强制说及以此为基础的刑罚威慑论。

费尔巴哈指出,所有的违法行为在感性上都有其心理学上的起因,人的贪欲在一定程度上会因对行为的乐趣或者产生于行为的乐趣而得到强化。这种内心的动机通过下列方式加以消除:让每个人知道,在其行为之后,必然有一个

---

[1] 孟德斯鸠指出,治理人类不要用极端的方法;我们对于自然所给予我们领导人类的手段,应该谨慎使用。如果我们研究人类所以腐败的一起原因的话,我们便会看到,这是因为对犯罪不加处罚,而不是因为刑罚的宽和。参见[法]孟德斯鸠:《论法的精神》(上册),张雁深译,商务印书馆1961年版,第85页。可见,在孟德斯鸠关于刑法宽和性的论述中,就蕴含着有罪必罚的思想。贝卡里亚更是提出了刑罚的必定性的思想,指出对于犯罪最强有力的约束力量不是刑罚的严酷性,而是刑罚的必定性,这种必定性要求司法官员谨守职责,法官铁面无私、严肃认真。即使刑罚是有节制的,它的确定性也比联系着一线不受处罚希望的可怕刑罚所造成的恐惧更令人心悸。参见[意]贝卡里亚:《论犯罪与刑罚》,黄风译,中国大百科全书出版社1993年版,第59页。显然,贝卡里亚的刑罚的必定性思想实质上就是有罪必罚思想。

[2] 参见苏永生:《论我国刑法中的法益保护原则——1997年〈中华人民共和国刑法〉第3条新解》,载《法商研究》2014年第1期。

恶在等待着自己,且这种恶要大于源自未满足的行为动机的恶。为此,在法律上将这种恶作为行为的必然后果加以规定(法定的威慑)。一旦发生违法行为,就应当立即给予法律规定的恶(执行判决)。威慑目的的执行权和立法权的有效协调构成了心理强制。而且他还指出,刑罚存在的原因在于刑罚效果的产生。具体表现为两个方面:一是对潜在的违法者的威慑,警告其不要违法;二是通过科处刑罚证明法律规定的刑罚威慑效果。〔1〕 可见,费尔巴哈不仅对罪刑法定原则的实定化作出了突出贡献,而且以心理强制说为基础提出了著名的刑罚威慑论。为了贯彻刑罚威慑论,费尔巴哈与贝卡里亚和边沁不同,不仅肯定死刑,而且否定了恩赦权。〔2〕

不仅如此,费尔巴哈把心理强制说及以此为基础的刑罚威慑论上升为刑法的最高原则。费尔巴哈指出,刑法的最高原则是,国家的每一部法律中的刑罚都是一个为维护外在权利而构成的,对违法给予感官上(内心)的恶的法律后果。从最高原则的定义中可以得出无法无刑、无法无罪和有罪必罚3个从属原则。〔3〕 其中,前两个从属原则属于罪刑法定原则,其思想基础在于通过限制刑罚权来保障权利;而有罪必罚原则的思想基础正是心理强制说及以此为基础的刑罚威慑论。显然,心理强制说及以此为基础的刑罚威慑论的思考方式不是通过制约刑罚权来保障人权,而是通过发动刑罚来惩罚犯罪。由此,以应对犯罪为内在要求的刑事政策的概念呼之欲出。费尔巴哈将刑事政策定义为:"系以科学方法,研究犯罪原因及刑罚成效,且以此为基础,而获得各种原理原则。国家并依此原理原则,藉刑罚及其相类似制度为手段,以抗制犯罪。"〔4〕这种把应对犯罪的手段仅限于刑罚及其相类似的制度的刑事政策概念,显然属于狭义的刑事政策概念。从费尔巴哈关于刑法最高原则的论述中不难看出,费尔巴哈的刑法思想中既包括通过限制刑罚权来保障权利的思考方式,也包括通过惩罚犯罪来保护社会的思考方式。其中,以限制刑罚权来保障权利的思考方式由罪刑

---

〔1〕 参见[德]安塞尔姆·里特尔·冯·费尔巴哈:《德国刑法教科书》(第14版),徐久生译,中国方正出版社2010年版,第28~29页。

〔2〕 参见马克昌主编:《近代西方刑法学说史》,中国人民公安大学出版社2008年版,第110~111页。

〔3〕 参见[德]安塞尔姆·里特尔·冯·费尔巴哈:《德国刑法教科书》(第14版),徐久生译,中国方正出版社2010年版,第31页。

〔4〕 许福生:《刑事政策学》,中国民主法制出版社2006年版,第3页。

法定原则承担,而以惩罚犯罪来保护社会的思考方式由有罪必罚原则承担。而且费尔巴哈首先强调的是罪刑法定,其次才是有罪必罚。相应地,如果把有罪必罚理解为刑事政策的思考方式的话,那么刑事政策必须服从于罪刑法定原则。正因如此,费尔巴哈把刑事政策限定为刑事立法政策,并且强调刑事政策属于刑法的辅助知识。〔1〕

可见,费尔巴哈虽然提出了刑事政策的概念,但却把刑事政策的作用范围仅限于刑事立法领域,而且其必须服从于罪刑法定原则。所以,在费尔巴哈时期,刑事政策与刑法之间是二元分立的关系,刑事政策的作用被堵截在刑事司法之前。

(二)李斯特时期刑事政策与刑法的关系

在刑事政策学的发展上,李斯特可谓作出了突出贡献。对此,法国学者马克·安塞尔指出:"国际刑法联盟的主要倡导者冯·李斯特曾致力于将新思想应用到法律实践中去。这些新主张主要是为了拥护卡那拉支持者所反对的有条件判决(缓刑、刑罚执行的延缓),为了废弃短期监禁刑,并为青少年犯罪建立一种特殊的(不怎么带惩罚性的)制度。更重要的是,李斯特复兴了刑事政策这一概念,仅从这一点说,李斯特的努力就是极其有价值的了。"〔2〕李斯特的刑事政策思想,集中体现为两个著名论断:(1)最好的社会政策是最好的刑事政策;(2)刑法是刑事政策不可逾越的屏障。如果说第一个论断标志着广义刑事政策概念的提出和全体刑法学思想的形成,那么第二个论断则集中表达了李斯特对刑事政策与刑法关系的基本态度。

李斯特认为,刑事政策只能在刑事立法领域发挥作用,而且应当把刑事政策堵截在教义刑法学之外。对此,李斯特在其《刑法教科书》中指出:"一般来说,刑事政策要求,社会防卫,尤其是作为目的刑的刑罚在刑种上均适合犯罪人的特点,这样才能防止其将来继续实施犯罪行为。从这个要求中我们一方面可以找到对现行法律进行批判性评价的可靠标准,另一方面我们也可以找到未来

〔1〕 参见[德]安塞尔姆·里特尔·冯·费尔巴哈:《德国刑法教科书》(第14版),徐久生译,中国方正出版社2010年版,第30页。

〔2〕 [法]马克·安塞尔:《新刑法理论》,卢建平译,香港天地图书有限公司1989年版,第15~16页。

立法规划发展的出发点。”[1]可见，与费尔巴哈一样，李斯特把刑事政策的作用限于刑事立法的范围，刑事政策不仅是批判现行刑法的依据，也是立法的出发点。由于这一观点从刑事政策与刑法的关系上确立了法治国原则，所以“刑法是刑事政策不可逾越的屏障”就成为了李斯特的一句名言。对此，德国刑法学家罗克辛指出：“这句名言使得：人们在按照符合实证原理之规则对社会失范行为（Verhalten）进行目的性处理的同时，也受到更为严格意义上的司法方法的限制，这种司法方法便是对犯罪前提进行成体系的、概念化的加工和安排。或者，我们可以更简练地说：这句名言一方面将刑法视为社会科学，另一方面又视其为法律科学。在李斯特亲自创建的‘整体刑法学’的双重特性里，体现着互相疏离的两股趋势：具体而言，一方面，他将体现整体社会意义之目的的、与犯罪作斗争的方法，按照他的话，也就是刑法的社会任务，归于刑事政策；另一方面，按照刑法的司法意义，法治国—自由的机能，亦即法律的平等适用和保障个体自由免受‘利维坦’的干涉机能，则应归于刑法。”[2]可见，与费尔巴哈相比，李斯特更加明确地把通过限制刑罚权来保障人权理解为刑法的思考方式，而把通过惩罚犯罪来保护社会理解为是刑事政策的思考方式。在此，刑事政策与刑法从概念与功能上有了明确的区分。

李斯特关于刑事政策的第二个论断表明，刑事政策不能逾越刑法成为定罪量刑的直接依据，它只能在刑事立法领域发挥作用。之所以如此，更为深刻的原因在于李斯特认为，应当在刑法所具有的人权保障功能与刑事政策所具有的社会保护功能之间保持适当的平衡。李斯特指出：“不得为了公共利益而无原则地牺牲个人自由。尽管保护个人自由因不同历史时期人们对国家和法的任务的认识不同而有所不同，但是，有一点是一致的，即在法制国家，只有当行为人的敌对思想以明文规定的行为表现出来了，始可处罚行为人刑罚。……对个人自由最重要的保障，是制定一个给予犯罪人适当的、充分保护的辩护机会，严禁追诉机关专断的刑事诉讼程序的规定。”[3]可见，在李斯特看来，刑法的功能在于保障人权，而刑事政策的功能在于保护社会。在此，刑法与刑事政策首次

---

〔1〕［德］李斯特：《德国刑法教科书》（修订译本），徐久生译，法律出版社2006年版，第15页。

〔2〕［德］克劳斯·罗克辛：《刑事政策与刑法体系》（第2版），蔡桂生译，中国人民大学出版社2011年版，第4页。

〔3〕［德］李斯特：《德国刑法教科书》（修订译本），徐久生译，法律出版社2006年版，第23页。

出现了较为明确的功能上的分野。正因为由这种功能分野而引发的刑法与刑事政策之间的紧张关系,才使李斯特把刑事政策的作用仅限于"赋予现行法以价值判断之基准,以发现更妥善的法律"。[1]

刑事政策是运用刑罚惩罚犯罪的策略,因而刑事政策往往与刑罚思想联系在一起,完全可以说,刑事政策思想实质上就是刑罚思想。费尔巴哈是一般预防论者,因而其刑事政策思想为一般预防服务,且主要通过立法来实现,相应地,刑事政策也被理解为刑事立法政策。与费尔巴哈不同,李斯特是特殊预防论者,因而其刑事政策思想是围绕特殊预防而展开的。因为特殊预防主要是针对处遇而言的,所以刑事政策也作用于刑事执行。李斯特指出,刑事政策首先是通过对犯罪人个体的影响来与犯罪作斗争的。一般来说,刑事政策要求,社会防卫,尤其是作为目的刑的刑罚在刑种和刑度上均应适合犯罪人的特点,这样才能防止其将来继续实施犯罪行为。[2] 然而,与费尔巴哈一样,李斯特也是把刑事政策堵截在刑法体系之外。

李斯特是刑法信条学(刑法教义学)的创始人,但在李斯特的刑法信条学中却找不到刑事政策的影子,这主要是因为刑法信条学与刑事政策学存在本质区别。对此,罗克辛指出,刑法信条学是研究刑法领域中各种法律规定和各种学术观点的解释、体系化和进一步发展的学科。它通过自己与现行法律的关系和自己的研究方法,从而区别于刑法史学、比较刑法学和刑事政策学。刑事政策学的研究对象不是那些已经存在的法律的形成,而是那些根据目的的要求本来应当存在的法律的形成。[3] 而且在李斯特与贝林建立的古典犯罪论体系中,构成要件该当性的判断只接受经验上可以掌握的事实,只承认客观的构成要件,只接受描述性的构成要件要素;在违法性判断上,只需检验有没有法定的阻却事由,属于形式的违法性,阻却违法事由不能借由价值上的思考,任意创造;至于罪责,只是在具有违法性的基础上判断行为人有无故意或过失、不法认

---

〔1〕 Frans v. Lizst, Lehrbuch des deutschen Strafrechts, 21 ~ 22, Aufl. 1919, S. 2. 转引自梁根林:《刑事政策:立场与范畴》,法律出版社 2005 年版,第 8 页。

〔2〕 参见[德]李斯特:《德国刑法教科书》(修订译本),徐久生译,法律出版社 2006 年版,第 15 页。

〔3〕 参见[德]克劳斯·罗克辛:《德国刑法学总论》(第 1 卷),王世洲译,法律出版社 2005 年版,第 118 页。

识以及罪责能力等。[1] 因而，在李斯特的刑法信条学中，不可能把刑事政策的内容及其思考方式纳入犯罪论体系，刑事政策被排除在了犯罪论体系之外。

由此不难看出，在刑事政策与刑法的关系上，李斯特不仅将刑事政策的作用堵截在刑事司法之前，而且把刑事政策排除在犯罪论体系（刑法体系）之外，实现了刑事政策与刑法在功能上的分野，为法治国家的刑法奠定了理论基础。

（三）罗克辛时期刑事政策与刑法的关系

然而，李斯特关于刑事政策与刑法之关系的思想，被罗克辛形象地称为“李斯特鸿沟”，主要是因为这一思想割裂了刑法与刑事政策之间的联系，堵塞了刑事政策进入刑法教义学的通道。为此，罗克辛通过建立目的理性的犯罪论体系，使刑事政策进入了刑法体系。罗克辛坚持的是古典派犯罪论体系的三阶层构造，只是对三阶层的内容进行了刑事政策的改造，即行为构成的实质化、不法的价值化和责任的目的化。

行为构成的实质化主要是通过赋予罪刑法定原则实质性的积极功能来实现的。罗克辛指出，为了落实刑法的“大宪章”机能和刑法的不完整性，只能对行为构成进行限制性解释，必须把法益保护思想的运用限制在不可放弃的可罚性领域。为了达到这一目的，就需要一些调节性的规则（如社会相当性原理），还应当坚持“轻微性原则”，即在大多数行为构成中，是可以一开始就排除那些轻微的损害的。[2] 其中，社会相当性原理是德国刑法学家韦尔策尔所提出的关于违法性判断基准的一种理论。在违法性的范畴，韦尔策尔所创立的目的论体系承袭了古典体系，仍以利益衡量的价值思考作为判断基础。实质违法性的概念被保留下来，超法律的阻却违法事由可依社会损害性的标准而创发。[3] 根据威尔泽尔的观念，行为是否违法，必须考察该行为是否立足于历史地形成的社会生活道德的范围内，亦即是否具备社会相当性。如果具备社会相当性，则不构成违法；如果不具备社会相当性，则构成违法。可见，罗克辛把社会相当性原理纳入行为构成，不仅实现了行为构成判断的实质化，而且使符合行为构成的行为的范围变得更小了，对“轻微性原则”的坚持也具有同样的功能。由

---

〔1〕 参见林东茂：《刑法纵览》（修订5版），中国人民大学出版社2009年版，第37～38页。

〔2〕 参见［德］克劳斯·罗克辛：《刑事政策与刑法体系》（第2版），蔡桂生译，中国人民大学出版社2011年版，第30～31页。

〔3〕 参见林东茂：《刑法纵览》（修订5版），中国人民大学出版社2009年版，第42页。

此来看，罗克辛所谓赋予罪刑法定原则实质性的积极功能，即根据罪刑法定原则所具有的保障功能对构成要件进行实质审查，将那些没有处罚必要性的行为排除在了行为构成之外。

不法的价值化主要是通过赋予不法要件解决社会冲突的积极功能，使不法性成为一种否定性的价值判断。罗克辛指出，正当化根据的体系化只有在以下范围内才是可能的，即正当化的根据能够从不同的社会制度性原则（利益权衡原则、保护原则、法保障原则、自治原则等）的联合中得到说明。根据各种不同的刑事政策上的主导性意见，这些原则要对社会有益性或者有害性以及对符合行为构成的干涉的法和不法作出决定。这些原则也修饰了无法无罪的基本原则。〔1〕 由此不难看出，所谓不法的价值化，即基于刑事政策的目的，把利益冲突的解决、刑法与整个法律制度的联系等纳入不法的判断当中，为符合行为构成之行为的出罪提供实质上的根据。

责任的目的化，即基于刑事政策之机能的视角，把预防主义纳入责任的判断当中。罗克辛指出，在责任判断上，仅仅做罪责的判断是不够的，还应当充分考虑预防的必要性。责任必须取决于两种现实才能加到不法上去，即行为人的罪责和应当从法律中提取出来的刑法威胁的预防必要性。在行为人实现了刑法性不法时，他就是有罪责的，而且出于预防的理由，通常也需要刑法的威胁。换言之，在罪责存在时，刑法性的责任就立即存在了。但是，在缺乏罪责之外，如果缺乏预防性刑事惩罚的必要性，也能导致排除责任。当然，这是有限制的，即在解释现行法律中，并不涉及法官可能根据自己的刑事政策观念来宣布无罪，而是应当查明这种作为法律基础的预防性认定。〔2〕 由此来看，可以从罗克辛的责任理论中推导出两种刑罚，即罪责之刑与预防之刑；而且只能在罪责之刑的范围内选择预防之刑，即“刑罚不允许超过罪责的程度，但是，它却可以在预防目的的允许的范围内，不达到这个程度”。〔3〕

由此可见，在刑事政策与刑法的关系上，罗克辛虽然通过犯罪论体系（刑法教义学）赋予了刑事政策指导刑事司法的功能，但这种指导是在形式理性制

---

〔1〕 参见［德］克劳斯·罗克辛：《德国刑法学总论》（第1卷），王世洲译，法律出版社2005年版，第136页。

〔2〕 同上书，第557～558页。

〔3〕 同上书，第49页。

约下的一种实质的出罪化指导。在此,刑事政策是为罪刑法定原则服务的,丝毫没有凌驾于罪刑法定原则之上的意蕴。在这一框架下,法治国原则不仅没有丝毫松动,反而通过刑事政策的教义学化从实质上得以强化。

三、刑事政策与刑法:功能及思考方式的分野

从以上德国刑事政策与刑法关系的理论中可以看出,刑事政策与刑法在功能上存在着严格的分野,而且这种分野同时意味着两者在思考方式上的截然不同,这对正确处理刑事政策与刑法的关系具有极为重要的参考价值。

(一)刑事政策的功能及思考方式

刑事政策的功能到底是什么?对于这一问题,完全可以通过解读刑事政策概念而达致较为清晰的理解。关于刑事政策的概念,中外法学界一直以来没有统一的说法。在西方,首先提出刑事政策概念的德国著名刑法学家费尔巴哈认为:"刑事政策是国家据以与犯罪作斗争的惩罚措施的总和。"[1]德国刑事政策大师李斯特把刑事政策定义为:"系以科学方法,研究犯罪原因及刑罚成效,且以此为基础,而获得各种原理原则。国家并依此原理原则,藉刑罚及其相类似制度为手段,以抗制犯罪。"[2]在刑事政策学研究上具有较大影响的法国刑事政策学者马克·安塞尔认为:"刑事政策是由社会,实际上也就是说由立法者和法官在认定法律所惩罚的犯罪,保护'高尚公民'时所作的选择。"[3]米海依尔·戴尔玛斯-马蒂认为:"刑事政策就是社会整体据以组织对犯罪现象反应的方法的总和,因而是不同社会控制形式的理论与实践。"[4]日本著名刑法学家大谷实教授认为:"所谓刑事政策,是国家和地方公共团体通过预防犯罪,维持社会秩序的稳定、安宁所采取的一切措施。"[5]仔细研读这些概念不难发现,虽然各种概念在表述方式和形式上存在较大差异,但其中贯穿着一个总的精神,即刑事政策是国家或社会同犯罪作斗争的策略。由此看来,刑事政策的概

---

〔1〕[法]米海依尔·戴尔玛斯-马蒂:《刑事政策的主要体系》,卢建平译,法律出版社2000年版,第1页。

〔2〕许福生:《刑事政策学》,中国民主法制出版社2006年版,第3页。

〔3〕[法]马克·安塞尔:《新刑法理论》,卢建平译,香港天地图书有限公司1989年版,第12页。

〔4〕[法]米海依尔·戴尔玛斯-马蒂:《刑事政策的主要体系》,卢建平译,法律出版社2000年版,第1页。

〔5〕[日]大谷实:《刑事政策学》,黎宏译,中国人民大学出版社2009年版,第3页。

念在西方并非我国学者所说的那样——“刑事政策出现四分五裂、支离破碎的特征”,[1]而可谓“形散而神不散”。

自20世纪80年代以来,在我国影响较大的刑事政策的定义较多,主要有以下几种:一是甘雨沛与何鹏教授在其编写的《外国刑法学》中对刑事政策所下的定义,其认为:“刑事政策是国家或社会团体对犯罪、犯罪者以及犯罪现象,根据以镇压、压制或抑制和预防犯罪为目的的原则,采取有效的有指导意义的活动和措施。”[2]二是杨春洗教授等主编的《刑事法学大辞书》中对刑事政策所下的定义,其认为:“刑事政策是指根据犯罪变化运用刑罚制度及有关制度,有效地同犯罪作斗争,以期实现抑制和预防犯罪之目的的策略、方针、措施和原则。”[3]三是马克昌教授主编的《中国刑事政策学》中对刑事政策所下的定义,其中认为我国的刑事政策“是指中国共产党和人民民主政权,为了预防犯罪,减少犯罪,以及消灭犯罪,以马列主义、毛泽东思想为指导,根据我国的国情和一定时期的形势,而制定的与犯罪进行有效斗争的指导方针和对策”。[4]四是杨春洗教授主编的《刑事政策学》中对刑事政策所下的定义,认为:“刑事政策是国家或执政党依据犯罪态势对犯罪行为和犯罪人运用刑罚和有关措施以期有效地实现惩罚和预防犯罪目的的方略。”[5]五是肖扬主编的《中国刑事政策和策略问题》中对刑事政策所下的定义,认为:“刑事政策和策略,简略说来就是一个国家在同犯罪作斗争中,根据犯罪的实际情况和趋势,运用刑法和其他一系列抗制犯罪的制度,为达到有效抑制和预防犯罪的目的,所提出的方针、准则、决策和方法等。”[6]六是近年来我国学者所坚持的广义的刑事政策概念。例如,梁根林教授把刑事政策定义为“国家和社会整体以合理而有效地组织对犯罪的反应为目标而提出的有组织地同犯犯罪斗争的战略、方针、策略、方法以及行动的艺术、计谋和智慧的系统整体”。[7] 卢建平教授也坚持广义的刑

[1] 曲新久:《刑事政策的权力分析》,中国政法大学出版社2002年版,第34页。
[2] 甘雨沛、何鹏:《外国刑法学》(上册),北京大学出版社1984年版,第74页。
[3] 杨春洗等主编:《刑事法学大辞典》,南京大学出版社1990年版,第578页。
[4] 马克昌主编:《中国刑事政策学》,武汉大学出版社1992年版,第5页。
[5] 杨春洗主编:《刑事政策学》,北京大学出版社1994年版,第7页。
[6] 肖扬主编:《中国刑事政策和策略问题》,法律出版社1996年版,第2页。
[7] 梁根林:《刑事政策:立场与范畴》,法律出版社2005年版,第23页。

事政策概念。[1] 从这些刑事政策的定义来看,与西方一样,虽然其在表述上存在差异,但总体精神却是一致的,即刑事政策是国家或社会同犯罪作斗争的策略,其目的在于有效惩罚犯罪。

从中外学者对刑事政策所下的定义可以看出,刑事政策在功能上具有一个极为明显的特征,即刑事政策是用来抗制犯罪进而保护社会的。对此,我国学者从"刑事政策"的术语上做了进一步解读。例如,我国学者指出,无论德语中的"Kriminalpolitik"或是法语中的"la politique crimiaelle",其关键词"政策"(politik 或 politique)均源于希腊语的"城邦"。而在古希腊哲学家亚里士多德看来,"城邦"是一种合作关系,是联合体或共同体,是以追求善业为目的的最高且最广泛的社会团体。城邦是这样一种合作关系,它构成的一个关键方面,是人们分享某种有关善或正义的生活方式的概念。而政治就是对城邦内部公共事务的认识与管理,其目的就是追求善,所以亚里士多德的政治又可以称为"善治"。在这一意义上,德语中的"Kriminalpolitik"或是法语中的"la politique crimiaelle"与英语中的"criminal policy"是不完全对应的,把德语中的"Kriminalpolitik"或是法语中的"la politique crimiaelle"译为"刑事政治"是比较合适的。[2] 还有学者指出:"确实,无论从费尔巴哈提出的'Kriminalpolitik'一词的德文词源看,还是从刑事政策一词的英译'Criminal policy'或者从其日文、中文的'刑事政策'的语义分析,政策都与政治具有内在联系。刑事政策作为国家有组织的反犯罪斗争的政治策略的一种表述方式,是国家公权力的直接运用并且与不同社会集团利益的冲突有着内在的联系,因而具有相当的政治敏感性,称为一种刑事政治当然未尝不可。"[3] 由此看来,"刑事政策"这一术语中本身就蕴含着通过惩罚犯罪进而实现社会保护的功能及思考方式。

(二)刑法的功能及思考方式

由上述分析不难看出,刑事政策是与权力紧密联系的一个概念,其逻辑在于强调对权力(特别是刑罚权)的扩张运用,由此决定了其功能及思考方式是通过惩罚犯罪来维护既定的社会秩序。那么,刑法的功能及其思考方式到底是

---

〔1〕 参见卢建平主编:《刑事政策学》(第 2 版),中国人民大学出版社 2013 年版,第 16~17 页。
〔2〕 参见卢建平:《刑事政策与刑法变革》,中国人民公安大学出版社 2011 年版,第 49 页。
〔3〕 梁根林:《刑事政策:立场与范畴》,法律出版社 2005 年版,第 48~49 页。

什么呢？这似乎是一个比刑事政策的功能及思考方式更为复杂的问题。

我国刑法论著一般是在“刑法的任务”或“刑法的机能”的标题下论述刑法功能的。对于刑法的功能，当前主要存在3种观点。第一种观点对刑法的功能做了规范主义的解读，认为我国《刑法》第2条就是对刑法功能的规定，概言之，刑法的功能就是保护国家和人民的利益，具体包括以下四个方面：其一，保卫国家安全，保卫人民民主专政的政权和社会主义制度；其二，保护社会主义的经济基础；其三，保护公民的人权利、民主权利和其他权利；其四，维护社会秩序。〔1〕 第二种观点认为，刑法的功能包括人权保障与社会保护两个方面，而且人权保障应当优先于社会保护。例如，有学者指出，刑法的社会机能包括保障机能和保护机能两个方面。当前，随着市场经济体制的形成，法治成为治国之本，个人的权利日益受到重视与保护，因此，刑法机能应当从社会保护向人权保障倾斜，加重刑法的人权意蕴。〔2〕 第三种观点认为，刑法的机能包括法益保护与人权保障。其中，法益保护机能来源于刑法的目的与任务，人权保障机能的实现依赖罪刑法定主义、责任主义的贯彻；刑罚的适用，与法益保护成正比，与人权保障成反比。〔3〕 可见，我国刑法理论均把社会保护或法益保护作为刑法的基本功能来看待。

但问题是，社会保护或者法益保护是否属于刑法的功能？这一问题值得认真思考。

提倡刑法具有社会保护机能的学者指出：“刑法的保护机能是指刑法对社会的保护效用。社会是由人构成的，但社会又不是个人的简单聚合，而是有其特殊的结构与机制。因此，社会保护主要是指刑法通过惩罚犯罪对社会秩序的维护和统治。刑法的社会保护机能是刑法的性质所决定的，也是刑法存在的根基。”〔4〕这段话表达了3层含义：一是社会保护机能是刑法的重要机能，是刑法存在的根据；二是刑法的社会保护机能是通过惩罚犯罪来实现的；三是社会保护机能是由刑法的性质决定的。然而，在本文看来，这些都存在疑问。首先，刑

---

〔1〕 参见高铭暄、马克昌主编：《刑法学》（第7版），北京大学出版社、高等教育出版社2016年版，第18～21页。

〔2〕 参见陈兴良：《本体刑法学》（第2版），中国人民大学出版社2011年版，第33～43页。

〔3〕 参见张明楷：《刑法学》（第5版）（上），法律出版社2016年版，第21～22页。

〔4〕 陈兴良：《本体刑法学》（第2版），中国人民大学出版社2011年版，第35页。

法存在的根据真的是为了保护社会吗？历史证明，如果统治者只想惩罚犯罪，那么他完全可以抛开刑法，而且抛开刑法的惩罚摆脱了刑法的制约，使惩罚更为迅速和有效。[1]“确立刑罚权的要求，和对于法治国家的要求一样，是来自于弱势的被统治者的愿望，这也是人类一开始想要制定刑法的动机之所在。质言之，人类想要有刑法，不是要创设刑罚，而是要限制刑罚。因为，统治者的刑罚本来就已经存在了。”[2]显然，社会保护机能是刑法存在的根据的说法，恐怕是一种理论假设。其次，惩罚犯罪固然是为了保护社会，但这与其说是刑法的机能，还不如说是刑事政策的机能。因为自近代以来，刑事政策是用来抗制犯罪的，而刑法是用来保障人权的。正因如此，李斯特所提出的“刑法是刑事政策不可逾越的屏障”的观点成为了著名论断，以致在西方社会获得了大面积遵循。[3]最后，论者指出，社会保护机能是由刑法的性质决定的。但问题是，什么样的刑法性质决定了刑法具有社会保护机能？如果把刑法理解为国权主义刑法（这显然是一种刑事政策的思维），那么刑法可能是为了保护社会而存在的；但如果把刑法理解为民权主义刑法（这是本来意义上的刑法），那么刑法的机能就只能是保障人权。然而，实行罪刑法定原则的刑法或者法治社会的刑法只能是民权主义刑法。所以，现代刑法的性质决定了刑法不可能具有社会保护机能。

事实上，人们之所以不假思索地赋予刑法保护社会的机能，是因为人们理所当然地把刑法规范理解为行为规范。然而正如埃利希所言：“把法律理解为行为规则，这种法学本来就不大可能说明一个原则，即人们即使根本不知道法律也受法律约束，因为人们不大可能按照其所不知道的规则来行为。”[4]虽然国家基于国民对国家的义务而提出国民有学习法律的义务，但实际情况是，除了法律人（包括法律工作者和从事法学专业学习、教学与研究的人）之外，绝大

---

〔1〕 例如，在我国春秋时期的郑、晋、楚等国出现了公布成文法的活动，但这一活动引起了奴隶主贵族的坚决反对。之所以如此，是因为在此之前奴隶主贵族实行的是“法不可知，则威不可测”的原则，而成文法的公布在很大程度上制约了奴隶主贵族的行为。参见蔡枢衡：《中国刑法史》，中国法制出版社2005年版，第111～112页。

〔2〕 黄荣坚：《基础刑法学》（第3版）（上），中国人民大学出版社2009年版，第7～8页。

〔3〕 参见［德］克劳斯·罗克辛：《刑事政策与刑法体系》（第2版），蔡桂生译，中国人民大学出版社2011年版，第3～4页。

〔4〕 ［奥］欧根·埃利希：《法学会学原理》，舒国滢译，中国大百科全书出版社2009年版，第11页。

多数人是不会主动学习法律的。[1] 他们对法律的学习往往是被动的,并且主要通过两种途径来实现:一是当遇到某种法律问题时,他们为了解决问题而学习法律;二是他们对法律的了解大都来自显而易见的法律实践活动。因而,把刑法规范界定为行为规范的意义是极为有限的。正如埃利希所言:"当然,要求人人都知道法律,或者提出一种拟制,说适当公布的法律是人所皆知的,这样做不会使情况变得更好。"[2] 如果换一个方向,把刑法规范理解为裁判规范,则结果大不相同。因为如此理解有两个方面的重要意义:其一,把刑法规范理解为裁判规范,意味着裁判者必须执行刑法规范;其二,把刑法规范理解为裁判规范,意味着裁判者不能脱离刑法进行裁判。这两个方面构成了刑事法治之双翼,因而意义重大。如果说第一个方面表达的是有罪必罚的话,那么第二个方面表达的就是罪刑法定,而这正是刑法领域法治的基本要求。可见,"假如我们(像通常所做的那样)说,法律既对知道它们的人有效,也对不知道它们的人有效,那么我们显然就彻底放弃了作为人们行为规则的法的概念;我们将它仅仅确立为针对国家机关的规则,国家机关必须适用法律,而不管它是否为参与者所知"。[3] 把刑法规范理解为裁判规范,不仅符合刑法规范产生与发展的目的,而且对当下我国刑事法治的实现大有裨益。以此为基点来看,刑法的社会机能就不应包括社会保护,而只能是人权保障。在这种情况下,刑法解释只能为人权保障的刑法机能服务,合宪性解释(文义解释)的地位自然会得以凸显。

在我国,提倡法益保护是刑法之社会功能的观点认为,刑法的功能包括法益保护与人权保障两个方面,而且两者之间是一种对立关系,即刑罚的适用与法益保护成正比,与人权保障成反比。[4] 值得注意的是,我国学者所说的法益保护与德、日等大陆法系国家刑法理论中的法益保护存在语境和逻辑前提上的差异。

首先,在德、日等大陆法系国家,法益保护是罪刑法定原则下的法益保护,即在法益保护与人权保障冲突时,优先选择人权保障。这是因为一方面,在德、

---

〔1〕 即便是法律人,特别是从事法学专业学习、教学与研究的人,由于受学科划分和功利目的的影响,其对法律的了解恐怕也是残缺不全的。

〔2〕 [奥]欧根·埃利希:《法学会学原理》,舒国滢译,中国大百科全书出版社 2009 年版,第 12 页。

〔3〕 同上。

〔4〕 参见张明楷:《刑法学》(第 5 版)(上),法律出版社 2016 年版,第 22 页。

日等大陆法系国家，罪刑法定原则首先是法治原则和宪法原则，并且通过刑法得以具体展开，而法益保护只是在一定范围内所承认的刑法的原则；另一方面，法益的概念也被作出了与罪刑定原则作用方向一致的限制。例如，罗克辛教授指出："一个在刑事政策上有拘束力的法益概念，只能产生于我们在基本法中载明的建立在个人自由基础之上的法治国家的任务。这个任务就对国家的刑罚权规定了界限。在此之后，人们就可以说：法益是在以个人及其自由发展为目标进行建设的社会整体制度范围之内，有益于个人及其自由发展的，或者是有益于这个制度本身功能的一种现实或者目标设定。"〔1〕但在我国，法益保护主义显然缺乏这种语境。

其次，从犯罪成立体系来看，法益侵害的判断只能是一种出罪化判断。从德日犯罪成立体系来看，当前占据统治地位的依然是构成要件符合性、违法性和有责性的三阶层体系。由于人们大都承认构成要件的实质化，所以关于法益侵害的判断既是违法性的基本内容，也是构成要件符合性判断的重要因素。在违法性阶段，法益侵害性判断是一种消极判断，不存在入罪的情形。在构成要件符合性判断中，法益侵害性判断必须依据罪刑法定原则的保障功能对构成要件进行实质审查。〔2〕在这种情况下，法益保护所发挥的作用只能是排除符合构成要件之行为的违法性或者排除形式上符合构成要件之行为的构成要件符合性。但在我国，对法益侵害性的判断则缺乏这一逻辑构造。

最后，从刑法解释方法的角度来看，法益保护主义所提倡的依据法益保护目的的解释受到文义解释（或合宪性解释）的严格限制。虽然以法益保护目的为内容的目的解释，在德国刑法解释方法中被认为是刑法解释方法的桂冠，但目的解释必须受制于文义解释的限制。这种观念无论在法哲学学者还是在刑法学者哪里，都受到普遍支持。例如，有法哲学家指出："严格意义上的解释都是以待解释之规范的'可能语义'为界限的。如果法律适用偏离了这一原则，比如出于正当的同等对待的考虑，将某一法律规范适用于根据该规范的语义明显不属于其他适用范围的情形，或者不将该规范适用于明显属于其适用范围的

〔1〕［德］克劳斯·罗克辛：《德国刑法学总论》（第1卷），王世洲译，法律出版社2005年版，第15页。

〔2〕参见陈兴良：《刑法教义学与刑事政策的关系：从李斯特鸿沟到罗克辛贯通》，载《中外法学》2013年第5期。

情形,则这些做法都不属于法律解释,而已进入了对法律进行补充或校正的法律续造领域。"[1]刑法学者亦指出,"解释方法之桂冠当属于目的论之解释方法",但目的论之解释受制于符合宪法的解释的严格限制。"在根据法律目的进行解释时,法官总是将宪法的价值判断放在首位(符合宪法的解释),它虽然不得任意改变刑法规定的意思,但他必须尝试,在法律规定的范围内与宪法规范保持一致,如果这样做不可能,他必须根据《宪法》第100条的规定终止诉讼程序,由联邦宪法法院裁决。"[2]可见,在德国刑法理论中,目的解释实质上是受到文义解释或合宪性解释严格限制的一种解释,但在我国,法益保护主义者所提倡的目的解释是缺乏这一逻辑前提的。

由此可见,无论从刑法基本原则之体系性地位还是犯罪成立体系,抑或刑法解释方法体系来看,法益保护功能都是在罪刑法定原则所支撑的人权保障功能下具体展开的,而且根据罪刑法定原则所具有的保障功能发挥作用。在这种情况下,法益保护恐怕就很难说是刑法的基本功能了。

那么,法益保护到底主要在什么领域起作用呢?实质上,法益保护主要是被作为刑事政策在刑事立法领域发挥作用。例如,日本刑法理论认为,法益概念从以下两个方面对国家刑罚权进行实质性的限定:其一,不是所有的行为都是刑法处罚的对象,而只有侵害法益的行为,才是处罚的对象,即"没有法益侵害,就没有犯罪";其二,在确定是否是刑法所保护的法益时,必须以宪法所规定的个人主义价值观为基础进行判断。即便是随着刑事立法的大量增加,抽象、普遍法益的存在成为不可忽视的对象的当今,在对这些所谓抽象、普遍的法益进行说明的时候,还是应当将其限定、还原为人的生命、身体、财产、自由之类的具体、个别的法益。[3] 可见,法益是一个实质性的概念,它首先在立法者划定刑法的处罚范围上发挥着重要作用。与此同时,随着构成要件的实质化,法益保护也作为构成要件的内容之一,根据罪刑法定原则所具有的保障功能对构成要件进行实体审查。例如,在日本,罪刑定原则的实质内容,也被称为刑罚法

---

〔1〕 [德]齐佩利乌斯:《法学方法论》,金振豹译,法律出版社2009年版,第88页。

〔2〕 [德]汉斯·海因里希·耶塞克、托马斯·魏根特:《德国刑法教科书》,徐久生译,中国法制出版社2001年版,第193页。

〔3〕 参见黎宏:《日本刑法精义》(第2版),法律出版社2008年版,第27页。

规的适正性，主要包括明确性原则、内容的适正性和罪刑的均衡三个方面的内容。[1] 显然，这三个方面的内容都首先是用来制约立法的；其次才对司法具有一定的作用，例如，明确性原则还要求刑事判决的明确性，[2] 罪刑的均衡同时是量刑的原则。

由此可见，法益保护作为刑法理论上的一个基本概念，在刑事立法领域是通过刑罚法规的适正性这一基本内容来得以实现的，在刑事司法领域主要通过与罪刑法定原则之作用方向一致的实质的出罪判断来发挥作用。换言之，无论在立法还是司法领域，法益保护都是为罪刑法定服务的。因而，把法益保护作为与人权保障相并列的刑法功能之一，既不符合逻辑，也不符合实际，刑法的基本功能只在于保障人权，而非其他。

既然刑事政策的功能在于保护社会，那么这一功能就只能通过惩罚犯罪来实现；相应地，既然刑法的功能在于保障人权，那么这一功能就只能通过限制刑罚权来实现。前者旨在扩张刑罚权，探讨如何运用刑罚；后者旨在限制刑罚权，探讨如何制约刑罚。刑事政策与刑法之间在功能上的分野以及两者所具有的截然相反的思考方式，决定了刑事政策与刑法之间始终处于一种不可调和的状态，同时也决定了刑事政策与刑法只能在不同的领域发挥作用。既然刑事政策与刑法之间始终处于冲突状态，那么解决这一冲突的办法就只能是给两者划定各自的功能范围。由于刑事政策具有权力扩张的属性，所以刑事政策不能超越刑法成为定罪量刑的直接依据。

---

〔1〕 参见[日]山口厚：《刑法总论》，付立庆译，中国人民大学出版社2011年版，第17～22页。

〔2〕 例如，罗克辛教授指出，德国联邦宪法法院没有将明确性要求局限于立法者，也扩展到了判决。禁止判决作出一个使构成要件界限变得模糊或者不明确的解释。如果明确性原则只得到立法者的重视，而被一个漫无界限的司法判决视若无物，那么明确性要求即使存在，也是没有意义的。参见[德]克劳斯·罗克辛：《德国刑法中的法律明确性原则》，黄笑岩译，载梁根林、[德]埃里克·希尔根多夫主编：《中德刑法学者的对话——罪刑法定与刑法解释》，北京大学出版社2013年版，第51页。张明楷教授也指出，罪刑法定原则所要求的明确性，虽然主要是针对立法机关的，但这并不意味着明确性对刑事司法不起作用，主要表现为刑事判决中的明确性，其中重要的一点是刑事判决明确阐述判决理由。参见张明楷：《罪刑法定的中国实践》，载梁根林、[德]埃里克·希尔根多夫主编：《中德刑法学者的对话——罪刑法定与刑法解释》，北京大学出版社2013年版，第106页。

四、中国刑事政策与刑法关系的法教义学建构

(一)德国经验的普遍性和地方性

基于建构法治国的考虑,费尔巴哈和李斯特均将刑事政策的功能仅限于刑事立法领域,排除刑事政策对刑事司法的干预。这似乎表明,刑事政策不干预刑事司法,进而把刑事政策堵截在刑法教义学之外,应当是刑事法治的基本样态。但事实证明,作为国家之政治策略的刑事政策不可能不影响刑事司法,相应地,刑法教义学也不应当对刑事政策采取置之不理的态度。正如罗克辛所指出的:"法律理论中的实证主义主张将社会和政治的思维从法领域中排除出去,并以此凸显其特性。这个前提被李斯特奉为理所当然的原则,同时,这个原则从根本上导致了刑法学和刑事政策的对立:在法律科学本来的意义上,刑法仅仅需要在实在法律规则的前提下进行概念的分析和得出体系上的结论。"针对"李斯特鸿沟"所延伸出来的刑法教义学方法,还会导致另一个问题,即若刑事政策的课题不能够或不允许进入教义学的方法中,那么从体系中得出的正确结论虽然是明确和稳定的,但是却无法保证合乎事实的结果。[1] 为此,罗克辛通过建构目的理性的犯罪论体系,实现了刑事政策与刑法体系之间的贯通,把刑事政策纳入了刑法教义学体系。但如前所述,罗克辛对刑事政策与刑法体系的贯通是在罪刑法定原则下的一种贯通,即刑事政策应当"根据罪刑法定原则所具有的保障功能对构成要件进行实质审查,将那些没有处罚必要性的行为排除在构成要件之外"。[2] 由此来看,不论"李斯特鸿沟"还是"罗克辛贯通",对刑事政策与刑法关系的建构都是围绕罪刑法定原则而展开的。在此,罪刑法定原则不但没有丝毫的动摇,反而随着构成要件的实质化而有所加固。

应当值得肯定的是,"李斯特鸿沟"和"罗克辛贯通"均已表明,刑事政策只能在罪刑法定原则之下来运行,这是法治国家的前提和基本要求,具有普遍性。但是,从具体操作层面来看,德国经验又具有明显的地方性。

首先值得注意的是,李斯特和罗克辛对刑事政策与刑法关系的建构,都是

---

〔1〕 [德]克劳斯·罗克辛:《刑事政策与刑法体系》(第2版),蔡桂生译,中国人民大学出版社2011年版,第7页、第10页。

〔2〕 陈兴良:《刑法教义学与刑事政策的关系:从李斯特鸿沟到罗克辛贯通》,载《中外法学》2013年第5期。

围绕罪刑法定原则而展开的。之所以如此,是因为罪刑法定原则在德国是法治的基本原则,必须通过刑法来展开,所以也就成为了刑法的根本原则,遵循的是"法治→宪法→刑法"的思路。而且这一思路也受到政治自由主义思想的有力支撑。对此,罗克辛指出:"法治原则(罪刑法定原则——引者注)今天仍然起作用的一个基础,存在于政治自由主义的一个中心要求,这就是,将行政机关和司法机关与抽象表述的法律相结合的要求。当统治者和(经常是依赖于他的)法官不是根据自由裁量(和可能存在的专横),而只能是仅仅根据明确性的在法律中的规定来行使刑罚权时,市民阶级在与专制主义的争论中就赢得了一个重要的成果。尽管国家法律关系的变化,但是,许多现代法治原则的基础仍然要回归到这个观点上。"[1]在我国,虽然对于罪刑法定原则作为刑法的基本原则现已达成基本共识,但罪刑法定原则还远没有被作为法治原则和宪法的基本原则来看待。因而,在我国全面照搬"李斯特鸿沟"或者"罗克辛贯通",[2]显然缺乏作为法治原则和宪法基本原则之罪刑法定原则的生态环境。在这种情况下,如果仅仅提倡应当在罪刑法定原则下建构刑事政策与刑法的关系,则不仅无法得到相关学科(如法哲学和宪法学)的支撑,而且显得较为空泛。

之所以说刑事政策与刑法关系的"李斯特鸿沟"与"罗克辛贯通"是一种地方性知识,原因还在于其与阶层式犯罪论体系紧密联系在一起。在德国,虽然犯罪论体系在学术上经过了古典体系、新古典体系、目的体系以及目的理性体系的发展过程,但当前的通说依然认为,犯罪的成立条件包括构成要件符合性、违法性和有责性。这一犯罪成立体系被我国学者称为阶层式犯罪成立体系或递进排除式犯罪成立体系,相应地,我国的四要件的犯罪构成则被称为平面式或耦合式犯罪构成。言下之意是,德国的犯罪成立体系的判断是一个严格经过从构成要件符合性到违法性再到有责性的判断,而在我国的犯罪构成符合性判断中,各个要件之间没有先后顺序之分。但在笔者看来,问题的实质并不在于哪一个要件在前哪一个要件在后,而在于思考方式的不同。详言之,在德国,随

---

[1] [德]克劳斯·罗克辛:《德国刑法学总论》(第1卷),王世洲译,法律出版社2005年版,第82页。

[2] 在如何建构刑事政策与刑法教义学的关系上,已有学者明确指出可以直接享受罗克辛贯通的研究成果。参见陈兴良:《刑法教义学与刑事政策的关系:从李斯特鸿沟到罗克辛贯通》,载《中外法学》2013年第5期。

着构成要件的实质化，虽然违法性要素和有责性要素中的部分内容也被拉入构成要件，但罪刑法定原则之形式意义的优先性是不容否认的。罪刑法定原则是被设定为与构成要件相对应的一项原则，始终是首先在形式意义上被理解的。正如耶塞克教授指出的，罪刑法定原则的内容包括禁止习惯法、禁止类推适用、禁止溯及既往和禁止不确定刑法。[1] 罗克辛也指出，罪刑法定原则包括四项内容，即禁止类推（严格的罪刑法定）、禁止作为刑罚根据和使刑罚严厉的习惯法（书面的罪刑法定）、禁止溯及既往效力（事先的罪刑法定）和禁止不确定的刑法和刑罚（确实的罪刑法定）。[2] 即使后来承认罪刑法定原则的实质内容，在刑法司法领域也只能在形式要求下朝着保障人权的方向发挥作用。这一犯罪论体系当然坚持客观要件与主观要件的统一，但在此基础上强调的是从形式到实质的思考方式。

由此来看，德国犯罪论体系的精髓在于其强调从形式到实质的思考方式，所谓“阶层式”，实质上主要是指从形式到实质的阶层式，而并非仅限于从构成要件符合性到违法性再到有责性的阶层式。在我国刑法理论中，犯罪构成的四个要件依次是客体、客观方面、主体、主观方面。这种排序显然强调的是从客观到主观的思考方式，也是一种阶层式，只不过遵循的是从客观到主观的阶层式；而且在这一犯罪构成符合性判断中，对客体的判断是一个价值判断，所以是一个价值判断优先于事实判断的判断过程。这是我国犯罪构成体系与德国犯罪成立体系的根本区别。因此，在我国贯彻“罗克辛贯通”的理论成果，显然缺乏从形式到实质的阶层式犯罪成立体系这一逻辑语境的支撑；相应地，由于缺乏形式理性观念的制约，容易出现刑事政策借助于实质优先于形式的思考方式而凌驾于刑法之上的情形。所以，我国在处理刑事政策与刑法的关系时，把德国经验直接搬过来并加以运用显然是行不通的，而只能根据我国的基本国情来加以取舍。

（二）刑事政策与刑法关系的中国建构

那么，在我国如何通过把刑事政策纳入刑法教义学，进而建构刑事政策与

---

〔1〕 参见[德]汉斯·海因里希·耶塞克、托马斯·魏根特：《德国刑法教科书》，徐久生译，中国法制出版社 2001 年版，第 157 页。

〔2〕 参见[德]克劳斯·罗克辛：《德国刑法学总论》（第 1 卷），王世洲译，法律出版社 2005 年版，第 79 ~ 80 页。

刑法的关系呢？笔者认为，应当从定罪与量刑两个环节着手。

在定罪环节，应当通过提倡与贯彻文义解释来实现刑事政策的刑法教义学化。在德国刑法理论上，基本的刑法解释方法主要包括文义解释、体系解释、历史解释和目的解释，[1]不存在日本刑法学家说提出的那种形式解释论和实质解释论之争，而在解释目标上存在主观解释论与客观解释论之争。而且主观解释论与客观解释论之争实质上就是历史解释与目的解释之争。[2] 虽然德国刑法理论也提倡目的解释是刑法解释方法之桂冠，但目的解释也是发现刑法用语之恰当含义的一种方法，不能突破文义解释所划定的文义范围。对此，德国刑法学者指出，解释方法之桂冠当属于目的论之解释方法，因为只有目的论的解释方法直接追求所有解释之本来目的，寻找出目的的观点和价值观点，最终从中得出有约束力的重要的法律意思；但在根据法律目的进行解释时，法官总是将宪法的价值判断放在首位（符合宪法的解释），在法律规定的范围内与宪法规范保持一致。[3] 法哲学家也指出："在某些情况下，对法律安定性和分权原则的考虑会要求严格禁止司法性的漏洞填补活动。比如按照'法无明文规定不为罪'原则，对于确立刑罚以及加重刑罚的规定禁止类推适用。"[4] 由此来看，德国刑法理论在刑法解释方法体系上遵循的并非有些学者所提倡的"文义解释→体系解释→历史解释→目的解释"的刑法解释方法体系，而毋宁是"文义解释→其他解释（包括体系解释、历史解释和目的解释）→文义解释"的刑法解释方法体系。因为文义是刑法解释的出发点，它划定了语义范围；当用语的含义单一时，恐怕就无须再借助于其他解释方法来解释。在用语具有多种含义的情况下，[5]其他解释方法充其量只是依据案件事实和合理解决冲突而发现

---

〔1〕 在这一方面，刑法学与法哲学的理论脉络是一致的，都是对萨维尼的研究成果的继承和发扬。参见［德］汉斯·海因里希·耶塞克、托马斯·魏根特：《德国刑法教科书》，徐久生译，中国法制出版社2001年版，第191页；［德］齐佩利乌斯：《法学方法论》，金振豹译，法律出版社2009年版，第59～60页。

〔2〕 参见［德］汉斯·海因里希·耶塞克、托马斯·魏根特：《德国刑法教科书》，徐久生译，中国法制出版社2001年版，第193～195页。

〔3〕 参见［德］汉斯·海因里希·耶塞克、托马斯·魏根特：《德国刑法教科书》，徐久生译，中国法制出版社2001年版，第193页。值得注意的是，在德国，所谓合宪性解释实质上就是对刑法作出合乎罪刑法定原则的解释，进言之，就是在刑法用语的含义范围内对作出解释。因为任何出处刑法用语之含义范围的"解释"就已经不是解释了，而是法律续造，是对罪刑法定原则的公然违反。

〔4〕 ［德］齐佩利乌斯：《法学方法论》，金振豹译，法律出版社2009年版，第97页。

〔5〕 值得注意的是，刑法用语之多种含义的出现源自于案件事实及与之相关的其他社会事实，并非刑法规范本身。在这个意义上说，无事实则无解释，刑法解释本身就是因案件事实而引发的。

恰当含义的方法,最终还得接受"是否超出文义范围"的检验。可见,刑法解释犹如一道选择题,文义给出了选项,其他解释方法只能在文义解释所给出的选项范围内选择恰当的答案,不能超出选项范围来寻求答案。值得注意的是,德国刑法理论之所以遵循了这样的刑法解释方法体系,还与对"解释"的理解有关,即解释就是对用语含义的说明;如果超出用语之含义范围,就不再是解释,而是类推适用。因而,在德国刑法理论上几乎不存在"类推解释"这一在逻辑上不能自洽的概念。

在我国,关于刑法解释方法的体系,目前主要有两种观点:一是借鉴德国等大陆法系国家刑法理论所提倡的"目的解释是刑法解释之桂冠"的刑法解释方法体系。这一刑法解释方法体系强调目的解释对其他解释方法具有决定性作用,其中包括对文义解释的决定作用。[1] 但如前所说,在罪刑法定原则还远未成为法治原则和宪法基本原则的我国当前情况下,这种对德、日等大陆法系国家刑法解释方法体系理论的借鉴显然只具有形式意义,而没有看到并强调其精神内核。相应地,提倡这种解释方法体系也容易出现超出刑法用语之含义范围的解释结论。二是部分学者所提倡的"文义解释→体系解释→历史解释→目的解释→合宪性解释"的刑法解释方法体系。[2] 这一刑法解释方法体系看到了合宪性解释的重要性,但并未对合宪性解释的概念及其与文义解释的关系作出较为明确的说明。笔者认为,德国法学理论在刑法解释理论上所提倡的"文义解释→其他解释→文义解释"的刑法解释方法体系值得我国借鉴。理由包括:其一,在刑事法治建设上,我们不应当再纠缠于刑法原则的建构上,而应当把精力放在刑法原则的贯彻和具体制度的设计上。其中,刑法解释是贯彻刑法原则的重要方法和技术,应当引起重视。刑法解释方法体系的建构是刑法教义学的重要内容,对刑法原则的贯彻意义重大。其二,文义解释代表的是法治立场。按照富勒的说法,法治是规则之治。[3] 但规则必须通过语言文字来表现,否则规则就是不可捉摸的东西。在这个意义上,规则之治就是承载规则的用语之治,任何超出用语之含义范围的法律适用,就是违反罪刑法定原则的、与法治

---

〔1〕 参见张明楷:《刑法学》(第5版)(上),法律出版社2016年版,第38~39页。

〔2〕 参见梁根林:《罪刑法定视域中的刑法适用解释》,载《中国法学》2004年第3期;苏彩霞:《刑法解释方法的位阶与运用》,载《中国法学》2008年第5期。

〔3〕 参见[美]富勒:《法律的道德性》,郑戈译,商务印书馆2005年版,第124~125页。

立场背离的法律适用,因而应当禁止。这一任务的承担者不是别的,正是文义解释。

可见,在定罪上,应当认真对待文义解释,重塑文义解释的主导性地位。相应地,刑法解释方法理论应当重点着墨于文义解释和解释方法体系,而不应当是其他问题。只有如此,才能在刑法解释理论上贯彻法治原则,才能从细微处贯彻罪刑法定原则。在此前提下,依据刑事政策对刑法用语作出的解释,只有在没有超出用语的含义范围时才能够使用,否则就是对法治立场的违反。在这个意义上,依据刑事政策的刑法解释只能是一种实质解释,必须在刑法用语的含义范围内坚持处罚的必要性与合理性。

在量刑环节,应当通过提倡与贯彻罪责原则来实现刑事政策的刑法教义学化。在罗克辛所提倡的目的理性犯罪论体系中,依据刑事政策的基本要求把以往只包括罪责的有责性阶层改造为包括罪责和预防必要性的责任阶层,相应地,又把刑罚分为罪责之刑与预防之刑。[1] 这一理论所赖以存在的犯罪论体系已经对德国刑法理论及实践产生了重要影响。正如我国台湾地区学者所指出的:"目的理性体系持续采用'不法'与'罪责'的结构,这体系内涵的特殊性,最值得注意的者有二:其一,客观构成要件的归咎理论;其二,扩大罪责概念到'负责性'。客观归咎理论已引起广泛注意,并对德国实务与学说产生很大影响,罪责概念则仍受议论。"[2]按照罗克辛的解释,在对某一犯罪裁量刑罚时,不仅应当考虑罪责之刑,即依据行为之法益侵害程度来确定刑罚,同时还应当充分考虑预防的必要性,即充分考虑刑事政策的基本要求。但是,罗克辛同时指出:"更准确地说,信条学(以及一般犯罪理论的体系化)应当是在法律的框架中,也就是说,在解释的界限之内,对刑事政策进行推动。在这里,信条学在解说现行法律时,就要碰到我们已经知道的两个界限:信条学不允许使用自己的目标现象来代替法律的刑事政策性的目标想象,并且在总则中已经规定了对原文进行法治原则的限制之处,也不允许信条学帮助贯彻这个存在于现有法律

[1] 参见[德]克劳斯·罗克辛:《德国刑法学总论》(第1卷),王世洲译,法律出版社2005年版,第124~125页。

[2] 林东茂:《刑法纵览》(修订5版),中国人民大学出版社2009年版,第44页。

原文中的法律目的。"[1]相应地,预防之刑只能在罪责之刑的范围内来确定,也就是说,预防之刑不能超越罪责之刑。由此来看,虽然罗克辛在刑法理论上实现了刑事政策的刑法教义学化,但将刑事政策的作用仅限于刑法的文义范围内,在刑罚裁量上坚决贯彻了法治的基本要求,这一点很值得我国刑法理论学习。从现有的理论来看,有学者已经引进了罪责理论并加以推广,并指出:"点(罪责之刑——引者注)的确定,划定了与责任相适应的刑罚上限,使得法官不能超出上限裁量刑罚,从而避免了不必要的重刑。"[2]但是,在笔者看来,这一理论还需要联系我国《刑法》的相关规定来解释。

我国《刑法》对量刑情节作出了明确规定,具体包括从重处罚、从轻处罚和减轻处罚3种量刑情节,而且《刑法》将这3种量刑情节通过累犯、自首和立功、数罪并罚、缓刑、减刑、假释、时效等制度以及分则中的个别性规定予以具体化。换言之,在量刑情节的规定上,我国刑法的法网比较严密,没有给刑事政策的适用留下空间。在这种情况下,如果坚持依法办事,那么就无法依据刑事政策来选择量刑情节;或者说,如果依据刑事政策来选择量刑情节,就意味着对法定量刑情节的动摇,就是对《刑法》规定的公然违反。在刑法理论上,一般把量刑情节分为法定量刑情节和酌定量刑情节。其中,法定量刑情节是《刑法》明文规定的量刑情节,酌定量刑情节是《刑法》规定之外的,对量刑具有一定影响的情节。酌定量刑情节概念的提出,是由刑事案件的社会结构所决定的,表达了对刑法应当进行实质解释的基本立场。在这种情况下,把刑事政策归入酌定量刑情节似乎比较合适。而且我国也有学者已经在酌定量刑情节上理解刑事政策了。例如,张明楷教授指出,酌定量刑情节"是刑法未作明文规定,根据刑法精神与有关刑事政策,在量刑时需要酌情考虑的情节"。[3] 而且从论者的理论脉络来看,酌定量刑情节也包括从重处罚情节、从轻处罚情节和减轻处罚情节3种。但问题是,能否把刑事政策的要求作为从严处罚的情节来使用?这确实值得仔细斟酌。

从量刑情节的作用方向上可以把量刑情节分为从宽方向的量刑情节(包括从轻处罚和减轻处罚)和从严方向的量刑情节(从重处罚)。我国《刑法》第

---

〔1〕[德]克劳斯·罗克辛:《德国刑法学总论》(第1卷),王世洲译,法律出版社2005年版,第137~138页。

〔2〕张明楷:《刑法学》(第5版)(下),法律出版社2016年版,第548页。

〔3〕同上书,第554页。

61条规定："对犯罪分子决定刑罚的时候，应当根据犯罪的事实、犯罪的性质、情节和对于社会的危害程度，依照本法的有关规定判处。"据此，量刑的依据只能是犯罪的客观和主客方面的表现与《刑法》的有关规定，并没有为刑事政策的适用留下空间。而且从我国刑法对量刑情节的规定来看，所谓"从轻""减轻"或"从重"都是就犯罪的客观和主观方面而言的，即使对情节严重、情节恶劣等综合性情节的判断，也应当综合考虑犯罪的客观和主观方面。换言之，选择量刑情节的依据只能是犯罪的客观和主观事实，依据各种量刑情节而得出的刑罚只能是罪责之刑。在这种情况下，任何依据刑事政策的从重处罚都是于法无据的；任何依据刑事政策而作出的超过罪责之刑之上限的预防之刑，都与罪刑法定原则之"法无明文规定不为罪，法无明文规定不处罚"的思考方式不对榫。相反，依据刑事政策而作出的低于罪责之刑之上限的预防之刑，恰好符合了罪刑法定原则的思考方式。由此看来，就量刑环节而言，只能把刑事政策作为从宽方向的酌定量刑情节或因素来使用。

五、结语

在我国当下，刑事政策与刑法之间应当处于什么样的关系？这一问题在刑法理论和刑事政策学上基本上处于失语状态，由于混同了刑事政策与刑法的功能及思考方式，刑事政策与刑法的关系极为含混不清，进而从基本观念上赋予刑事政策全面指导刑事司法的意义，这在很大程度上是对法治立场的背离。与此不同，德国一开始就为刑事政策的作用划定了比较狭窄的范围（费尔巴哈的刑事立法政策），虽然后来这一范围有所扩大（李斯特的广义的刑事政策和罗克辛的刑事政策刑法教义学化），但"刑法是刑事政策不可逾越的屏障"这一法治立场始终得到了贯彻，即使在被罗克辛教义学化的刑事政策理论中，刑事政策也只是为不法的判断提供了更广泛的材料基础，[1]而且必须在罪责之下考

---

〔1〕 罗克辛指出，有效的一般预防是以一种尽可能准确和忠实于原文的法律明确性为条件的，因为这种明确性甚至是由宪法上的无法无罪这一基本原则所要求的。在刑事政策方面，不法评价表现为三种功能的影响：其一，在一种或者多个参加人的刑事可罚性的形式中，它消除了利益冲突；其二，它作为连接点为保安处分和其他的法律效果服务；其三，它将刑法与整个法律制度紧密连接起来，并且使其决定性的评价融为一体。参见[德]克劳斯·罗克辛：《德国刑法学总论》（第1卷），王世洲译，法律出版社2005年版，第134～135页。

虑受刑事政策支撑的预防必要性，这确实是值得我国刑法理论借鉴的地方。但是，对德国经验的借鉴不应当停留在照搬上，而应当依据我国的国情来取舍。

从刑事政策与刑法关系的中德比较中可以看出，应当从作为刑事政策的刑法和作为法律的刑法两个维度上理解刑法。作为刑事政策的刑法是就刑罚的发动而言，在此意义上的刑法应当是一种刑事政策化了的刑法，体现的是刑法对刑事政策的回应；从程序意义上来看，这种思考方式应当是追诉机关的思考方式，而不是审判机关的思考方式。事实上，追诉机关确实倾向于把刑法作为刑事政策来看待，但这里的刑事政策只能是刑法化了的刑事政策。作为法律的刑法，是就刑罚的制约而言的，在此意义上的刑法就不应当再考虑是否回应了当下的刑事政策，而是只忠实于文义；从程序意义上来看，这种思考方式应当是审判机关的思考方式。其中，真正意义上的刑法应当是指作为法律的刑法，因为从法治主义立场来看，刑法是为了制约刑罚权（而不是为了惩罚犯罪）而出现的。

与此同时，应当把刑事政策划分为立法者的刑事政策与司法者的刑事政策。立法者的刑事政策是为立法服务的，其基本功能在于划定刑法的处罚范围与处罚程度，因而立法者的刑事政策是“前刑法”的刑事政策。司法者的刑事政策则是为司法提供服务的，其基本功能在于合目的地实现定罪与量刑，因而司法者的刑事政策属于“刑法中”的刑事政策。由于现代各国刑法均将明确性作为罪刑法定原则的重要内容，所以刑事政策在刑事司法中的作用应当是微乎其微的。因而，在立法者的刑事政策与司法者的刑事政策的划分中，刑事政策主要应当是指立法者的刑事政策。

以上对刑法和刑事政策的理解，对我国在刑法领域贯彻法治立场显然是极为重要的，也是亟待从法学理论和法律体系上加以确立的。

中篇　立　法　论

刑法谦抑主义的西方图景与中国表达

刑法谦抑主义，即刑法的谦抑性，是西方刑法学（特别是大陆法系国家刑法学）中的一个重要理论。近年来，随着我国刑法学对西方刑法理论的深入研究和大面积引进，刑法谦抑主义已被很多学者接受，成为我国刑法理论中的一个重要概念。在这种背景下，很多学者运用刑法谦抑性理论来解释发生在我国的法律现象。例如，有学者以刑法的谦抑性理论为基础，对我国的刑法立法和司法活动进行了比较严厉的批评。其指出，在我国刑法立法实践中，主要通过“罪量虚无型”立法和“微罪扩张型”立法搁浅了刑法谦抑性；在司法实践中，主要因最高司法机关通过修改罪量标准、扩充兜底条款、创设兜底条款等方式搁浅了刑法谦抑性。并且认为，刑法谦抑性是法治国家的基本操守，必须从斑斓绚丽的宏大叙事内化为刑法立法和司法惯习性的行动约束。[1] 那么，刑法的谦抑性是否真的被我国刑法的立法和司法实践搁浅了呢？对于这一问题的理解，恐怕首先得从刑法谦抑主义的内涵、基本表达方式以及我国刑法的基本特点等方面来说起，而不能仅仅依据刑法谦抑性的西方图景来“数落”我国刑法立法和司法实践。

一、刑法谦抑主义的内涵及西方图景

在我国当前，对刑法谦抑主义的理解主要来自两个方面的理论阐述或介绍。一是陈兴良教授在《本体刑法学》中的理论阐述。陈兴良教授指出，刑法的谦抑性，是指立法者应当力求以最小的支出——少用甚至不用刑罚（而用其他刑罚替代措施），获取最大的社会效益——有效地预防和控制犯罪。而且指

---

〔1〕 参见石聚航：《刑法谦抑性是如何被搁浅的？——基于定罪实践的反思性观察》，载《法制与社会发展》2014 年第 1 期。

出，刑法的谦抑性表现为刑法的紧缩性、补充性和经济性3个方面。[1] 在陈兴良教授的理论中，把刑法的谦抑性作为刑法的重要价值来看待，谦抑与公正和人道一起构成了刑法的3大价值目标。二是张明楷教授在《刑法格言的展开》一书中借用日本著名刑法学家平野龙一的论述指出，刑法的谦抑性即刑法的补充性，是指能够采用其他手段充分抑制违法行为、充分保护法益时，就不要将其作为犯罪处理。[2] 张明楷教授主要在刑法的性质中来探讨刑法的谦抑性，认为刑法的谦抑性是刑法的重要性质之一，也表达了刑法在法律体系中的地位。[3]

从逻辑上来看，陈兴良教授所谓的刑法的谦抑性包括刑法的紧缩性、补充性和经济性3个方面，似乎更为精细，而张明楷教授所谓的刑法的谦抑性则仅仅指的是刑法的补充性。但实质上，刑法的谦抑性指的就是刑法的补充性，换言之，刑法的谦抑性完全可以通过刑法的补充性来表达。紧缩性、补充性和经济性表达的是同一种含义，只是观察的视角不同。紧缩的目的就是实现补充性，要实现补充性就必须要求刑法经济。但是，用"补充性"来概括刑法的性质，虽然从实质上揭示了刑法在法律体系中的地位，但容易使人产生刑法"不重要"的观念，故有所不妥。所以笔者认为，索性叫"刑法的谦抑性"即可，无须再用"刑法的补充性"来解释"刑法的谦抑性"。

至于把刑法的谦抑性看作刑法的价值目标还是刑法的性质或刑法在法律体系中的地位，则反映出了论者看问题的不同视角。笔者主要从刑法与其他法律的实践（规制犯罪）关系上理解刑法的谦抑性。基本理由如下：一方面，刑法的谦抑性主要是西方刑法中的一个概念，但在西方社会法律理论中，秩序、公平与个人自由被认为是法律的3大基本价值，除此之外还包括实用性价值，但并没有把谦抑性作为法律的价值来看待。[4] 另一方面，刑法与其他法律之间的关系主要是通过法益保护范围的广泛性和制裁手段的严厉性以及由此延伸出来的刑法的保障性来表现的，刑法的谦抑性在此并无多大贡献。

---

〔1〕 参见陈兴良：《本体刑法学》（第2版），中国人民大学出版社2011年版，第60~65页。

〔2〕 参见张明楷：《刑法格言的展开》（第3版），法律出版社2013年版，第167页。

〔3〕 参见张明楷：《刑法学》（第5版）（上），法律出版社2016年版，第20~21页。

〔4〕 参见[英]彼得·斯坦、约翰·香德：《西方社会的法律价值》，王献平译，中国法制出版社2004年版，第2~4页。

由此不难看出，刑法谦抑主义是西方刑法理论中的一个重要概念，表达的是刑法与其他法律之间的实践关系，即只有当其他法律不能抑制犯罪时，才能够诉诸刑法。刑法谦抑主义是就刑法立法而言的，虽然必须通过刑法司法来实现，但其本身并不是一个刑法司法问题。因为刑法的处罚范围一旦被划定，司法者就得在刑法用语的含义范围内对刑法作出解释，任何超出刑法用语之含义范围的解释结论，都是对刑法的违反，是对刑罚权的滥用；同样，任何随意缩小处罚范围的解释结论也不符合立法目的。

在西方的刑法实践中，刑法谦抑主义主要是通过非犯罪化来实现的。[1]非犯罪化是自第二次世界大战结束之后，特别是20世纪70年代以来，西方国家刑事政策与刑法的重要发展趋势，其目的在于缩小刑法的干预范围。“除非出于维护公共秩序与尊严、防范进攻性行为以及阻止腐败的需要，否则国家就不应干预个人的行为，纯粹关系个人道德或不道德的私人领域不属于刑法适当干预的范围。”[2]可见，非犯罪化的基本动因在于刑法向保护个人自由的回归。“非犯罪化论，对迄今为止的国家从国家道义观或家长式统治的立场出发，以刑罚手段强制推行道德等过分犯罪化的倾向进行批判，认为在以法和道德的严格区分为前提的多种价值观共存的宽容社会中，只有在具体侵犯了个人利益的场合，换言之，只有在认可了某种被害的场合，犯罪和刑罚才能被正当化。”[3]除此之外，非犯罪化的意向和实践还在于停止对轻微犯罪科处刑罚，将其从犯罪目录中删除。例如，在德国，刑法的非犯罪化要求在轻微犯罪方面进一步得到实现，众多轻微违法行为不再受刑法处罚，而是根据违反秩序法的规定科处非刑罚性质的罚款。[4]

可见，西方国家之所以出现非犯罪化，主要原因在于刑法的处罚范围过宽。立法者不仅把一些纯粹违反道德和没有被害人的行为纳入刑法的规制范围，更

---

〔1〕 在西方刑法（学）发展史上先后出现了非犯罪化、非刑罚化和非监禁化三个概念，而且很多论著赋予了这三个概念不同的内涵。事实上，非犯罪化包括性质上的非犯罪化（删除刑法规定的犯罪）和程度上的非犯罪化（不删除刑法规定的犯罪，但将其处罚方法非刑罚化和执行方式非监禁化）。本文所说的非犯罪化包括性质上的非犯罪化和非刑罚化、非监禁化等程度上的非犯罪化。

〔2〕 梁根林：《刑事法网：扩张与限缩》，法律出版社2005年版，第218～219页。

〔3〕 ［日］大谷实：《刑事政策学》，黎宏译，中国人民大学出版社2009年版，第97页。

〔4〕 参见［德］汉斯·海因里希·耶赛克：《为德国刑法典序》，载《德国刑法典》，许久生、庄敬华译，中国法制出版社2000年版，第8页。

为重要的是,在罪状的设置上没有罪量因素的限制。换言之,本来通过伦理道德就可以解决的问题由刑法来解决,本来可以通过其他法律(如违反秩序法)来解决的问题也由刑法来解决。正是在这种背景下,刑法理论上提出了刑法谦抑主义。

一个值得注意的现象是,在大陆法系国家犯罪成立体系的发展过程中,曾经出现过构成要件的实质化倾向。这一倾向自新古典体系创立以来,在大陆法系刑法理论中一直产生着影响,后来的目的论体系和目的理性体系都在很大程度上就是继受了构成要件实质化的要求。[1] 所谓构成要件的实质化,就是指对构成要件进行价值性思考。理论上包括两种理路:一是将构成要件与违法性合二为一,即不法,使原来的"构成要件—违法性—责任"的三阶层体系变为"不法—责任"的二阶层体系;二是仍然保持"构成要件—违法性—责任"的三阶层体系,但承认规范的构成要件要素。但无论哪一种理路,都强调对构成要件进行解释。"形式指的是法律内在的东西,实质指的是法律外部的世界,就像形式正义和实质正义的差别一样。"[2]第一种理路之所以主张构成要件与违法性合二为一,其目的就在于实现通过违法性来解释构成要件;第二种理路所主张的规范的构成要件要素也只能借助于社会事实(外部的世界)来阐明。因而,构成要件的实质化,实际上就是要求对构成要件进行实质解释,把一些在形式上符合构成要件的行为从实质上排除于构成要件之外。这一理论的产生恰恰是基于大陆法系国家刑法中规定的犯罪没有定量因素所致,为非犯罪化埋下了伏笔。

综上所述,西方刑法(特别是大陆法系国家的刑法)的处罚范围相当宽泛,不仅把纯粹违反道德的行为或道德违反性程度较低的行为规定为犯罪,而且在具体犯罪类型的罪状设置上没有定量因素的限制,不利于节省司法资源和有效预防犯罪。正是为了解决这一问题,刑法理论上才提出了刑法谦抑主义。与此相适应,非犯罪化就成为了刑法谦抑主义的基本表现形式。那么,在大多数犯罪的罪状设置上强调罪量因素的我国,是否应当像西方那样提倡刑法谦抑主义?如果提倡刑法谦抑主义,是否应当也提倡非犯罪化呢?这一问题值得深入

---

[1] 参见林东茂:《刑法纵览》(修订5版),中国人民大学出版社2009年版,第39页。

[2] [美]理查德·A.波斯纳:《法理学问题》,苏力译,中国政法大学出版社2002年版,第51页。

思考。

二、犯罪定量因素与刑法谦抑主义

一个显而易见的事实是,我国自改革开放以来的刑法立法过程总体上是一个犯罪化的过程。我国1979年《刑法》规定了116个犯罪;[1]至1997年《刑法》颁布,犯罪总数18年间增加到412个;至《刑法修正案(八)》颁布,犯罪总数14年间又增加到451个;至《刑法修正案(九)》颁布,犯罪总数4年间又增加到470个。[2]由此来看,人们一再提倡刑法谦抑主义并把非犯罪化作为刑法谦抑主义之基本表现的理论倾向,与刑法立法实践中的犯罪化道路之间形成了鲜明的对照。那么,到底是刑法谦抑主义理论有问题,还是我国的刑法立法实践出了问题?笔者认为,为了解释这一问题,还得从西方国家刑法与我国刑法关于具体犯罪类型之立法模式的差别上找答案。

储槐植教授指出,在立法模式上,与大陆法系国家对大多数具体犯罪类型的规定采取单纯定性的立法模式不同,我国刑法中的大多数犯罪存在罪量因素的限制,采取的是"定性+定量"的立法模式。[3]这两种模式孰是孰非,实难定论。但不容否认的是,这一差别对犯罪构成符合性的判断和刑罚的裁量均产生了很大影响。换言之,由于我国刑法从质和量两个方面规定了犯罪构成,所以司法上不存在定量的问题;与此不同,由于西方国家刑法没有对犯罪从量上进行限制,但轻微的违法行为在实践中往往又不被认为是犯罪,所以司法上还存在一个定量的问题。例如,在盗窃罪(仅指数额型盗窃)的司法判断上,中外司法机关都会面临一个数额如何确定的问题。但在我国,数额是立法给定的,司法机关无权决定;而在西方国家,数额则是由司法机关决定的。因而,我国刑法

---

〔1〕 我国1979年《刑法》颁布施行后,我国最高司法机关并没有作出有关罪名的司法解释,因而关于罪名的解释主要是学理解释。由于学者们对刑法分则条文的规定存在不同认识,所以对罪名的解释也不统一。本文借用了高铭暄教授在《中华人民共和国刑法的孕育诞生与发展完善》一书中对1979年《刑法》规定的具体犯罪个数的统计结果。参见高铭暄:《中华人民共和国刑法的孕育诞生与发展完善》,北京大学出版社2012年版。

〔2〕 《刑法修正案(九)》不仅针对恐怖主义、妨碍社会管理秩序、腐败等危害行为增设了20个新的犯罪,而且扩大了一些既有犯罪(如帮助恐怖活动罪,强制猥亵、侮辱罪,侵犯公民个人信息罪,伪造、变造、买卖身份证件罪等)的处罚范围,使我国刑法的犯罪化趋势又一次得以显现。

〔3〕 参见储槐植:《刑事一体化论要》,北京大学出版社2007年版,第113~117页。

司法判断中出罪的范围比西方国家刑法司法判断中出罪的范围要小得多。在这个意义上,有罪必罚原则对我国刑法实施的意义要大于对西方国家刑法实施的意义。

可见,刑法谦抑主义是与西方国家“立法定性 + 司法定量”的刑法立法与司法判断模式相适应的一种理论,具有明显的地方性,是一种地方性知识。将这种地方性知识用于分析我国“立法定性 + 定量”的刑法立法模式时,必须剔除其地方性因素,从中抽出具有普遍性的价值。以此为基点来看,就不难理解我国刑法一直以来所进行的犯罪化。既然刑法谦抑主义以“立法定性 + 司法定量”的刑法立法和司法判断模式为依托,那么非犯罪化就不可避免地存在于西方的刑法实践中。一方面,为了维护刑法的权威性和贯彻有罪必罚原则,增强司法的公信力,西方国家从立法上进行着非犯罪化;另一方面,由于在立法定性的前提下还赋予司法定量的权力,所以存在司法上的非犯罪化。这种格局的存在,使刑法理论不仅认为非犯罪化包括立法上的非犯罪化,还包括司法上的非犯罪化。在我国“立法定性 + 定量”的刑法立法模式中,由于立法上对犯罪作出了定量因素的规定,所以只要行为符合犯罪构成,司法上往往不会出罪;相应地,立法者也没有必要为了维护刑法的权威性和贯彻有罪必罚原则而进行非犯罪化。所以,在我国立法既定性又定量的刑法立法模式下,用非犯罪化来表达刑法的谦抑性并不一定合适。

当然,以上分析并非否定刑法谦抑主义,而是旨在表明,在运用刑法谦抑主义分析我国刑法立法和司法实践时,必须认清刑法谦抑主义的地方性,并从中挖掘出具有普遍性的因素,用以指导我国的刑法运行实践。事实上,刑法谦抑主义作为近现代刑法的基本理念之一,其存在的根本依据在于以下有机联系的两个方面:

一是刑罚处罚的必要性和有效性。所谓刑罚处罚的必要性,即值得刑罚处罚。详言之,只有当刑罚之外的制裁措施无法抑制某种行为时,才可能用刑罚来制裁。其中,刑罚之外的制裁措施不仅包括法律制裁措施(如民事制裁、行政制裁等),而且包括非法律的制裁措施(如道德制裁、习惯法的制裁等)。从理论上理解刑罚处罚的必要性并不存在困难,困难在于如何实现刑罚处罚的必要性,即如何犯罪化。我国学者梁根林教授指出,犯罪化过程应当遵循以刑法干预的正当性考虑与刑法干预的谦抑性思想为基础的“道德→第一次法→第二次法”的犯罪化作业过滤机制。依据这一机制，犯罪化的过程必须受到3个层次的制约，首先是道德制约，即不能把道德有效制裁的行为纳入刑罚处罚范围；其次是第一次法制约，即不能把第一次法有效制裁的行为纳入刑罚处罚范围；最后是第二次法制约，即把道德和第一次法不能够有效制裁的行为纳入刑罚处罚范围时，还应当考虑刑罚处罚的有效性。〔1〕 笔者认为，这种犯罪化作业过滤机制的思路是可取的，但将法律之前的制约仅仅限于道德制约，又显然是不够的。因为任何一个社会的制度都包括正式制度和非正式制度。正式制度是由法律、行政法规和政府政策组成的一条行为约束；而非正式制度大体上相当于习俗和惯例，也包括具有行为约束力的道德、信仰和意识形态等。〔2〕 而且反映一个社会之深层结构的并不一定就是正式制度。因而，在犯罪化过程中应当坚持“非正式制度→第一次法→第二次法”的作业过滤机制。由此看来，应当受到刑罚处罚的行为，首先是指非正式制度和刑法之外的法律均制裁不了的行为。所谓刑罚处罚的有效性，即通过刑罚能够实现有效制裁。某种行为通过非正式制度和刑法之外的法律制裁不了，似乎需要用刑罚来制裁，但通过刑罚也无法实现有效制裁的，也不能犯罪化。例如，在我国当前，无论非正式制度还是刑法之外的法律都已经无法有效制裁性贿赂，所以很多人建议将性贿赂行为犯罪化。但问题是，对于刑法能否实现对性贿赂行为的有效制裁这一问题并不是没有疑问，这恐怕是我国性贿赂行为迟迟不能被犯罪化的真实原因。

二是刑罚处罚与其他处罚方法的衔接性。刑罚处罚的必要性，实质上表达了刑罚处罚与其他处罚方法的关系，要求两者之间具有衔接性，特别是刑罚处罚要与其他法律处罚衔接。从逻辑上来讲，刑罚处罚与其他处罚方法之间衔接的要求，来源于刑法的保障性。详言之，既然刑法是其他一切法律的保障法，那么刑罚处罚就必须与其他法律衔接，否则刑法就无法保障其他法律的实施。例如，在环境污染侵害的民事责任上，大陆法系国家实行的是无过错责任原则，但在刑事责任上实行的则是严格的责任主义。在这种情况下，对行为人既非出于故意也非出于过失的环境污染侵害行为，就无法追究行为人的刑事责任，从而使对环境污染侵害的刑罚处罚与民事制裁不衔接，刑法对环境法的保障作用有

〔1〕 参见梁根林：《刑事法网：扩张与限缩》，法律出版社2005年版，第34页。

〔2〕 参见李培林：《村落的终结——羊城村的故事》，商务印书馆2004年版，第82页。

所缺失。与此不同,英美法系国家对环境污染侵害在民事责任上采用的是无过错责任,在刑事责任上采取的是严格责任,使刑罚处罚与民事制裁之间紧密衔接,有力地保障了环境法的实施。就现实情况而言,要求刑罚处罚与其他处罚方法衔接,是为了有效控制和治理犯罪。从现代各国刑法的规定来看,罪刑规范(特别是关于法定犯的罪刑规范)越来越具有附属性,即具体犯罪的认定和处罚越来越依赖于其他法律的规定。例如,我国《刑法》分则就把"违反国家规定"作为相当一部分犯罪的构成要素,〔1〕而且对有些犯罪的罪状设置上采取了"违反……法规""违反法律、行政法规""违反……法的规定""违反……国家规定""违反规章制度"等表述;〔2〕与此同时,从近年来的刑法修正案和有关司法解释来看,部分犯罪的认定还附属于行政命令或行政决定。〔3〕 在这种情况

〔1〕 从我国《刑法》分则的规定来看,以"违反国家规定"为犯罪构成要素的犯罪有20余个,分别是工程重大安全事故罪(第137条),违法运用资金罪(第185条第2款),违法发放贷款罪(第186条),逃汇罪(第190条),虚假广告罪(第220条),非法经营罪(第225条),侵犯公民个人信息罪(第253条之一),非法获取计算机信息系统数据罪和非法控制计算机信息系统罪(第285条第2款),破坏计算机信息系统罪(第286条),扰乱无线电通讯管理秩序罪(第288条),污染环境罪(第338条),非法处置进口的固体废物罪(第339条),非法采伐、毁坏国家重点保护植物罪和非法收购、运输、加工、出售国家重点保护植物、国家重点保护植物制品罪(第344条),非法生产、买卖、运输制毒物品、走私制毒物品罪(第350条),非法提供麻醉药品、精神药品罪(第355条),受贿罪(第385条),行贿罪(第389条),对单位行贿罪(第391条),单位行贿罪(第393条),私分国有资产罪(第396条第1款),私分罚没收入罪(第396条第2款),违法提供出口退税凭证罪(第405条第2款)等。

〔2〕 在罪状设置上采用"违反……法规"的犯罪包括交通肇事罪(第133条),消防责任事故罪(第139条),非法转让、倒卖土地使用权罪(第228条),雇用童工从事危重劳动罪(第244条之一),偷越国(边)境罪(第322条),非法向外国人出售、赠送珍贵文物罪(第325条),非法出售、私赠文物藏品罪(第327条),非法捕捞水产品罪(第340条),非法狩猎罪(第341条第2款),非法占用农用地罪(第342条),非法批准征用、占用土地罪和非法低价出让国有土地使用权罪(第410条),故意泄露军事秘密罪和过失泄露军事秘密罪(第432条),逃离部队罪(第435条)等。在罪状表述上采用"违反法律、行政法规"的犯罪是徇私舞弊发售发票、抵扣税款、出口退税罪(第405条第1款)。在罪状表述上采用"违反……法的规定"的犯罪包括虚假出资、抽逃出资罪(第159条),逃避商检罪(第230条),擅自出卖、转让国有档案罪(第329条第2款),妨害传染病防治罪(第330条),非法采矿罪(第343条第1款),破坏性采矿罪(第343条第2款),滥伐林木罪(第345条第2款),故意泄露国家秘密罪和过失泄露国家秘密罪(第398条),违法发放林木采伐许可证罪(第407条)等。在罪状表述上采用"违反……国家规定"的犯罪是妨害动植物防疫、检疫罪(第337条)。在罪状表述上采用"违反规章制度"的犯罪包括重大飞行事故罪(第131条)、铁路运营安全事故罪(第132条)等。

〔3〕 例如,根据我国《刑法》第276条之一的规定,"经政府有关部门责令支付仍不支付"是拒不支付劳动报酬罪的构成要件要素,使得该罪的认定和处罚建立在政府的行政命令之上。再如,根据2013年6月17日《最高人民法院、最高人民检察院关于办理环境污染刑事案件适用法律若干问题的解释》第1条第(五)项的规定,两年内曾因违反国家规定,排放、倾倒、处置有放射性的废物、含传染病病原体的废物、有毒物质受过两次以上行政处罚,又实施前列行为的,应当认定为"严重污染环境",使污染环境罪的认定和处罚在有些情况下也附属于行政决定。

下，只有加强刑罚处罚与其他处罚方法之间的衔接性，才能有效控制和治理犯罪。自德国著名刑法学家李斯特提出“最好的社会政策是最好的刑事政策”的著名论断之后，广义刑事政策概念备受青睐，对刑法立法活动产生了重要影响。广义刑事政策概念强调对犯罪的治理，而非仅仅压制犯罪，必然要求刑罚处罚与其他处罚方法之间具有衔接性，这就赋予了刑法的谦抑性新的含义。

三、犯罪化并不违反刑法谦抑主义

既然刑法谦抑主义的基本内容在于强调刑罚处罚的必要性以及刑罚处罚与其他处罚方法的衔接性，那么认为非犯罪化是刑法谦抑主义之基本表现的观点就是片面的，认为犯罪化有违刑法谦抑主义的观点也是站不住脚的。事实上，非犯罪化固然是刑法谦抑主义的表现，但符合刑罚处罚之必要性的犯罪化当然也体现了刑法谦抑主义。因而，犯罪化并不必然违反刑法谦抑主义，否则近代以来刑法发展的一般历史就应当被否定。

刑法谦抑主义在西方主要表现为非犯罪化，这是刑法谦抑主义的西方图景，也是适合于西方刑法实践的刑法谦抑主义，因而具有明显的地方性。但同时应当注意到，近代以来的西方刑法实践并不都是非犯罪化，其在进行大面积非犯罪化的同时，也在不同程度上进行着犯罪化。自孟德斯鸠以来的西方政治法律思想和理论一再提倡刑罚要宽和，犯罪的发生并非是因为刑罚的宽和，而是因为不受处罚。这一思想不仅在很大程度上左右着西方刑法的发展方向，而且为世界其他各国的政治法律思想所效仿，具有世界性。但是，“治乱世用重典”并非中国独有的法律传统，也具有一定的世界性。例如，2001 年 9 月 11 日发生于美国的恐怖袭击事件，在美国国内乃至国际社会引起了极大的恐慌和社会秩序的紊乱。为此，美国在恐怖袭击事件发生后不到 1 个月的时间内出台了专门针对恐怖主义犯罪的法案——《爱国者法案》，除了从实体上完善恐怖主义犯罪的罪状，把资助、庇护恐怖主义的团体、机构和个人视同恐怖主义罪行外，同时规定这类案件不由普通法院审理，而是由特别军事法庭来审理。同时，遭受恐怖主义袭击或威胁的国家均针对恐怖主义犯罪实行了犯罪化。根据储槐植教授的研究，自 19 世纪末以来，西方经济发达国家的刑法出现了“严而不厉”的发展趋势，即普遍出现了刑罚轻缓化，与此相伴随的是法网严密，在立法技术上主要通过设置罪刑系列、犯罪先在行为犯罪化、设立堵截构成要件、规定推定犯罪构成等来实现。[1] 这本身就说明，所谓“法网严密”，就实体法而言本身就意味着犯罪化。事实上，自19世纪末以来，西方国家的犯罪化历程表现为3个方面：一是19世纪末法律实证主义崛起后传统的以结果为本位的刑法立法模式逐步被以行为为本位的刑法立法模式所取代；二是20世纪伴随有组织犯罪的大面积出现而进行的犯罪化；三是20世纪90年代以来针对恐怖主义的犯罪化。在这种犯罪化背景下，把刑法谦抑主义仅仅局限于非犯罪化，显然有失偏颇。

前文已指出，与西方刑法的发展主要表现为非犯罪化的发展过程不同，我国刑法的发展过程主要表现为犯罪化。单从刑法分则规定的犯罪数量的增加，就足以说明自我国1979年《刑法》颁布实施以来的刑法立法一直在犯罪化。那么，为什么会出现这种情况呢？笔者认为原因主要表现在以下两个方面：

其一，立法定性又定量的立法模式是导致我国刑法立法犯罪化的重要原因。由于西方国家刑法规定的犯罪没有定量因素的限制，所以其处罚范围非常大，这是导致立法上非犯罪化的重要原因；与此同时，由于立法上规定为犯罪但司法上认为运用其他制裁方法（如民事制裁、行政制裁等）就可以控制犯罪的情形大量存在，所以就会出现司法上的非犯罪化。从犯罪成立体系的角度来看，这种情形主要是通过对实质的构成要件（构成要件的实质化）的判断和违法性判断来实现的。[2] 因而，刑法谦抑主义在西方不仅表现为立法上的非犯罪化，而且表现为司法上的非犯罪化，甚至还有事实上的非犯罪化，即刑罚法规虽然存在，但因调查以及取缔机关不适用该刑罚法规，事实上几乎不作为犯罪处理的情况。[3] 与此不同，我国《刑法》规定的犯罪大部分都有定量因素的限制，换言之，我国《刑法》并没有将可以通过其他制裁措施能够控制的行为规定为犯罪。在这种情况下，随着新犯罪现象的出现和一般违法行为之违法性的增

---

〔1〕 参见储槐植：《刑事一体化论要》，北京大学出版社2007年版，第60~64页。

〔2〕 事实上，这也是“构成要件—违法性—责任”三阶层犯罪成立体系存在的重要根据。符合构成要件但不具有违法性的行为，虽然不能被评价为犯罪，但法律对它的否定态度也是明显的。例如，盗窃价值甚微之物品的行为虽然符合盗窃罪的构成要件，但一般认为不具有违法性，因而不被评价为犯罪，但法律对这种行为显然是否定的。在这个意义上，大陆法系国家的犯罪可以从三个层次上来理解，即符合构成要件的犯罪、符合构成要件和违法性的犯罪以及符合构成要件、违法性和责任的犯罪。其中，应当受到刑罚处罚的只能是符合构成要件、违法性和责任的犯罪。

〔3〕 参见[日]大谷实：《刑事政策学》，黎宏译，中国人民大学出版社2009年版，第101~102页。

加,必然会出现犯罪化。

其二,立法经验不足也是导致我国刑法立法犯罪化的重要原因。自刑事古典学派诞生以来,西方国家的刑法立法已有几百年的历史,形成了较为丰富的立法经验。与此相比,自中华人民共和国成立以来的刑法立法只有几十年的历史,立法经验非常不足。我国1979年《刑法》是新中国成立后第一部系统性的刑法,虽然在立法时采取了"宜粗不宜细"的原则,但由于之后我国社会进入较为剧烈的转型期,致使该部刑法难以应对新出现的违法犯罪现象。也正因如此,1979年《刑法》颁布之后,在18年时间内(至1997年《刑法》颁布),最高立法机关就制定颁布了24个单行刑法,并在100多个非刑事法律中设置了附属刑法规范。我国1997年《刑法》颁布实施之后,为了应对新的犯罪现象,我国最高立法机关主要通过刑法修正案的方式进行犯罪化。

可见,在我国也像西方一样提倡非犯罪化,是不符合国情的。从我国刑法立法模式和立法过程来看,犯罪化并不违反刑法谦抑主义。相反,犯罪化恰恰表达了刑法谦抑主义的中国图景。以此观之,认为刑法谦抑性在我国被搁浅,其实是不符合实际的。有论者指出,刑法谦抑性在我国被搁浅的情况包括立法和司法两个方面。立法上主要通过设置没有罪量因素限制的犯罪和扩张微罪来搁浅刑法谦抑主义,司法上主要表现为司法解释通过擅改罪量标准、扩充兜底条款、创设兜底条款等方式来搁浅刑法谦抑主义。[1] 问题是,我国《刑法》分则规定的犯罪并非都有定量因素的限制,如故意杀人罪、抢劫罪等犯罪就没有罪量因素的限制。因而,认为设置没有罪量因素限制的犯罪就违反了刑法谦抑主义的观点,显然是形式主义的,既不符合我国刑法的实际,也不符合刑法谦抑主义的基本要求。认为扩张微罪搁浅了刑法谦抑主义的观点也不符合实际。以扒窃入刑为例,扒窃行为会对公民的人身造成现实威胁也不是绝对的,因而将其犯罪化不符合刑法谦抑主义。但问题是,世界上没有绝对的事。故意杀人行为就必然导致他人死亡吗?更何况我国《刑法》第13条规定的但书完全可以为情节显著轻微的扒窃行为出罪。至于司法解释通过擅改罪量标准、扩充兜底条款、创设兜底条款等方式搁浅刑法谦抑主义的观点,其实也不正确。实际

---

〔1〕 参见石聚航:《刑法谦抑主义是如何被搁浅的?——基于定罪实践的反思性观察》,载《法制与社会发展》2014年第1期。

上，这并不是搁浅了刑法谦抑主义，而是对刑法的公然违反。

四、结语

刑法谦抑主义虽然具有质的规定性，但在不同刑法文化背景下，其表现方式是不同的。在西方，刑法谦抑主义主要表现为非犯罪化（包括立法上的非犯罪化与司法上的非犯罪化），这与其刑法采用“立法定性 + 司法定量”的立法模式是相适应的，同时也孕育出了“构成要件符合性—违法性—有责性”的阶层式犯罪成立体系。在我国，刑法谦抑主义虽然没有表现为非犯罪化，但立法上的犯罪化并不违反刑法谦抑主义，这与我国刑法采用“立法定性又定量”的立法模式是相适应的，同时也在一定程度上解决了因立法经验不足而带来的刑法立法滞后和因社会转型而带来的大量犯罪问题。因而，以刑法谦抑主义的西方图景来数落我国的刑法立法实践，显然是不妥的。从我国实际出发，可以得出这样的结论：非犯罪化固然是刑法谦抑主义的表现形式，但犯罪化并非违反了刑法谦抑主义，而恰恰成为了刑法谦抑主义的中国表达。

变动中的刑罚结构

——由《刑法修正案(九)》引发的思考

随着我国社会转型的加快,刑法的修改渐显频繁。自 1997 年系统修订我国《刑法》以来,迄今为止已颁布了 1 部单行刑法和 9 个刑法修正案。与前 7 个刑法修正案和 1 部单行刑法只修改个罪的罪状与法定刑有所不同,《刑法修正案(八)》和《刑法修正案(九)》不仅修改了《刑法》分则中的个罪,而且修改了《刑法》总则的相关规定。这种情况足以说明,刑法对社会转型的反应速度越来越快。《刑法》是规定犯罪与刑罚的法律,但其最终目的在于实现对犯罪之刑罚处罚的合理性,《刑法》也因此被称为"刑罚法规"。因而,每一部刑法修正案的颁布都意味着以往的刑罚设置会发生或大或小的变化。那么,《刑法修正案(九)》将会对我国的刑罚结构产生什么样的影响?我国的刑罚结构将会出现怎样的发展走向?通过对这些问题的研究,不仅能够揭示我国刑罚结构的发展规律,而且有利于正确认识我国现行刑罚结构的基本样态及发展走向,对丰富刑罚理论和指导刑事立法均具有重要的参考价值。

一、我国刑罚结构的基本样态

我国学者指出,刑罚结构是指各刑种在刑罚体系的配置比重。迄今为止有 4 种刑罚结构,即以生命刑和身体刑为中心的刑罚结构、以生命刑与自由刑为中心的刑罚结构、以自由刑为中心的刑罚结构和以自由刑与财产刑为中心的刑罚结构。[1] 显然,第一种刑罚结构主要是指古代的刑罚结构,已经成为历史;后 3 种刑罚结构在近代以来的刑法规定中都不同程度地得到了体现,实际上形

〔1〕 参见储槐植:《刑事一体化论要》,北京大学出版社 2007 年版,第 54 页。

成了当今世界刑罚结构的 3 种基本样态。

刑罚结构不仅通过刑法总则规定的刑罚体系、刑罚种类和各种刑罚方法来体现,而且通过刑法分则对个罪的刑罚配置来证实。因而,在判断一国刑罚结构的样态时,必须考虑这两个方面的因素。以此为基准来看,所谓处于中心地位的刑罚,首先必须是刑法规定的主刑,其次在个罪的刑罚配置上具有普遍性。[1] 详言之,在以生命刑和自由刑为中心的刑罚结构中,生命刑和自由刑不仅是刑法规定的主刑,而且在个罪的刑罚配置中占有很大比重。在以自由刑为中心的刑罚结构中,自由刑不仅是刑法规定的主刑,而且在个罪的刑罚配置上,唯有自由刑的比重远远大于其他刑种。在以自由刑和财产刑为中心的刑罚结构中,自由刑和财产刑不仅是刑法规定的主刑,而且在个罪的刑罚配置上所占的比重远远大于其他刑种。其中,在以自由刑和生命刑为中心的刑罚结构中,由于在对个罪的刑罚配置上自由刑的比重远远大于其他刑种,死刑也得到了较广泛的适用,所以该种刑罚结构彰显了重刑主义;在以自由刑为中心的刑罚结构中,由于在对个罪的刑罚配置上只有自由刑的比重远远大于其他刑种,罚金刑还没有成为短期自由刑的替代措施,因而该种刑罚结构体现了刑罚适中主义;在以自由刑和财产刑为中心的刑罚结构中,由于在对个罪的刑罚配置上自由刑与财产刑的比重远远大于其他刑种,而且财产刑被作为短期自由刑的替代措施得以广泛适用,所以该种刑罚结构表达了刑罚轻缓主义。那么,我国的刑罚结构属于哪一种样态?对此,需要结合我国刑法的发展历史来分析。

我国的刑罚结构形成于 20 世纪 80 年代初。当时决定刑罚结构形成的法律主要有两部:一是 1979 年 7 月 6 日公布,于 1980 年 1 月 1 日起施行的《刑法》;二是 1981 年 6 月 10 日公布,于 1982 年 1 月 1 日起施行的《惩治军人违反职责罪暂行条例》。1979 年《刑法》分则规定了 116 个犯罪,[2] 其中配置死刑的犯罪有 28 个;《惩治军人违反职责罪暂行条例》规定了 24 个犯罪,其中配置

---

〔1〕 显然,这种判断基准难以适用于死刑。一方面,死刑被认为是最严厉的刑罚方法,立法上的个别死刑往往重于具有普遍性的自由刑,更不用说其他刑罚方法。另一方面,在很多国家废除死刑的国际背景下,保留死刑本身就使刑罚的人道性受到了怀疑。

〔2〕 1979 年《刑法》颁布实施后,我国最高司法机关并没有作出有关罪名的司法解释,因而关于罪名的解释主要是学理解释。由于学者们对《刑法》分则条文的规定存在不同认识,所以对罪名的解释也不统一。本文根据高铭暄教授的《中华人民共和国刑法的孕育诞生与发展完善》(北京大学出版社 2012 年版)一书,将 1979 年《刑法》规定的犯罪统计为 116 个。

死刑的犯罪共有13个。[1] 这样，从广义刑法的角度来看，在“严打”刑事政策施行之前，我国刑法规定的犯罪共有140个，其中配置死刑的犯罪有41个，占犯罪总数的29.29%，而且几乎所有的犯罪都配置了以有期徒刑为中心的自由刑。所以，在20世纪80年代初，我国的刑罚结构属于典型的以自由刑和生命刑为中心的刑罚结构，由此充分彰显了重刑主义。之后，随着社会治安形势的变化和“严打”刑事政策的施行，最高立法机关制定了一系列单行刑法，犯罪的总数由此得以逐步增加，配置死刑的犯罪也随之增多。直至1997年《刑法》颁布实施，犯罪总数增加到412个，死刑罪名增加到68个，但配置死刑的犯罪数量占犯罪总数的比例则下降到16.50%。在1997年《刑法》颁布实施后至2011年，我国最高立法机关先后颁布了1个单行刑法和8个刑法修正案，新增设犯罪41个，相应废除原有犯罪2个。这样，我国刑法规定的犯罪总数就由原来的412个增加至451个，但配置死刑的犯罪数下降为55个，占犯罪总数的12.14%（详见表1）。

表1 我国刑法中犯罪总数和配置死刑的犯罪数统计

—	1979年《刑法》和《惩治军人违反职责罪暂行条例》		1997年《刑法》		至2011年《刑法修正案（八）》	
犯罪总数和配置死刑的犯罪数	犯罪总数	配置死刑的犯罪数	犯罪总数	配置死刑的犯罪数	犯罪总数	配置死刑的犯罪数
	140个	41个	412个	68个	451个	55个
配置死刑的犯罪数占犯罪总数的比例	29.29%		16.50%		12.20%	

值得注意的是，从1979年《刑法》和《惩治军人违反职责罪暂行条例》颁布到1997年《刑法》颁布的这段时间内，我国刑法中配置死刑的犯罪数处于持续增长的状态，由原来的41个上升为68个。此后，特别是随着《刑法修正案（八）》的颁布，我国刑法中配置死刑的犯罪数处于下降的状态，由68个下降到

〔1〕 本文对《惩治军人违反职责罪暂行条例》规定的具体犯罪数量和死刑配置情况的统计依据是赵秉志教授主编的《中国特别刑法研究》。参见赵秉志主编：《中国特别刑法研究》，中国人民公安大学出版社1997年版，第754～798页。

55 个。而配置死刑的犯罪数占犯罪总数的比例则一直处于下降趋势，即由原来的 29.29% 下降到 12.20% 。

另一个值得注意的现象是，虽然我国刑法一直以来把罚金刑作为附加刑来看待，但罚金刑在个罪的刑罚配置中所占的比重越来越大。1979 年《刑法》中，罚金刑主要配置于第三章"破坏社会主义经济秩序罪"、第五章"侵犯财产罪"和第六章"妨害社会管理秩序罪"中。其中，在破坏社会主义经济秩序罪中配置罚金刑的犯罪有 9 个，在侵犯财产罪中配置罚金刑的犯罪只有 1 个（故意毁坏财物罪），在妨害社会管理秩序罪中配置罚金刑的犯罪有 10 个。而在《惩治军人违反职责罪暂行条例》中，立法者没有为任何一个犯罪配置罚金刑。这样，在我国刑罚结构形成的初期，配置罚金刑的犯罪共计 20 个，占犯罪总数的 14.29% 。在 1997 年《刑法》中，配置罚金刑的犯罪多达 152 个，占犯罪总数的比例约为 36.89% 。在之后颁布的单行刑法和 8 个刑法修正案新增的 41 个犯罪中，配置罚金刑的就有 29 个；在删除的 2 个犯罪中，配置罚金刑的有 1 个。到目前为止，配置罚金刑的犯罪共有 180 个，占犯罪总数的约 39.91%（详见表 2）；而且在配置罚金刑的犯罪中，大部分同时也配置了没收财产刑。

表 2　我国刑法中犯罪总数和配置罚金刑的犯罪数统计

—	1979 年《刑法》和《惩治军人违反职责罪暂行条例》		1997 年《刑法》		至 2011 年《刑法修正案（八）》	
犯罪总数和配置罚金刑的犯罪数	犯罪总数	配置罚金刑的犯罪数	犯罪总数	配置罚金刑的犯罪数	犯罪总数	配置罚金刑的犯罪数
	140 个	20 个	412 个	152 个	451 个	180 个
配置罚金刑的犯罪数占犯罪总数的比例	14.29%		36.89%		39.91%	

综上所述，我国以自由刑和生命刑为中心的刑罚结构自 20 世纪 80 年代初形成以来，随着我国社会转型的加快和刑事立法的发展变化，朝着两个方向发展：一是死刑在刑罚结构中所占的比例越来越小；二是罚金刑在刑罚结构中所占比例越来越大。从刑罚结构的价值取向来看，我国的刑罚结构在形成之初确实体现了重刑主义，但在之后的发展中重刑主义逐步被淡化。那么，从《刑法

修正案(九)》来看,我国的刑罚结构是否继续沿着这两个方向发展? 对此,值得进一步分析。

二、《刑法修正案(九)》对我国刑罚结构的影响

2014 年 10 月第十二届全国人大常委会第十一次会议初次审议了《刑法修正案(九)(草案)》。之后,根据全国人大常委会组成人员和各方面的意见,对草案作了修改,形成了《刑法修正案(九)(草案二次审议稿)》。2015 年 6 月第十二届全国人大常委会第十五次会议对草案二次审议稿进行了审议。2015 年 8 月 29 日,第十二届全国人大常委会第第十六次会议审议通过的《刑法修正案(九)》共 52 条,其中第 1 条至第 4 条是对《刑法》总则相关内容的修改,主要涉及非刑罚处理方法、死刑缓期执行的法律后果、罚金的执行以及数罪并罚的方法等。第 5 条至第 51 条涉及《刑法》分则有关犯罪的修改与增设,除了修改现有犯罪的罪状和增加新罪之外,特别修改了相关犯罪的刑罚配置。第 50 条属于技术性规定。从整个修正案的内容来看,其对我国当前的刑罚结构的影响是重大的。

首先,死刑的比重进一步下降。《刑法修正案(九)》取消了《刑法》第 151 条规定的走私武器、弹药罪、走私核材料罪和走私假币罪,第 170 条规定的伪造货币罪,第 192 条规定的集资诈骗罪,第 358 条规定的组织卖淫罪和强迫卖淫罪,第426 条规定的阻碍执行军事职务罪,第433 条规定的战时造谣惑众罪等9 个犯罪的死刑,这 9 个犯罪的最高刑由原来的死刑降为无期徒刑。与此同时,《刑法修正案(九)》增设了 20 个犯罪。具体包括:第 7 条增设了 5 个犯罪,即准备实施恐怖活动罪,宣扬恐怖主义、极端主义、煽动实施恐怖活动罪,利用极端主义破坏法律实施罪,强制穿戴宣扬恐怖主义、极端主义服饰、标志罪和非法持有宣扬恐怖主义、极端主义物品罪;第 19 条增设了 1 个犯罪,即虐待被监护、看护人罪;第 23 条增加了 1 个犯罪,即使用虚假身份证件、盗用身份证件罪;第 25 条增设了 3 个犯罪,即组织考试作弊罪,非法出售、提供试题、答案罪和代替考试罪;第 28 条增设了 1 个犯罪,即拒不履行信息网络安全管理义务罪;第 29 条增设了 2 个犯罪,即非法利用信息网络罪和帮助信息网络犯罪活动罪;第 31 条增设了 2 个犯罪,即扰乱国家机关工作秩序罪和组织、资助非法聚集罪;第 32 条增设了 1 个犯罪,即编造、故意传播虚假信息罪;第 35 条增设了 1 个犯罪,

即虚假诉讼罪;第36条增设了2个犯罪,即泄露不应公开的案件信息罪和披露、报道不应公开的案件信息罪;第46条增设了1个犯罪,即对有影响力的人行贿罪。从刑罚配置来看,这些犯罪的最高刑均为有期徒刑。《刑法修正案(九)》第17条把出售、非法提供公民个人信息罪和非法获取公民个人信息罪合并为侵犯公民个人信息罪,第43条删除了嫖宿幼女罪条款。至此,我国《刑法》规定的犯罪数量增加至468个,但配置死刑的犯罪的数量减为46个,占犯罪总数的比例不到10%(见表3)。因而,从《刑法修正案(九)》来看,我国的刑罚结构继续沿着降低死刑在刑罚结构中地位的方向发展。

表3 《刑法修正案(九)(草案)》发布前后犯罪总数和配置死刑犯罪数对比

—	《刑法修正案(九)》颁布前		《刑法修正案(九)》颁布后	
犯罪总数和配置死刑的犯罪数	犯罪总数	配置死刑的犯罪数	犯罪总数	配置死刑的犯罪数
	451个	55个	468个	46个
配置死刑的犯罪数占犯罪总数的比例	12.20%		9.83%	

其次,罚金刑的地位进一步提升。扩大罚金刑的适用范围是《刑法修正案(九)》的另一个亮点。一方面,通过修改现有规定,对《刑法》第121条规定的组织、领导、参加恐怖组织罪,第164条规定的对非国家工作人员行贿罪,第280条规定的伪造、变造、买卖国家机关公文、证件、印章罪,盗窃、抢夺、毁灭国家机关公文、证件、印章罪,伪造公司、企业、事业单位、人民团体印章罪,伪造、变造居民身份证罪,[1]第283条规定的非法生产、销售间谍专用器材罪,[2]第300条规定的组织、利用会道门、邪教组织、利用迷信破坏法律实施罪,第383条规定的贪污罪,第390条规定的行贿罪,第391条规定的对单位行贿罪,第392条规定的介绍贿赂罪,第393条规定的对单位行贿罪等13个犯罪增设了

〔1〕 原《刑法》第280条第3款规定的罪状是"伪造、变造居民身份证",而《刑法修正案(九)(草案)》第21条将这一罪状修改为"伪造、变造、买卖居民身份证、护照、社会保障卡、驾驶证等依法可以用于证明身份的证件"。相应地,最高司法机关将该款规定之罪的罪名修改为"伪造、变造、买卖身份证件罪"。

〔2〕 原《刑法》第283条规定的罪状是"非法生产、销售窃听、窃照等专用间谍器材",而《刑法修正案(九)》第24条将这一罪状修改为"非法生产、销售专用间谍器材或者窃听、窃照专用器材"。相应地,最高司法机关将该条规定之罪的罪名修改为"非法生产、销售专用间谍器材、窃听、窃照专用器材罪"。

罚金刑。另一方面，在增设的20个犯罪中，对为恐怖活动招募、运送人员罪，准备实施恐怖活动罪，宣扬恐怖主义、极端主义罪，煽动实施恐怖活动罪，利用极端主义煽动、胁迫群众破坏国家法律制度实施罪，持有宣扬恐怖主义、极端主义的物品罪，使用伪造、变造的证件罪，不履行信息网络安全管理义务罪，利用信息网络实施犯罪活动罪，协助利用信息网络实施犯罪活动罪，组织作弊罪，协助组织作弊罪，非法出售、提供试题、答案罪，代替考试罪，诉讼欺诈罪，泄露案件信息罪，公开披露、报道案件信息罪，利用影响力行贿罪18个犯罪配置了罚金刑。至此，配置罚金刑的犯罪由原来的180个增加至211个，占犯罪总数的比例为45.09%，比原来增加了5个多百分点（见表4）。因而，从《刑法修正案（九）》来看，我国的刑罚结构同时继续沿着提升罚金刑在刑罚结构中地位的方向发展。

表4 《刑法修正案（九）（草案）》发布前后犯罪总数和配置罚金刑犯罪数对比

—	《刑法修正案（九）》颁布前		《刑法修正案（九）》颁布后	
犯罪总数和配置罚金刑的犯罪数	犯罪总数	配置罚金刑的犯罪数	犯罪总数	配置罚金刑的犯罪数
	451个	180个	468个	211个
配置罚金刑的犯罪数占犯罪总数的比例	39.91%		45.09%	

最后，刑罚方法与非刑罚处理方法的衔接性得到进一步增强。刑罚结构的基本样态不仅取决于不同种类的刑罚方法在个罪配置上的比重，而且在一定程度上受到刑罚方法与非刑罚处理方法之协调程度的影响。[1] 为此，在治理犯罪上，各国刑法在充分使用刑罚方法的同时，也注重对非刑罚处理方法的有效使用，甚至把非刑罚处理方法刑罚化。[2] 非刑罚处理方法的广泛使用，不仅可以使刑罚结构具有开放性，而且意味着刑罚结构向轻缓化方向发展。非刑罚处理方法是刑事实证学派提倡目的刑和广义刑事政策概念的结果，反映的是“治

---

〔1〕 本文所说的非刑罚处理方法，包括法定的非刑罚处理方法和非法定的非刑罚处理方法。其中，法定的非刑罚处理方法包括刑法规定的非刑罚处理方法和其他法律规定的非刑罚处理方法。

〔2〕 例如，根据《德国刑法典》第44条第1款的规定，犯罪发生于驾驶机动车时，或与之有关或由于违反驾驶人员的义务，而被判处自由刑或罚金刑的，法院可禁止其于街道驾驶一切或特定种类的机动车，其期限为1个月以上3个月以下；在一定情况下吊销驾驶执照的，通常可命令禁止驾驶。此规定就是将以往属于非刑罚处理方法的“禁止驾驶”刑罚化了。

理”犯罪而非“惩罚”犯罪的思维方式。在这种思维方式中,对犯罪的反应不再是国家专有的一种权力,而应当由国家和社会共享。正是在这种思维方式指导下,各国看到了非刑罚处理方法在犯罪治理中的独特作用,进而使其成为犯罪治理的重要方法或者刑罚方法的重要组成部分。19 世纪后期以来,各国刑法把罚款、吊销营业资格、禁止驾驶等予以刑罚化,正是这种情况的反映。在犯罪治理中,我国刑法历来注重非刑罚处理方法。1979 年《刑法》就明文规定了非刑罚处理方法。[1] 当时的刑法理论指出,非刑罚处理方法不是刑种,不具有刑罚的性质和作用,它只是处理案件的一种手段,是刑罚的必要补充。它对于衔接、协调各部门法,完善社会主义法制,缩小打击面,扩大教育面,妥善处理案件,预防和减少犯罪等都具有重要意义。[2] 1997 年《刑法》在沿用 1979 年《刑法》规定的非刑罚处理方法的基础上有所发展。[3] 《刑法修正案(八)》把社区矫正和禁止令作为犯罪治理的重要手段规定了下来,扩大了非刑罚处理方法的范围。[4] 《刑法修正案(九)》第 1 条把“禁止从事相关职业”作为《刑法》第 37 条之一规定了下来,并分 3 款对禁止从事相关职业的适用条件、适用主体和期限、违反决定之后的处罚以及与其他法律、行政法规的关系作出了明确规定,进一步扩大了非刑罚处理方法的范围。非刑罚处理方法范围的逐步扩张,使我国刑法在注重用刑罚治理犯罪的同时,也注重刑罚方法与非刑罚方法的衔接,由此增强了刑罚结构的开放性,更加注重刑罚的社会效果。

三、对我国刑罚结构的展望

《刑法修正案(九)》对我国刑罚结构的影响是深远的。它不仅进一步削弱

---

[1] 1979 年《刑法》第 31 条规定了赔偿经济损失,第 32 条规定了训诫、责令具结悔过、赔礼道歉、赔偿损失以及由主管部门予以行政处分。

[2] 参见高铭暄主编:《刑法学原理》(第 3 卷),中国人民大学出版社 1994 年版,第 173 ~ 174 页。

[3] 1997 年《刑法》第 36 条第 1 款不但沿用了 1979 年《刑法》第 31 款的规定,而且第 2 款规定了“民事赔偿优先原则”,第 37 条沿用了 1979 年《刑法》第 32 条,并把行政处罚作为非刑罚处理方法规定了下来,同时把原来的“免予刑事处分”改为“免予刑事处罚”。

[4] 我国刑法理论一般认为,我国刑法中的非刑罚处理方法仅限于《刑法》第 36 条和第 37 条的规定。对禁止令和社区矫正的性质,则存在较大分歧。参见时延安:《隐性双轨制:刑法中保安处分的教义学阐释》,载《法学研究》2013 年第 3 期。本文认为,从性质上来讲,刑法中的处罚方法无非就包括刑罚方法和非刑罚处理方法。既然《刑法》第 32 条规定刑罚包括主刑和附加刑,第 33 条和第 34 条又分别规定了主刑和附加刑的种类,那么除刑罚方法之外的所有处罚方法就均属于非刑罚处理方法。

了死刑在刑罚结构中的地位,而且凸显了罚金刑在治理犯罪中的重要性,同时增强了刑罚结构的开放性。从《刑法修正案(九)》对刑罚结构调整的意向来看,我国的刑罚结构将会进一步沿着以下两个方向发展:

一是死刑的去中心化。自20世纪80年代初以来,我国《刑法》中的犯罪总数和配置死刑的犯罪数的发展变化过程是:配置死刑的犯罪数量在1997年《刑法》中最多,其次是至2011年《刑法修正案(八)》颁布,再次是至《刑法修正案(九)》颁布,最后才是1979年《刑法》和《惩治军人违反职责罪暂行条例》。但是,从配置死刑的犯罪所占犯罪总数的比例来看,最高的则是1979年《刑法》和《惩治军人违反职责罪暂行条例》,其次是1997年《刑法》,再次是至2011年《刑法修正案(八)》颁布,最后是至《刑法修正案(九)》颁布(详见表5)。由此来看,经过30多年的发展,我国刑法中配置死刑的犯罪的比重大幅度减少。尤其值得注意的是,《刑法修正案(八)》废除死刑的13个犯罪均属于非暴力犯罪,而在《刑法修正案(九)》废除死刑的犯罪中,如组织卖淫罪、强迫卖淫罪、阻碍执行军事职务罪等犯罪完全可能是暴力犯罪。这就意味着我国《刑法》已经把废除死刑的触角伸向了暴力犯罪。在这种情况下,依然认为生命刑在我国刑罚结构中占据中心地位,便是不够客观的。

表5 1979年《刑法》至《刑法修正案(九)》颁布后犯罪总数和配置死刑的犯罪数发展变化

—	1979年《刑法》和《惩治军人违反职责罪暂行条例》		1997年《刑法》		至《刑法修正案(八)》颁布		至《刑法修正案(九)》颁布	
犯罪总数和配置死刑的犯罪数	犯罪总数	配置死刑的犯罪数	犯罪总数	配置死刑的犯罪数	犯罪总数	配置死刑的犯罪数	犯罪总数	配置死刑的犯罪数
	140个	41个	412个	68个	451个	55个	468个	46个
配置死刑的犯罪数占犯罪总数的比例	29.29%		16.50%		12.20%		9.83%	

支持死刑在我国刑罚结构中具有中心地位的人还可能形式主义地认为,死

刑仍然被我国刑法规定为主刑，死刑的这种地位就决定了其在我国刑罚结构中依然居于中心地位。诚然，我国刑法把死刑规定为主刑，而且判断一种刑罚方法在刑罚结构中是否居于中心地位确实需要考虑该种刑罚方法是否被刑法规定为主刑。但我国刑法理论指出，主刑是对犯罪适用的主要刑罚方法。〔1〕一种刑罚在刑罚体系中被划为主刑或附加刑，是由立法者确认该刑种服务于刑罚目的的作用大小来决定的。一般来说，主刑总是在刑罚体系中居于主要地位，在分则的法定刑中所占比重较大，并在实践中实际适用较多的刑罚。〔2〕以此观之，虽然死刑被我国刑法规定为主刑，但其实质上并不符合主刑的内在规定性。

不仅如此，与西方国家相比，我国的死刑制度具有明显的中国特色，即规定有死刑缓期执行制度。根据我国现行《刑法》第 48 条第 1 款的规定，对于应当判处死刑的犯罪分子，如果不是必须立即执行的，可以判处死刑，同时宣告缓期 2 年执行。根据《刑法》第 50 条第 1 款的规定，判处死刑缓期执行后被执行死刑的条件是“如果故意犯罪，查证属实的，由最高人民法院核准，执行死刑”。《刑法修正案（九）》将此修改为“如果故意犯罪，情节恶劣的，报请最高人民法院核准后执行死刑”，这使判处死刑缓期 2 年执行后再执行死刑的条件更严格。因而，在我国，所谓判处死刑，实质上是很大一部分被判处死刑缓期 2 年执行。由于判处死刑缓期 2 年执行后很难再执行死刑，所以死刑的适用面极为狭窄。由此可见，主张生命刑在我国刑罚结构中占据中心地位的观点，只是看到了死刑的形式，而没有注意中国特色的死刑制度对适用死刑的严格限制。

因而，从《刑法修正案（九）》来看，我国刑法正在实现死刑的去中心化。在判断死刑在我国刑罚结构中是否处于中心地位时，面临着两难困境：一方面，从死刑在个罪刑罚配置上的比重以及具有中国特色的死刑制度来看，死刑在我国刑罚结构中实难处于中心地位；另一方面，我国刑法把死刑规定为主刑，加上死刑属于极刑这一属性，又似乎为死刑在刑罚结构中居于中心地位提供了根据。因而，死刑的完全去中心化，只能是死刑的彻底废除。

---

〔1〕参见高铭暄、马克昌主编：《刑法学》（第 7 版），北京大学出版社、高等教育出版社 2016 年版，第 231 页。

〔2〕参见张明楷：《刑法学》（第 5 版）（上），法律出版社 2016 年版，第 521 页。

二是罚金刑的中心化。在我国刑法发展过程中，一个不容否认的事实是，罚金刑在个罪刑罚配置中的比例在不断上升。从《刑法修正案(九)》来看，我国刑罚结构将继续沿着这一方向发展(详见表6)。那么，这是否意味着在我国刑罚结构中已经确立了财产刑(主要指罚金刑)的中心地位呢？笔者持否定态度。一方面，罚金刑依然被我国刑法规定为附加刑；另一方面，虽然自改革开放以来罚金刑在个罪的刑罚配置上一直处于上升趋势，但其与有期徒刑在个罪刑罚配置中的比重相比还相差甚远。因而，罚金刑在我国刑法结构中不可能具有"中心"地位。

表6　1979年《刑法》至《刑法修正案(九)》颁布后犯罪总数和配置罚金刑的犯罪数发展变化

—	1979年《刑法》和《惩治军人违反职责罪暂行条例》		1997年《刑法》		至《刑法修正案(八)》		至《刑法修正案(九)》	
犯罪总数和配置死刑的犯罪数	犯罪总数	配置罚金刑的犯罪数	犯罪总数	配置罚金刑的犯罪数	犯罪总数	配置罚金刑的犯罪数	犯罪总数	配置罚金刑的犯罪数
	140个	20个	412个	152个	451个	180个	468个	211个
配置死刑的犯罪数占犯罪总数的比例	14.29%		36.89%		39.91%		45.09%	

与我国刑法把罚金刑规定为附加刑不同，大陆法系国家的刑法一般把罚金刑规定为主刑。[1] 例如，《德国刑法典》把刑罚方法依次划分为自由刑、罚金刑、财产刑、附加刑和附随后果。从逻辑上来看，罚金刑和财产刑均属于主刑。《日本刑法典》第9条规定，死刑、惩役、监禁、罚金、拘留和科料为主刑，没收为附加刑。自20世纪70年代以来，西方国家出现了非刑罚化运动，其重要特点之一是广泛推广罚金刑，以替代监禁刑。罚金刑作为当今许多西方国家刑罚体

---

〔1〕 应当注意的是，从大陆法系国家的刑法规定来看，财产刑的概念有广义和狭义之分。广义的财产刑是指以剥夺财产为内容的刑罚方法的总称，包括以"财产刑"命名的财产刑和不以"财产刑"命名但实质上属于以剥夺财产为内容的刑罚方法，如罚金、科料、没收等；狭义的财产刑仅指以"财产刑"命名的刑罚方法，如《德国刑法典》第43条a规定的财产刑。本文是在广义上使用财产刑概念的。

系中的主刑,已成为刑事司法实践中运用最为广泛和频繁的制裁手段,其适用比例一般已经达到被定罪、判刑的刑事案件的70%以上,在有的国家甚至达到90%以上。[1] 例如,在德国,罚金刑是运用最为广泛和频繁的制裁手段。在20世纪开始前,罚金刑还处在自由刑的阴影里,德国1921年和1924年的《罚金刑法》使其适用范围扩大,后在1975年的刑法改革中,为了限制短期自由刑,罚金刑的适用范围被进一步扩大。同时,立法者将过去的总额罚金制改为日额罚金制。1991年被科处罚金刑的被判刑人占被判刑人总数的比例高达84%。[2] 显然,在西方国家,罚金刑已在刑罚结构中处于中心地位,其刑罚结构属于以自由刑和财产刑为中心的刑罚结构。相比之下,我国的罚金刑在个罪的刑罚配置上还达不到50%,就此断定我国刑罚结构以罚金刑为中心显然还为时过早。

然而,不可否认的是,从《刑法修正案(九)》来看,罚金刑确实越来越受到立法者的青睐。这表明,在我国刑罚结构中,罚金刑正在向中心化方向发展。但是,就罚金刑的彻底中心化而言,一方面,需要调整我国的刑罚体系,把罚金刑规定为主刑;另一方面,还需要在个罪的刑罚配置上加大罚金刑的比重。

四、结语

在我国刑罚结构形成之初,由于死刑在个罪的刑罚配置上所占的比重较大,因而把当时的刑罚结构界定为以自由刑和生命刑为中心是比较准确的。从"严打"刑事政策开始施行到《刑法修正案(八)》颁布之前,虽然增加了很多犯罪,而且死刑罪名也随之增加,但配置死刑的犯罪在犯罪总数中的比重不但没有提高,反而有所下降。《刑法修正案(八)》废除了13个非暴力犯罪的死刑,使死刑在个罪配置中的比重明显下降;同时,罚金刑在个罪刑罚配置中的比重在不断增加。这是我国现行刑罚结构的重要特点。

从《刑法修正案(九)》来看,废除死刑的触角已经伸向暴力犯罪,这表明我国在降低死刑在刑罚结构中的比重方面加大了力度。将罚金刑更多地配置于

---

〔1〕 参见卢建平主编:《刑事政策学》(第2版),中国人民大学出版社2013年版,第74~75页。西方国家均实行罪刑法定原则,罚金刑的适用以法律的明确规定为前提。因而,罚金刑的高适用率必然以个罪罚金刑的高配置率为前提。

〔2〕 参见[德]汉斯·海因里希·耶塞克、托马斯·魏根特:《德国刑法教科书》,徐久生译,中国法制出版社2001年版,第927页。

贪利型犯罪，彰显了在刑罚配置上注重罪刑相适应原则和犯罪预防思想。扩大非刑罚处理方法的范围，将禁止从事相关职业作为非刑罚处理方法规定下来，并明确规定其适用条件、适用主体、期限、违反决定的处罚、与其他法律或行政法规竞合的处理等，凸显了我国刑罚结构的开放性和实效性。

自1979年《刑法》和《惩治军人违反职责罪暂行条例》颁布实施以来，我国刑法规定的犯罪总数一直在上升，至《刑法修正案（八）》颁布，配置死刑的犯罪数由上升转变为下降，但其在犯罪总数中的比例一直处于下降趋势。特别是从《刑法修正案（九）》废除暴力犯罪的死刑来看，我国刑法正在逐渐实现死刑的去中心化。与此同时，虽然罚金刑在个罪刑罚配置上的比重还远不如有期徒刑，因而在我国刑罚结构中还难以获得“中心”地位，但从立法者对待罚金刑的态度来看，我国的刑罚结构正在逐渐实现罚金刑的中心化。这一切均表明，我国的刑罚结构已经迈向刑罚适中主义，正朝着刑罚轻缓主义的方向发展。

污染环境罪的罪过形式研究

——兼论罪过形式的判断基准及区分故意与过失的例外

一、问题的提出及研究意义

我国《刑法》第338条规定："违反国家规定，排放、倾倒或者处置有放射性的废物、含传染病病原体的废物、有毒物质或者其他有害物质，严重污染环境的，处三年以下有期徒刑或者拘役，并处罚金；后果特别严重的，处三年以上七年以下有期徒刑，并处罚金。"这是我国刑法对污染环境罪的规定。由于该条没有明确规定污染环境罪的罪过形式，而且从罪状表述和犯罪的性质上也难以看出该罪的罪过形式到底是属于故意还是过失，因而刑法解释学在该罪的罪过形式上存在过失说、故意说和复杂罪过说[1]三种观点。

从当前关于污染环境罪罪过形式的不同观点来看，以下问题值得认真研究：

其一，最直接的问题就是，污染环境罪的罪过形式到底是故意还是过失，抑或是故意与过失兼而有之？这一问题关系污染环境罪的处罚范围，因而现实意义重大。详言之，如果把污染环境罪的罪过形式解释为过失，那么就无法把故意造成严重污染环境的行为解释为污染环境罪；在没有相应的故意犯罪的情况

---

〔1〕 近年来，关于污染环境罪的罪过形式，我国学者提出了不同于单一罪过说（过失说或者故意说）的其他罪过形式，如复合罪过说、混合罪过说、复杂罪过说等。这些学说之间虽然也存在一定的差异，但大都认为污染环境罪的罪过形式既可以是故意，也可以是过失，故本文为了论述的方便将这些学说统称为"复杂罪过说"。

下,[1]这种解释显然会放纵犯罪。如果把污染环境罪的罪过形式解释为故意,那么就无法把过失造成严重污染环境的行为解释为污染环境罪;而且这一解释结论意味着在以往环境污染犯罪不太严重的时代处罚过失造成严重污染环境的情形(重大环境污染事故罪),而在环境污染比较严重的今天则不处罚了,显然不符合治理环境污染犯罪的刑事政策要求。如果把污染环境罪的罪过形式解释为故意与过失兼而有之,那么在罪刑规范层面上污染环境罪的罪过形式到底是什么?难道会出现故意与过失同时存在的情形吗?或者说,在没有发生现实的“严重污染环境”之结果的情况下,能否判断行为人对该结果持有故意还是过失?

其二,罪过形式的判断基准到底是什么?从关于污染环境罪罪过形式的争论来看,在对诸如污染环境罪等罪过形式不明之罪[2]的罪过形式判断上,到底应当坚持单一罪过说(过失说或故意说),还是应当采纳部分学者近年来所提出的复杂罪过说?如果坚持单一罪过说,则存在哪些解决不了的问题?复杂罪过说又存在什么样的局限性?进言之,在我国当前的刑法理论所坚持的罪过形式理论中,罪过形式的判断基准到底是什么?在像故意杀人罪等刑法明确规定了罪过形式的犯罪中,司法者直接依据相关罪刑规范就可以准确判断罪过形式,但在诸如污染环境罪等罪过形式不明的犯罪中,仅仅依据罪刑规范就能判明罪过形式吗?是否应当在罪刑规范的基础上引入其他判断依据呢?

其三,区分故意与过失的理论是否具有普遍性?换言之,区分故意与过失的原则是否具有例外?在传统的自然犯占据统治地位的刑法分则体系中,严格区分故意与过失的重要意义在于处罚的轻重,而且这种区分具有普遍性;与此同时,由区分故意与过失的理论衍生出了两个基本原理:一是刑法以处罚故意犯罪为原则,以处罚过失犯罪为例外;二是刑法分则中的过失犯罪必然存在一

---

〔1〕 在污染环境罪罪过形式上坚持过失说的学者指出,在行为人有意向土地、水体、大气中违法排放、倾倒或者处置各种危险废弃物,威胁到不特定或者多数人的生命、身体、财产安全时,就超出了污染环境罪的处罚范围,应当以投放危险物质罪论处。参见黎宏:《刑法学各论》(第2版),法律出版社2016年版,第442~443页。但问题是,我国《刑法》第338条并未将污染环境罪的危害结果限定为对人的危害结果,而且从最高人民法院、最高人民检察院于2013年6月17日公布的《关于办理环境污染刑事案件适用法律若干问题的解释》第1条的规定来看,污染环境罪的危害结果包括对环境的危害。所以,把投放危险物质罪作为与污染环境罪相对应的故意犯罪,逻辑上不对称。

〔2〕 本文所说的罪过形式不明之罪,是指《刑法》分则没有明确规定罪过形式,而且根据分则条文的文理和犯罪的性质无法判明罪过形式到底属于故意还是过失的犯罪。

个与之相对应的故意犯罪。相应地，刑法要么明确规定了具体犯罪的罪过形式，要么从分则条文的文理和犯罪的性质就可以判断出具体犯罪的罪过形式。但是，在现代刑法分则体系中，法定犯越来越多，而且在立法上与自然犯有很大不同。在这种情况下，区分故意与过失的原则是否应当有例外？果真如此的话，为什么会出现这种例外？应当如何看待？

可见，对以上问题的深入研究，不仅有利于解决污染环境罪的处罚范围以及罪过形式的准确判断问题，而且对诸如污染环境罪等罪过形式不明之罪的罪过形式判断具有重要的参考价值，同时也有利于深刻反思我国当前的罪过形式理论。

二、污染环境罪罪过形式的学理解释及存在的问题

2011 年 2 月 25 日颁布的《刑法修正案（八）》对《刑法》第 338 条规定的重大环境污染事故罪进行修改后，同年 4 月 27 日最高人民法院、最高人民检察院颁布了《关于执行〈中华人民共和国刑法〉确定罪名的补充规定（五）》，将该条规定的罪名解释为“污染环境罪”。至此，我国《刑法》中的“重大环境污染事故罪”罪名被“污染环境罪”罪名所取代。在重大环境污染事故罪时代，主流观点认为该罪的罪过形式是过失，也有少部分学者提出该罪的罪过形式属于复杂罪过，即既可以是过失，也可以是故意。[1] 但在《刑法修正案（八）》颁布实施之后，对污染环境罪的罪过产生了较大的争议，主要存在 3 种观点：一是过失说。这是我国刑法理论的通说所坚持的观点。该说认为，污染环境罪的主观方面为过失，即行为人应当预见自己排放、倾倒或者处置有放射性的废物、含传染病病原体的废物、有毒物质或者其他有害物质的行为可能造成严重污染环境的后果，因为疏忽大意而没有预见，或者已经预见而轻信能够避免。[2] 二是故意说。如有学者指出，重大环境污染事故罪的罪过形式是过失，但经过《刑法修正案（八）》修改后，污染环境罪的罪过形式应为故意。[3] 还有学者指出，污染环境罪的罪过形式是故意。这里的故意，是指明知是违反国家规定，排放、倾倒

---

〔1〕 参见王晓辉、张文婷：《危害环境罪的主观罪过研究》，载《中国刑事法杂志》2009 年第 4 期。

〔2〕 参见高铭暄、马克昌主编：《刑法学》（第 7 版），北京大学出版社、高等教育出版社 2016 年版，第 582 页。

〔3〕 参见张明楷：《刑法学》（第 5 版）（上），法律出版社 2016 年版，第 1131 页。

或者处置有放射性的废物、含传染病病原体的废物、有毒物质或者其他有害物质的行为而有意实施的主观心理态度。[1] 三是复杂罪过说。例如,有学者认为,从修正后的《刑法》第338条的立法原意来看,污染环境罪的罪过形式既包括故意,也包括过失,立法者之所以这样做,是为了纠正原《刑法》第338条在罪过形式方面规定的偏差。[2]

可见,修改后的《刑法》第338条没有明确规定污染环境罪的罪过形式以及人们对罪过形式判断依据的不同理解,致使刑法理论在污染环境罪的罪过形式上出现了过失说、故意说以及复杂罪过说3种不同观点。但在本文看来,这3种观点都存在问题。

过失说坚持把行为人对危害后果的心理态度作为污染环境罪罪过形式的判断依据,这当然是正确的。但是,过失说也存在三个不容忽视的问题:其一,过失说没有忠实于《刑法》第338条的文义。在刑法解释学中,文义解释是最基本、最重要的刑法解释方法。从《刑法》第338条对污染环境罪的罪状表述来看,既然没有明确规定污染环境罪的罪过形式,那么就不能排除该罪的罪过形式既可能是过失也可能是故意的可能,而且从文义上来看,行为人完全可能放任"严重污染环境"之结果的发生,甚至可能积极追求这一结果。但是,过失说把污染环境罪的罪过形式仅限于过失,排除了故意的情形,显然没有忠实于《刑法》第338条的文义。其二,过失说滞后于刑法的发展。过失说之所以坚持认为污染环境罪的罪过形式是过失,还有一个非常重要的原因,即深受重大环境污染事故罪的影响。例如,坚持过失说的学者指出:"本罪(污染环境罪——引者注)在主观方面是过失,即行为人对于自己的行为可能造成重大环境污染事故,致使公私财产遭受重大损失或者人身伤亡的严重后果是过失。至于行为人对违反国家规定倾倒、排放或者处置有害物质这一行为本身,则是有意为之。"[3]在《刑法修正案(八)》将《刑法》第338条之中的"造成重大环境污染事故,致使公私财产遭受重大损失或者人员伤亡的严重后果"修改为"严重污染环境"之后,依然依据"造成重大环境污染事故,致使公私财产遭受重大损

[1] 参见陈兴良:《规范刑法学》(第3版)(下册),中国人民大学出版社2013年版,第1007页。

[2] 参见江维才:《污染环境罪主客观要件问题研究——以〈刑法修正案(八)〉为视角》,载《法学杂志》2011年第8期。

[3] 周光权:《刑法各论》(第3版),中国人民大学出版社2016年版,第423页。

失或者人身伤亡”的严重后果来解释污染环境罪的罪过形式，显然是无视《刑法》的修改。[1] 不仅如此，最高人民法院、最高人民检察院于2013年6月17日公布的《关于办理环境污染刑事案件适用法律若干问题的解释》（以下简称《环境污染解释》）第1条把“严重污染环境”解释为既包括造成严重后果的情形[第（六）项至第（十四）项]，也包括尚未造成严重后果的情形[第（一）项至第（五）项]。在这种情况下，还依据严重后果来解释污染环境罪的罪过形式，进而把故意排除于该罪的罪过形式之外，显然滞后于刑法的发展。其三，过失说不符合治理环境污染犯罪的刑事政策的基本要求。当前，环境污染犯罪在我国越来越严重，已演变为主要社会问题之一；相应地，严厉惩处各种环境污染犯罪行为（包括故意行为与过失行为）已成为治理环境污染犯罪的刑事政策的基本要求，而过失说主张污染环境罪的罪过形式不包括故意，显然人为地缩小了污染环境罪的处罚范围，不利于贯彻治理环境污染犯罪的刑事政策。

故意说虽然看到了污染环境罪的罪过形式包括故意，具有相当的妥当性，但把过失排除于污染环境罪的罪过形式之外，显然也不合理。其一，与过失说一样，在《刑法》第338条没有明确规定且根据该条的文理和污染环境罪的犯罪性质无法判明污染环境罪的罪过形式属于故意还是过失的情况下，把过失排除于该罪的罪过形式之外，也不符合《刑法》第338条的文义。在环境污染犯罪相对较少的过去处罚过失犯（重大环境污染事故罪），而在环境污染犯罪较为严重的当下却不处罚污染环境罪的过失犯，显然也不符合治理环境污染犯罪的刑事政策的基本要求。其二，故意说的理由也难以成立。故意说的坚持者认为，刑法以处罚故意犯罪为原则，以处罚过失犯罪为例外，所以《刑法》分则规定的过失犯罪必然存在一个与之相对应的故意犯罪。而且根据《刑法》第15条第2款“过失犯罪，法律有规定的才负刑事责任”的规定，如果《刑法》分则没有明确规定某一犯罪的罪过形式，且根据规定该罪之分则条文的文理和该罪的犯罪性质无法准确判断该罪属于过失犯罪，就应当认为该罪属于故意犯罪。[2] 如果把污染环境罪解释为过失犯罪，《刑法》分则中就没有与之相应的故意犯

〔1〕 而且该论者关于污染环境罪罪过形式的观点似乎与其所主张的污染环境罪的保护法益为未来的、预期的利益的观点存在冲突。参见周光权：《刑法各论》（第3版），中国人民大学出版社2016年版，第421页。

〔2〕 参见张明楷：《刑法学》（第5版）（上），法律出版社2016年版，第282页。

罪,同时也不符合《刑法》第15条第2款的规定,所以该罪的罪过形式应当是故意。但问题是,《刑法》第3条"法律明文规定为犯罪行为的,依照法律定罪处刑"的规定已经表明,只要刑法明文规定为犯罪的,均应当依照法律定罪处刑,这就会使《刑法》第15条第2款的规定失去意义;相应地,刑法是否明确规定某一犯罪的罪过形式属于故意还是过失也显得无关紧要,只要实际上证明行为人对刑法规定的危害结果持有故意或过失就足矣。可见,依据《刑法》第15条第2款的规定,把污染环境罪的罪过形式仅限于故意,也是不合理的。如前所述,故意说的主张者还依据行为人对行为的心理态度来解释罪过形式,即行为人对违反国家规定排放、倾倒或者处置有放射性的废物、含有传染病病原体的废物、有毒物质或者其他有害物质的行为持有故意,所以该罪的罪过形式属于故意。但是,在《刑法》第14条第1款和第15条第1款明确规定故意和过失是行为人对"危害社会的结果"持有的心理态度的情况下,依然坚持以行为人对行为持有的心理态度来判断罪过形式,显然是不合适的。

与过失说与故意说相比,复杂罪过说似乎忠实于《刑法》第338条的文义。由于《刑法》第338条没有明确规定污染环境罪的罪过形式,而且根据该条的文理和污染环境罪的犯罪性质无法判断该罪的罪过形式属于故意还是过失,所以就应当认为该罪的罪过形式既包括故意,也包括过失。但是,复杂罪过说最致命的缺陷在于它仍然没有说清楚污染环境罪的罪过形式到底属于过失还是故意。换言之,按照复杂罪过说,污染环境罪的罪过形式是不确定的。而且既然坚持认为污染环境罪的罪过形式既包括故意也包括过失,那么故意与过失之间是并列关系还是选择关系?如果是并列关系,那就意味着行为人对严重污染环境的结果同时存在故意和过失,这显然不符合逻辑;如果是选择关系,那么在什么情况下是故意?在什么情况下又是过失呢?复杂罪过说并未给出答案。

三、从污染环境罪的罪过形式看罪过形式的判断基准

可见,关于污染环境罪罪过形式的过失说、故意说和复杂罪过说都无法对如何判定污染环境罪的罪过形式给出一个令人满意的答案。那么,问题出在哪里?笔者认为,关键在于各种学说所坚持的罪过形式判断基准。

从过失说、故意说以及复杂罪过说各自的理论脉络可以看出,在污染环境罪罪过形式的判断上,3种学说坚持的均是规范论的罪过形式判断基准,即仅

仅以罪刑规范作为罪过形式的判断基准。过失说之所以认为污染环境罪的罪过形式属于过失,一个很重要的理由是:虽然《刑法修正案(八)》对《刑法》第338条的罪状进行了修改,但法定刑保持不变。在这种情况下,如果把污染环境罪解释为故意犯罪,所处的法定刑就较轻,就会放纵犯罪。[1] 的确,污染环境罪的法定刑幅度是我国刑法规定的大多数过失犯罪所采用的法定刑幅度。在这个意义上,过失说可谓贯彻了体系解释的原理。但问题是,"严重污染环境"这一危害结果与传统过失犯罪的危害结果之间存在本质区别。在一般的过失犯罪的场合,危害结果表现为对人身法益和财产法益的损害;而在污染环境罪的场合,危害结果除了对人身和财产法益的损害外,还包括对环境的损害。[2] 而且从字面意思来看,"严重污染环境"本身就表明污染环境罪的直接危害结果是对环境的损害。在这种情况下,把故意造成严重污染环境但未损(危)及人身或财产的行为解释为污染环境罪,是完全能够成立的。由此看来,过失说所坚持的体系解释,只是看到了刑法规范体系的内部关系,而没有注意到污染环境罪的现实情况,其在罪过形式的判断上坚持的显然是规范论的判断基准。故意说的思路是,我国《刑法》第15条第2款规定了"过失犯罪,法律有规定的才负刑事责任",第338条没有明确规定污染环境罪的罪过形式,所以污染环境罪的罪过形式只能是故意。显然,故意说在判断污染环境罪的罪过形式时也未能考虑行为人对"严重污染环境"之结果的真实态度,只是根据《刑法》第15条第2款和第338条的规定进行逻辑推断,属于典型的规范论。复杂罪过说的思路是,既然《刑法》第338条没有规定污染环境罪的罪过形式,而且根据该条的文理和污染环境罪的犯罪性质也无法得出该罪的罪过形式属于故意还是过失,所以该罪的罪过形式就属于复杂罪过,其既可以是故意也可以是过失。但复杂罪过说忽视了这样一个显而易见的事实:对现实的"严重污染环境"的结果,行为人不可能同时持有故意和过失,而只能是故意或者过失。由此看来,复杂罪过说只是依据《刑法》第338条的规定对污染环境罪的罪过形

---

〔1〕 参见赵秉志主编:《刑法修正案(八)理解与适用》,中国法制出版社2011年版,第405页;冯军等:《破坏环境资源保护罪研究》,科学出版社2012年版,第26页。

〔2〕 例如,根据《环境污染解释》第1条第1项的规定,在自然保护区核心区排放、倾倒、处置有放射性的废物、含传染病病原体的废物、有毒物质的,属于"严重污染环境"。显然,这里的损害恐怕主要是对环境的损害。

式作出了判断,坚持的依然是规范论的罪过形式判断基准。

可见,在当前关于污染环境罪罪过形式之诸学说的视野中,只有规范意义上的污染环境罪,而没有事实意义上的污染环境罪;相应地,在污染环境罪罪过形式的判断上,只是看到了规范意义上的危害结果,而没有考虑事实意义上的危害结果。实际上,正是仅仅坚持了规范论的罪过形式判断基准,致使当前的罪过形式理论无法判明污染环境罪的罪过形式。由于仅仅坚持了规范论的罪过形式判断基准,过失说人为地把故意排除于污染环境罪的罪过形式范围之外,故意说不假思索地否定了过失属于污染环境罪的罪过形式;也正是仅仅坚持了规范论的罪过形式判断基准,致使复杂罪过说在污染环境罪罪过形式的判断上得出了不确定且含混不清的结论。

笔者认为,在诸如污染环境罪等罪过形式不明之罪的罪过形式判断上,应当兼顾罪刑规范和符合构成要件的事实两个方面,坚持"罪刑规范—构成事实"的双重视角。具体理由如下:

首先,罪过形式的判断过程是一个刑法解释过程,而刑法解释本身是一个规范与事实对接的过程。刑法解释主要涉及定罪与量刑两个方面,其中罪过形式的判断属于定罪的主要内容,也是犯罪构成符合性判断的重要组成部分。人们往往把解释刑法的理由归结为刑法用语的多义性或含混不清,但是,如果没有案件事实的发生,也不会出现刑法解释。正因如此,即使对刑法的学理解释,也往往借助于已经发生或者假设的各种案件事实。在这个意义上,任何刑法解释都是实质解释,所谓形式解释就是对刑法不解释。因为"形式指的是法律内在的东西,实质指的是法律的外部世界,就像形式正义和实质正义的差别一样"。[1] 作为刑法解释之重要组成部分的罪过形式判断,也是一个罪刑规范与案件事实对接的过程,是一个依据规范来选择与排除事实的过程。换言之,罪过形式的判断,实质上是在各种主观事实中剔除不符合罪过要件的部分,把符合罪过要件的部分保留下来作为刑法评价的对象。因而,所谓罪过形式,实质上是指行为人对已经发生的符合某一犯罪构成之危害结果所持的心理态度,是应然之下的一种实然。就污染环境罪而言,行为人对已然的"严重污染环境"之结果持有的心理态度,才是污染环境罪的真正罪过形式。事实上,在《刑法》

---

〔1〕 [美]理查德·A.波斯纳:《法理学问题》,苏力译,中国政法大学出版社2002年版,第51页。

第338条没有明确规定污染环境罪的罪过形式的情况下，只有依据行为人对已经发生的“严重污染环境”之结果持有的具体心理态度，才能判定该罪的罪过形式到底是故意还是过失。可见，罪过形式的判断过程是一个规范与事实对接的过程，只有坚持“罪刑规范—构成事实”的罪过形式判断基准，才能判明诸如污染环境罪等罪过形式不明之罪的罪过形式。

其次，危害结果所具有的“规范—事实”的两面性，决定了在污染环境罪罪过形式的判断上应当坚持“罪刑规范—构成事实”的判断基准。在我国《刑法》总则中，对危害结果有3种表述，即“危害社会的结果”“损害结果”和“危害结果”，涉及4个刑法条文。《刑法》第14条第1款和第15条第1款采用的是“危害社会的结果”，第16条采用的是“损害结果”，第18条采用的是“危害结果”。第14条第1款规定：“明知自己的行为会发生危害社会的结果，并且希望或者放任这种结果发生，因而构成犯罪的，是故意犯罪。”第15条第1款规定：“应当预见自己的行为可能发生危害社会的结果，因为疏忽大意而没有预见，或者已经预见而轻信能够避免，以致发生这种结果的，是过失犯罪。”从文字表述来看，这两款中的“危害社会的结果”，显然既包括规范意义上的危害结果，也包括事实意义上的危害结果，具有“规范—事实”的两面性。《刑法》第16条规定：“行为在客观上虽然造成了损害结果，但是不是出于故意或者过失，而是由于不能抗拒或者不能预见的原因所引起的，不是犯罪。”从该条的语境来看，所谓“损害结果”恐怕主要是指事实意义上的损害结果。《刑法》第18条第1款规定：“精神病人在不能辨认或者不能控制自己行为的时候造成危害结果……”对于该条中的“危害结果”恐怕也不能仅仅从规范意义上去理解。既然刑法中的危害结果具有“规范—事实”的两面性，那么以危害结果为依据的罪过形式判断，就不能只看到危害结果之规范性的一面，而应当兼顾规范与事实的双重属性。相应地，在罪过形式的判断基准上不能仅坚持规范的视角，而应当坚持“规范—事实”的双重视角。

再次，我国刑法理论在解释一些犯罪现象时所坚持的“规范—事实”的双重视角，为提倡“罪刑规范—构成事实”的罪过判断基准提供了理论参考。在解释一些犯罪现象时，我国刑法理论采用的也是“规范—事实”的双重视角。例如，我国刑法理论把不作为犯分为真正不作为犯和不真正不作为犯。在解释真正不作为犯时采用的是规范的视角，认为真正不作为犯是指刑法明文规定的只能以不作为方式构成的犯罪;而在解释不真正不作犯时采取的则是事实的视角,认为不真正不作为犯是指通常以作为方式实施的犯罪,行为人以不作为的方式实施了的情形。再如,刑法理论把共同犯罪划分为必要共同犯罪与任意共同犯罪。在界定必要共同犯罪时采取的是规范的视角,认为必要共同犯罪是指刑法明文规定由两个以上具有刑事责任能力的人共同实施的犯罪;而在界定任意共同犯罪时采取的则是事实的视角,认为任意共同犯罪是指由一个人可以实施的犯罪,实践中由两个具有刑事责任能力的人共同实施了的情形。〔1〕这种情况表明,对刑法中的很多现象,如果只坚持规范的视角是无法解释清楚的,只有坚持“规范—事实”的双重视角才能得到较为充分的理解。在诸如污染环境罪等罪过形式不明之罪的罪过形式判断上,坚持“罪刑规范—构成事实”的判断基准,也体现了刑法理论在解释犯罪现象时所坚持的“规范—事实”的双重视角。

最后,在罪过形式的判断上提倡“罪刑规范—构成事实”的判断基准,有利于贯彻刑法的思考方式。刑法的思考方式是,以刑法的文义为出发点,并在文义的范围内进行实质的思考。但是,这种思考方式在我国并未得到较为彻底的贯彻。一方面,脱离刑法文义来解释问题的情况还不时出现。例如,《刑法》第14条第1款和第15条第1款明确规定了罪过形式的判断依据是“危害社会的结果”,但有的学者偏偏要把罪过形式的判断依据解释为危害行为,〔2〕或者抛开刑法明文规定的某一具体犯罪的危害结果,而依据该罪所侵害的法益来重新诠释危害结果,并以此作为罪过形式的判断依据,〔3〕人为地扩大了刑法的处罚范围。再如,无论从文理还是情理来看,《刑法》第236条第3款第5项“造成其他严重后果”都应当包含被害人被强奸后自杀身亡的情形。也就是说,基于对妇女的特殊保护,刑法在强奸罪的加重构成上承认了严格责任,但我国刑法理

〔1〕 参见高铭暄、马克昌主编:《刑法学》(第7版),北京大学出版社、高等教育出版社2016年版,第70页、第168页。

〔2〕 前述在污染环境罪罪过形式上持故意说的学者认为,污染环境罪的故意是行为人对违反国家规定排放、倾倒、处置危害物质的行为持有的故意,就属于这种情况。

〔3〕 参见刘艳红:《也论新刑法第397条的罪名与罪过》,载《法学评论》1999年第6期。

论硬是不承认严格责任。[1] 这种脱离刑法的文义来解释刑法的思考方式不仅大大削弱了刑法用语对认定犯罪的制约作用，而且致使刑法理论不是对刑法的解释，而是篡改刑法。另外，不结合事实，仅从理论层面进行解释和说明的情况还大量存在。例如，在解释故意杀人罪（既遂）与故意伤害罪（致人死亡）的区别上，我国刑法理论的通说认为两者区别的关键在于行为人对死亡结果持有的心理态度。如果行为人对死亡结果持有故意，则属于故意杀人罪；如果行为人对死亡结果持有过失，则属于故意伤害罪（致死）。[2] 依据这一理论，当行为人对死亡结果持有间接故意时，[3]恐怕只能得出故意杀人罪（既遂）的结论，但这显然不妥当。这种仅仅从构成要件出发进行逻辑建构，缺乏对具体事实情况类型化之后进行解释的做法，是我国刑法教科书在阐述此罪与彼罪的区别上的通例。从逻辑上来看，这种思考方式无懈可击，但当其运用于解决实际问题时则往往"捉襟见肘"。在污染环境罪罪过形式的解释上，当前的学说也是如此。所以，在诸如污染环境罪等罪过形式不明之罪的罪过形式判断上，提倡"罪刑规范—构成事实"的判断基准，既能够维护刑法规范的有效性，又不脱离犯罪构成事实，显然有利于贯彻刑法的思考方式。

由此可见，从污染环境罪罪过形式的判断基准来看，在罪过形式的判断上不能再囿于规范论的判断基准了，而应当提倡"罪刑规范—构成事实"的判断基准。只有如此，才能明确判定诸如污染环境罪等罪过形式不明之罪的罪过形式。在这个意义上，在判断罪过形式时依然应当贯彻单一罪过说。换言之，当刑法明确规定了某一犯罪的罪过形式时，在规范层面贯彻单一罪过说就可以了；当刑法没有明文规定某一犯罪的罪过形式，且根据规定该罪之《刑法》分则条文的文理和该罪的犯罪性质无法判明该罪的罪过形式时，则应当在事实层面贯彻单一罪过说。

---

〔1〕 在这一问题上，我国有的刑法教科书是自相矛盾的，一方面把强奸罪的罪过形式解释为故意；另一方面又把被害人自杀的情形解释为属于"造成其他严重后果"。参见黎宏：《刑法学各论》（第2版），法律出版社2016年版，第236页。

〔2〕 参见高铭暄、马克昌主编：《刑法学》（第7版），北京大学出版社、高等教育出版社2016年版，第461页。

〔3〕 例如，行为人砍掉了被害人的一只胳膊，明知如果得不到及时治疗就会因流血过多而死亡，但行为人放任了这种结果的发生，被害人最终因流血过多而死亡。

四、从污染环境罪的罪过形式看区分故意与过失

区分故意与过失,是责任主义的基本要求。在大陆法系国家,由于刑法典没有规定故意与过失的概念,所以区分故意与过失主要是刑法理论的任务。但是,除了故意与过失之外,刑法理论上还提出了独立于故意与过失之外的第三种罪过形式。例如,德国刑法理论起初把罪过分为故意与过失两大类,其中把故意分为目的、直接放任与可能放任3种,把过失分为有认识过失和无认识过失。后来,发现理论上区分可能放任与有认识过失非常困难且十分重要,故20世纪80年代中期把可能放任与有认识过失作为"第三类主观要件"进行研究。[1] 但是,从《德国刑法典》的规定来看,其坚持的依然是区分故意与过失的二分说。例如,在《德国刑法典》第二十九章规定的近10个危害环境的具体犯罪类型中,都区分了故意和过失,而且对故意犯的处罚重于过失犯。[2] 在我国,对故意和过失的区分主要来源于《刑法》的规定。完全可以说,正因为我国《刑法》第14条和第15条分别明确规定了故意和过失的概念及不同的处罚原则,致使刑法理论在区分故意与过失上更加彻底,并将这一理论贯穿于解释《刑法》分则规定的所有具体犯罪中。正因如此,在污染环境罪罪过形式的争论上,主要表现为故意说与过失说之争。

然而,以故意说或过失说为基本表现的严格区分故意与过失的理论,在运用于解释诸如污染环境罪等罪过形式不明之罪的罪过形式时,既无法从规范层面区分故意与过失,也使区分故意与过失在量刑上失去了实际意义。

由于我国《刑法》第338条没有明确规定污染环境罪的罪过形式,而且根据该条的文理及污染环境罪的性质也无法判明该罪的罪过形式到底属于故意还是过失,致使在规范层面根本无法区分该罪的罪过形式。这种无法区分故意与过失的犯罪,在《刑法》分则第二章"危害公共安全罪"、第三章"破坏社会主义市场经济秩序罪"和第九章"渎职罪"中都有分布:在危害公共安全罪中,如《刑法》第129条规定的丢失枪支不报罪、第132条规定的铁路运营安全事故

---

〔1〕 参见储槐植、杨书文:《复合罪过形式探析——刑法理论对现行刑法内含的新法律现象之解读》,载《法学研究》1999年第1期。

〔2〕 参见《德国刑法典》,徐久生、庄敬华译,中国法制出版社2000年版,第219~224页。

罪、第139条规定的消防责任事故罪等;在破坏社会主义市场经济秩序罪中,如《刑法》第141条至第148条规定的生产、销售假药罪,生产、销售劣药罪,生产、销售不符合安全标准的食品罪,生产、销售有毒、有害食品罪,生产、销售不符合标准的医用器材罪,生产、销售不符合安全标准的产品罪,生产、销售伪劣农药、兽药、化肥、种子罪,生产、销售不符合卫生标准的化妆品罪等。在渎职罪中,如《刑法》第397条规定的滥用职权罪和玩忽职守罪,第399条规定的执行判决、裁定滥用职权罪和执行判决、裁定失职罪,第403条规定的滥用管理公司、证券职权罪,第404条规定的徇私舞弊不征、少征税款罪,第405条规定的徇私舞弊发售发票、抵扣税款、出口退税罪和违法提供出口退税凭证罪,第408条规定的环境监管失职罪,第408条之一规定的食品监管渎职罪等。同时,应当看到,既然刑法没有明确区分这些犯罪的故意犯和过失犯,那么就意味着故意犯与过失犯适用同样的法定刑幅度。在这种情况下,区分故意与过失的理论在量刑上也就失去了实际意义。事实上,这种情况在《刑法》第398条和第432条的规定中体现得更为突出。《刑法》第398条第1款规定:"国家机关工作人员违反保守国家秘密法的规定,故意或者过失泄露国家秘密,情节严重的,处三年以下有期徒刑或者拘役;情节特别严重的,处三年以上七年以下有期徒刑。"从该款规定来看,虽然刑法明确规定了故意或者过失,但实际上这里的"故意或过失"只是起到了提示司法人员不能客观归罪的作用,[1]根本不具有排除故意或过失的功能。因为无论行为人对结果持有故意还是过失,都成立该条规定的犯罪。同时,故意泄露国家秘密罪与过失泄露国家秘密罪除了罪过形式不同之外,在行为方式、行为对象和危害结果上完全相同,而且共用一个法定刑幅度,这显然使区分故意与过失在量刑上完全失去了意义。《刑法》第432条第1款的规定亦如此。相应地,司法解释把《刑法》第398条第1款解释为规定了故意泄露国家秘密罪和过失泄露国家秘密罪,把《刑法》第432条第1款解释为规定了故意泄露军事秘密罪和过失泄露军事秘密罪,除了从形式上贯彻区分故意与过失的理论倾向之外,在量刑上没有任何实际意义。

---

〔1〕 事实上,在《刑法》第14条第1款和第15条第1款明确规定了故意和过失的概念,第16条又明确规定了没有故意或过失不构成犯罪的情况下,《刑法》第398条第1款和第432条第1款中的"故意或过失"的用语就纯属多余。

对于以上罪过形式不明的立法,我国刑法理论大多持批评态度,认为这种情况违反了罪责刑相适应原则、罪刑法定原则和主客观相统一原则,并主张应当通过修改立法来贯彻严格区分故意与过失。[1] 还有一种可能的做法是,虽然刑事立法上没有区分故意与过失,但完全可以或应当在刑事司法和刑法解释学上贯彻区分故意与过失的理论。换言之,即如果行为人对危害结果持有故意,那么就应当在法定刑幅度内选择较重的刑罚;如果行为人对危害结果持有过失,那么就应当在法定刑幅度内选择较轻的法定刑。笔者认为,这两种做法都存在问题。

首先,通过修改《刑法》来贯彻区分故意与过失的理论,不具有可行性。一个值得注意的现象是,1979 年《刑法》在泄露国家秘密罪上就属于罪过形式不明的立法;1997 年修订《刑法》时,不但没有限制,反而将这种立法方式广泛运用于《刑法》分则中。这种情况表明,罪过形式不明的立法是立法者有意为之。之所以出现这种情况,主要是因为:其一,如果明确规定罪过形式属于故意或过失,就会放纵犯罪,刑法的法益保护目的就无法充分实现。如前文指出,如果《刑法》明确规定污染环境罪的罪过形式是故意,那么过失致使严重污染环境的行为就得不到惩罚;如果明确规定该罪的罪过形式是过失,那么就会放纵部分故意造成严重污染环境的行为。[2] 所以,如果要求立法者明确规定该罪的罪过形式属于故意或过失,那么就无法有效遏制环境污染犯罪。其二,在有些犯罪中,故意与过失(特别是间接故意与过于自信的过失)很难区分。虽然我国《刑法》总则明确规定了故意与过失的概念,似乎表明故意与过失有严格区别。但在有些情况下,不论从规范层面还是事实层面来看,故意与过失是很难区分甚至无法区分的。例如,根据《刑法》第 397 条的规定,国家机关工作人员滥用职权或者玩忽职守,致使公共财产、国家和人民利益遭受重大损失的,成立滥用职权罪或者玩忽职守罪。对于"致使公共财产、国家和人民利益遭受重大损失"这一结果,行为人的主观心态完全可能是过于自信的过失,也完全可能

---

〔1〕 参见皮勇、王刚:《我国刑法中"兼有型罪过"立法问题研究》,载《法商研究》2014 年第 2 期。

〔2〕 根据《刑法》第 338 条的规定,污染环境罪的结果是"严重污染环境",包括侵犯人身法益或财产法益的严重污染环境和未侵犯人身法益或财产法益的严重污染环境。如果把污染环境罪解释为过失犯,可以把故意造成第一种结果的行为解释为其他故意犯罪(如投放危险物质罪),但无法把造成第二种结果的行为解释为任何故意犯罪。

是间接故意,而且很难查清属于故意还是过失。在这种情况下,从立法上要求区分故意与过失实为强人所难。其三,更为重要的是,对于有些犯罪,刑法注重惩罚的是客观危害结果,而非主观罪过。例如,就环境污染犯罪而言,美国采用严格责任,[1]德国虽然坚持责任主义,而且在立法上区分了污染环境罪的故意与过失,但却把故意和过失纳入同一个罪名中,而且法定刑幅度差别不大。[2]可见,在环境污染犯罪的刑事立法上,立法者注重惩罚结果,而非行为人的主观罪过,即使在坚持责任主义的国家,责任主义主要在有无责任上发挥作用,而非严格运用于区分故意与过失。之所以出现这种情况,是由污染环境罪之危害结果的不可逆转性以及惩罚环境污染犯罪之公共政策的需求所决定的。由此看来,立法者是明智的,立法者针对现实需要而制定的法律应当得到刑法理论的尊重;而且刑法理论应当根据立法的发展作出适当的调整,而不要动辄依据建构的理论来批判立法,表现在刑法学研究方式上,就是应当坚持演绎与归纳并重。

其次,通过刑事司法和刑法解释学来贯彻区分故意与过失的理论,也不符合立法原意。例如,如果立法者认为应当区别对待故意造成"严重污染环境"之结果的行为和过失造成"严重污染环境"之结果的行为,那么其完全可以针对这两种行为设立轻重不同的刑罚,但立法者没有这样做。这足以表明,在立法者看来,就诸如污染环境罪等罪过形式不明的犯罪而言,只依据危害结果量刑即可,而无须考虑罪过形式。再如,在《刑法》对故意泄露国家秘密罪与过失泄露国家秘密罪规定了完全相同的行为方式、行为对象、危害结果以及相同的法定刑幅度的情况下,坚持对故意泄露国家秘密罪的处罚重于过失泄露国家秘密罪,恐怕也不符合立法原意。一个显而易见的理由是,如果立法者认为故意泄露国家秘密罪重于过失泄露国家秘密罪,为什么不针对这两种情形设立轻重不同的刑罚幅度呢?

---

〔1〕 参见赵秉志主编:《英美刑法学》,中国人民大学出版社2004年版,第51页。

〔2〕 例如,《德国刑法典》第324条第1款规定,未经许可污染水域或对其品质作不利改变的,处5年以下自由刑或罚金;第3款规定,过失犯本罪的,处3年以下自由刑或罚金。这种立法模式也运用于污染土地罪,空气污染罪,造成噪声、震动和非放射性罪,未经许可的垃圾处理罪,未经许可开动核设施罪,未经许可的放射性物质及其他危险物品的交易罪,侵害保护区罪等具体犯罪类型中。参见《德国刑法典》,徐久生、庄敬华译,中国法制出版社2000年版,第219~224页。

由上可见，作为责任主义之主要表现的严格区分故意与过失的罪过理论，已经不能充分解释刑法分则中罪过形式不明的立法了；而且随着刑法分则中罪过形式不明之立法的逐渐增多，不得不承认“刑法以处罚故意犯罪为原则，以处罚过失犯罪为例外”的原则出现了例外。

五、结语

自《刑法修正案(八)》颁布实施以来，关于污染环境罪的罪过形式，虽然有学者提出了复杂罪过说，但争论主要发生于过失说与故意说之间。从理论脉络来看，过失说在很大程度上延续了重大环境污染事故罪的传统，故意说主要是贯彻“刑法以处罚故意犯罪为原则，以处罚过失犯罪为例外”的原理、行为无价值论以及《刑法》第15条第2款“过失犯罪，法律有规定的才负刑事责任”之规定的逻辑结果。然而，无论过失说还是故意说，其致命的缺陷均在于没有忠实于《刑法》第338条的文义。与此相比，复杂罪过说虽然严格贯彻了文义解释，但还是无法判定污染环境罪的罪过形式到底是故意还是过失。

导致有关污染环境罪罪过形式的各种学说无法判明污染环境罪罪过形式的根本原因，在于各种学说在罪过形式的判断上坚持了规范论的判断基准。这一罪过形式判断基准，既不符合刑法解释和罪过形式判断的基本性质，也与刑法中的“危害结果”和刑法理论在解释一些刑法问题时所坚持的“规范—事实”的双重视角不对榫，同时也不利于贯彻刑法的思考方式。与此不同，“罪刑规范—构成事实”的罪过形式判断基准恰恰符合这些要求，而且在诸如污染环境罪等罪过形式不明之罪的罪过形式判断上较为彻底，故应当得到提倡与贯彻。

刑法理论坚持严格区分故意与过失的理由在于故意和过失分别反映了不同的主观恶性，区分的目的在于对故意犯的处罚明显重于过失犯。但是，从诸如污染环境罪等罪过形式不明之罪的罪刑设置和仅仅罪过形式不同而行为方式、行为对象、危害结果以及法定刑幅度完全相同的犯罪来看，区分故意与过失的理论在量刑上已经出现了例外。这种例外，不仅是区分故意与过失的例外，也是责任主义的一种例外。

贪污罪数额规定修改之利弊分析

为了贯彻党中央严惩腐败犯罪的刑事政策,2015 年 8 月 29 日颁布并于同年 10 月 1 日起实施的我国《刑法修正案(九)》对贪污罪的成立标准进行了重大修改。修改之前,贪污罪的成立标准基本上属于数额标准,[1]而且明确规定了犯罪成立和适用加重法定刑的数额标准;修改之后,贪污罪的成立标准可在数额与情节之间进行选择,而且数额由原来的具体数额变为抽象数额。[2] 这一修改一经颁布,就引起了极大的社会反响,有人认为其放宽了贪污罪的成立标准,有人主张其更有利于惩治贪污犯罪,有人又声称其不利于刑法明确性原则的贯彻等。那么,《刑法修正案(九)》对贪污罪数额规定的修改之利表现在哪里?修改之弊又表现在哪里?到底是利大于弊还是弊大于利?对于这一问题,应当从刑法的基本价值、基本原则、贪污腐败犯罪的有效治理等方面来进行理性分析。

一、贪污罪数额规定之修改内容与修改目的

(一)贪污罪数额规定之修改内容

根据原《刑法》第 383 条第 1 款第 3 项和第 4 项的规定,贪污罪成立的首要标准是贪污数额 5000 元以上,贪污数额不满 5000 元但情节较重的,也成立贪污罪。根据该款第 2 项和第 1 项的规定,适用贪污罪加重法定刑的标准包括两个层次:第一个层次是贪污罪成立标准之外的两种适用加重法定刑的标准,即

---

〔1〕 之所以说修改之前贪污罪的成立标准基本上属于数额标准,是因为在原《刑法》第 383 条第 1 款规定的贪污罪的 4 种情形中,前 3 种情形属于纯粹的数额犯,而第四种情形属于情节犯。

〔2〕 本文所说的具体数额并非指特定的某一个数字,而是指明确规定了犯罪成立和加重法定刑适用的数额标准,如"5000 元以上,处……"而抽象数额是指在犯罪成立和加重法定刑适用上没有规定具体数额的情形,如"数额较大""数额巨大""数额特别巨大"等。

贪污数额在5万元以上不满10万元和贪污数额在10万元以上；第二个层次是原《刑法》第383条第1款第1项、第2项和第3项规定的内部的适用加重法定刑的标准，即在依据贪污数额成立犯罪或加重法定刑的基础上加重处罚或者再加重处罚的适用标准，主要是指情节严重和情节特别严重的情形。由此来看，贪污罪在修改之前基本上属于具体数额犯，[1]不仅在犯罪的成立上以具体贪污数额为主要判断标准，而且在加重法定刑的适用上主要以具体的贪污数额为标准。进言之，在贪污罪的成立上坚持的是“以数额为主，情节为辅”的判断标准，在加重法定刑的适用上坚持的是“先数额，后情节”的判断标准。

《刑法修正案（九）》对贪污罪的数额规定进行了两个层面的修改：其一，把过去的“以数额为主，情节为辅”的犯罪成立标准和“先数额，后情节”的加重法定刑适用标准修改为“数额与情节并重”的犯罪成立标准和加重法定刑适用标准，实现了犯罪成立标准与加重法定刑适用标准的统一。其二，把以往的具体数额修改为抽象数额，即把过去的具体数额修改为“贪污数额……大”，包括“贪污数额较大”“贪污数额巨大”和“贪污数额特别巨大”。[2] “贪污数额较大”是贪污罪的成立标准，“贪污数额巨大”和“贪污数额特别巨大”是贪污罪的两个加重法定刑适用标准。可见，经《刑法修正案（九）》修改后，贪污罪的成立标准由过去的“以数额为主，情节为辅”转变为“数额与情节并重”；加重法定刑的适用标准也由过去的“先数额，后情节”转变为“数额与情节并重”。而且从修改后的《刑法》第383条第1款中“贪污数额……大或者有其他……情节”的表述来看，贪污罪属于情节犯。但是，从贪污罪的性质及实际情况来看，贪污罪的成立标准和加重法定刑适用标准主要是贪污数额，所以修改后的贪污罪主要还是数额犯。由于把具体的数额修改为抽象的数额，所以修改之后的贪污罪主要属于抽象数额犯。[3]

---

〔1〕 数额犯是指以行为人获得一定数额的金钱或者财物为成立犯罪既遂之条件的犯罪，其成立标准是刑法规定的数额。我国刑法分则规定的数额犯的数额包括具体数额和抽象数额两类，据此可将数额犯分为具体的数额犯和抽象的数额犯，前者如修改之前的贪污罪，后者如侵占罪、诈骗罪、抢夺罪等财产犯罪。

〔2〕 相应地，可把贪污罪中的情节概括为“有其他……情节”，包括“有其他较重情节”“有其他严重情节”和“有其他特别严重情节”。

〔3〕 这种情况也在最高人民法院和最高人民检察院于2016年4月18日发布的《关于办理贪污贿赂刑事案件适用法律若干问题的解释》中得到了印证。根据该解释第1条第2款、第2条第2款和第3条第2款的规定，“其他较重情节”“其他严重情节”和“其他特别严重情节”分别以“贪污数额较大”的一半、“贪污数额巨大”的一半和“贪污数额特别巨大”的一半为基础。

(二)贪污罪数额规定之修改目的

关于立法者修改贪污罪数额规定的目的,可能会存在多种看法。笔者认为,对于这一立法的目的应当结合当前的社会背景来解释。

首先,修改贪污罪的数额规定是为了贯彻国家治理体系和治理能力法治化。国家治理体系和治理能力法治化是全面推行依法治国的重要内容,也可以说是核心内容。在我国当前,贪污腐败犯罪已蔓延到社会生活的各个层面,引起了广泛而强烈的社会不满,并成为滋生其他犯罪的重要因素,严重制约了我国经济社会的发展。在这种情况下,能否严惩贪污腐败犯罪,对执政党治理国家的能力提出了严峻考验。同时应当注意到,严惩贪污腐败犯罪意味着对国家公权力的行使。在依法治国的时代,国家公权力必须在法治的轨道上运行,即"把权力关进制度的笼子里"。可见,正是为了贯彻国家治理体系和治理能力法治化,才促使立法者对贪污罪的规定进行修改。在这个意义上,《刑法修正案(九)》修改贪污罪数额规定的最终目的不是惩罚犯罪,而是推行罪刑法定原则,[1]是在刑法领域推行法治的重要体现。

其次,修改贪污罪的数额规定是为了落实严惩贪污腐败犯罪的刑事政策。在当前正处于剧烈社会转型期的我国,各种犯罪层出不穷,严重困扰我国经济社会发展的犯罪主要有环境污染犯罪、食品安全犯罪、恐怖主义犯罪、贪腐犯罪等。其中,贪污腐败犯罪如果得不到有效治理,则会导致亡党亡国的严重后果,所以属于最为严重的犯罪。而且环境污染犯罪、食品安全犯罪、极端主义犯罪等犯罪现象的发生都与贪污腐败犯罪有关。[2] 所以,严惩腐败犯罪是目前党和国家的重要刑事政策。但是,在刑事政策的执行过程中不能再依照盛行已久的"政策是法的灵魂"这一指导思想来处理刑事政策与刑法的关系,而应当依

---

〔1〕 事实上,惩罚犯罪和保护社会不应当是刑法的目的,而是刑事政策的目的。因为没有刑法也完全可以惩罚犯罪,而且没有刑法的制约,惩罚犯罪可谓更加得心应手。正如我国台湾学者所指出的,确立刑罚权的要求,和对于法治国家的要求一样,是来自于弱势的被统治者的愿望,这也是人类一开始想要制定刑法的动机之所在。质言之,人类想要有刑法,不是要创设刑罚,而是要限制刑罚。因为,统治者的刑罚本来就已经存在了。因而,刑法的直接目的在于罪刑法定。参见黄荣坚:《基础刑法学》(上),中国人民大学出版社 2009 年版,第 7~8 页。

〔2〕 例如,环境污染犯罪的发生固然与合法排污有关,但环保部门基于自我腐败或连带性腐败而在企业审批和生产中的监督不力,恐怕是导致环境污染犯罪频发的主要原因。再如,2016 年 1 月 5 日发生在宁夏回族自治区银川市的马某公交纵火案是一起极端主义犯罪,但这一犯罪案件的发生显然是由当地政府基于腐败或渎职对本地支付劳动报酬情况的不监督或者监督不力而引发的。

照"刑法是刑事政策不可逾越的鸿沟"这一思想来处理刑事政策与刑法的关系。如此一来,刑事政策只有在刑法化之后才能得到较为彻底的贯彻。相应地,只有通过修改贪污罪的《刑法》规定,才能落实严惩贪污腐败的刑事政策。在这个意义上,修改贪污罪的数额规定是立法者为了执行严惩腐败犯罪的刑事政策而不得已为之,也是法治思维的一种体现。

再次,修改贪污罪的数额规定是为了摆脱贪污罪定罪中面临的困境。从当前贪污腐败犯罪的治理情况来看,在贪污罪的定罪上面临的困境主要是有罪不罚的现象还大面积存在。一方面,在党中央厉行严惩腐败的新形势下,冥顽不化和顶风作案的还大有人在。另一方面,基层社会的贪污腐败问题还远没有得到有效治理。有的当选村干部前后判若两重天的现象,依然是基层社会中人们"既向往又痛恨"的社会现象,也是基层社会治理的一道难题。这两种现象都与贪污罪的数额规定有关。其中,贪污罪有罪不罚的现象固然主要是因为监督不力所导致的,但随着人们生活水平的提高和人民币购买力的下降,贪污几万元甚至十几万元在很多地方成为了在实质上不具有可罚性的基本观念,正是这种观念导致贪污罪的刑法规定形同虚设。也正是这种困境的出现,促使司法者向立法机关提出了修改贪污罪相关规定的意见,促使立法者对贪污罪的数额规定进行修改。

最后,修改贪污罪的数额规定是为了解决贪污罪量刑中面临的新问题。根据原《刑法》第383条第1款第1项的规定,个人贪污数额在10万元以上的,处10年以上有期徒刑或者无期徒刑,可以并处没收财产;情节特别严重的,处死刑,并处没收财产。但是,从近年来发生的贪污案件来看,大部分案件中的贪污数额少则几百万,多则上千万乃至上亿,不仅大官巨贪,而且小官巨贪,远远超过了《刑法》规定的数额。面对这种贪污腐败案件,司法者将会面临如下问题:既然贪污数额超过10万元且情节严重的就必须判处死刑,那么贪污数额达到百万元或者千万元但情节不严重的该怎么判?贪污数额达到百万元或者千万元且情节严重的该怎么判?贪污数额达到百万元或者千万元本身算不算情节严重?换言之,面对新的贪污腐败问题,如何实现罪刑相适应原则?正是这些问题的出现,促使立法者对贪污罪数额规定进行了修改。

综上所述,立法者对贪污罪数额规定的修改是非常重大的,不仅改变了贪污罪的认定和处罚标准,而且改变了贪污罪认定和处罚的思维方式。这次修改是在严惩贪污腐败犯罪和全面推行依法治国的背景下，为了解决贪污罪认定和处罚中的困境而作出的修改。但是，这种修改是否成功？其“利”的一面表现在哪里？其“弊”的一面又表现在哪里？这还值得进一步研究。

二、贪污罪数额规定修改之利

(一)贪污罪认定和处罚中“唯数额论”的局限性之克服

虽然根据修改前的《刑法》第383条的规定，在贪污罪的认定和处罚上把“情节较重”作为犯罪成立的标准之一，也把“情节严重”和“情节特别严重”作为适用加重法定刑的标准。但从立法上来看，“情节较重”属于贪污罪成立的次要标准，“情节严重”和“情节特别严重”也是适用加重法定刑的次要标准；从司法上来看，在人们的生活水平普遍提高且人民币的购买力严重下降的现实情况下，“情节较重”在判断贪污罪的成立上所起的作用是微乎其微的。[1] 根据修改前的《刑法》第383条第1款的规定，“情节严重”和“情节特别严重”是适用加重法定刑的依据，但如果没有相应的贪污数额，情节也不会起作用。例如，根据该款第1项的规定，个人贪污数额在10万元以上的，处10年以上有期徒刑或者无期徒刑，可以并处没收财产；情节特别严重，则处死刑，并处没收财产；根据第2项的规定，个人贪污数额在5万元以上不满10万元的，处5年以上有期徒刑，可以并处没收财产；情节特别严重的，处无期徒刑，并处没收财产。但是，如果行为人贪污数额在5万元以上不满10万元且情节特别严重，则只能判处无期徒刑，无论如何也不能判处死刑。所以，根据修改前的《刑法》第383条的规定，在贪污罪的认定和处罚上根本无法避免“唯数额论”。[2]

“唯数额论”有其合理的一面，即有利于贯彻处罚的确定性。根据修改前的《刑法》第383条的规定，贪污罪的刑罚幅度较为复杂，可以从两个层次来分

---

[1] 根据修改前的《刑法》第383条第1款第4项的规定，贪污罪成立意义上的“情节较重”是与“个人贪污数额不满5000元”绑定在一起的，而且从刑罚配置来看，属于典型的轻罪。从实际情况来看，既然对贪污数额5000元以上不满5万元的都很难定罪处罚，那么把贪污数额不满5000元但情节较重的情形认定为贪污罪的可能性则极小。

[2] 本文所说的“唯数额论”不仅是指刑法规定以数额来决定犯罪的成立和加重法定刑的适用，而且数额本身是绝对确定的，没有向社会生活开放。

析:第一个层次是基本犯罪的法定刑幅度,包括 10 年以上有期徒刑或者无期徒刑、5 年以上有期徒刑和 1 年以上 7 年以下有期徒刑或 2 年以下有期徒刑或者拘役 3 个幅度,同时规定可以并处没收财产(贪污数额不满 5000 元但情节较重的情形除外);第二个层次是加重的法定刑幅度,即因情节特别严重和情节严重而形成的加重的刑罚幅度,包括死刑、无期徒刑、7 年以上 10 年以上有期徒刑 3 个幅度,同时规定并处没收财产(贪污数额在 5000 元以上不满 5 万元且情节严重的除外)。其中,在第二个层次的刑罚幅度中,第一个幅度(死刑)和第二个幅度(无期徒刑)属于绝对确定的法定刑。[1] 根据《刑法》第 59 条第 1 款的规定,没收财产要么没收犯罪分子个人所有财产的一部,要么没收犯罪分子个人所有财产的全部。由此来看,这样的刑罚幅度显然具有较强的可操作性,为司法权的行使提供了有效制约。但是,从犯罪治理的视角来看,"唯数额论"的局限性也是极为明显的,同时也彰显了《刑法修正案(九)》对贪污罪数额规定修改之"利"的一面。

其一,"唯数额论"的犯罪成立和加重法定刑适用标准显然忽视了贪污腐败犯罪治理中的其他因素。贪污罪的行为对象虽然限于公共财产,但其侵犯的法益绝非仅限于公共财产权,而且还包括职务行为的廉洁性。就其危害后果而言,也仅不限于公共财产损失,而且还包括因贪污而导致的人民的生命财产损失和国家形象的严重受损。所以,在贪污罪的成立标准上仅限于数额显然有失偏颇。而且在有些情况下,与贪污数额相比,其他严重情节的危害性更为严重。例如,在贪污救灾款的场合,因救灾款不到位而导致灾民无法获得救助的严重情节,显然要比贪污数额本身严重得多。再如,在贪污救济款的场合,因救济款不到位而导致被救济对象无法获得救济进而陷入受冻挨饿的严重情节,显然也要比贪污数额本身严重得多。所以,修改前的《刑法》第 383 条把"情节较重"作为贪污罪入罪的次要根据是不妥当的,把"情节严重"和"情节特别严重"作

---

〔1〕 我国刑法理论把刑法针对某种情形仅规定了死刑的情形认为属于绝对确定的法定刑。但问题是,我国刑法中的死刑包括死刑立即执行和死刑缓期二年执行。而且根据《刑法》第 50 条第 1 款的规定,判处死刑缓期执行的,在死刑缓期执行期间如果没有故意犯罪,二年期满以后减为无期徒刑;如果故意犯罪且情节恶劣的,报请最高人民法院核准后执行死刑。所以,死刑缓期二年执行基本上不可能被执行死刑,属于生刑,而死刑立即执行才属于真正意义上的死刑。由此来看,死刑立即执行与死刑缓期二年执行从表面上来看是死刑的两种不同执行方法,实质上却是两种刑罚方法。

为适用加重法定刑的次要根据也是不合理的。《刑法修正案(九)》在原《刑法》第383条规定的基础上,提升了数额之外的情节在贪污罪成立和加重法定刑适用标准上的地位,使其与贪污数额处于同等地位,克服了贪污罪在定罪与处罚上"唯数额论"的局限。

其二,"唯数额论"的犯罪成立和加重法定刑适用标准过于机械,无法适应开放的社会生活。根据修改前的《刑法》第383条的规定,贪污罪的法定刑可分为两类:一是相对确定的法定刑,包括犯罪成立意义上的法定刑和基本的加重法定刑;二是绝对确定的法定刑,即在基本的加重法定刑基础上的再次加重法定刑。其中,就相对确定的法定刑而言,其适用依据是相对确定的贪污数额,"唯数额论"的机械性正是体现于此,实践中主要表现为数额规定的滞后性,无法随着社会的发展变化而变化。例如,1997年修订刑法时确定贪污数额在10万元以上的,最高就可以判处无期徒刑,而且情节特别严重的就应当判处死刑。这一规定一直适用到2015年10月1日《刑法修正案(九)》施行前。众所周知,从1997年10月1日至2015年10月1日的18年,我国的社会生活发生了很大变化,国家的经济实力得到了很大提升,人民的生活水平得到了很大的提高。在这种情况下,依然以1997年确定的数额为依据对贪污罪进行处罚,显然滞后于社会的发展。经《刑法修正案(九)》修改后,克服了贪污罪数额规定的机械性,使其向社会生活开放。

(二)有助于实现贪污腐败犯罪的区域化治理

犯罪的区域化治理是犯罪治理的国际通例,不论在联邦制国家还是单一制国家,犯罪的区域化治理是犯罪治理的常态,由此形成了区域刑事法治。[1] 无论从历史还是现实来看,我国的犯罪治理也是区域化的。具体表现为不仅中国内地、我国香港特别行政区、澳门特别行政区、台湾地区在犯罪治理的依据上存在区域性差异,[2] 而且在内地,少数民族地区的犯罪治理与其他地区的犯罪治

---

[1] 参见苏永生:《区域刑事法治的经验与逻辑》,人民出版社2013年版,第9页以下。

[2] 从犯罪的刑法治理机制而言,我国犯罪治理的依据是在我国内地统一适用的我国《刑法》及单行刑法,香港特别行政区犯罪治理的依据是具有英国刑法传统的香港特别行政区刑法,澳门特别行政区犯罪治理的依据是具有葡萄牙传统的《澳门刑法典》及特别刑法,台湾地区犯罪治理的依据是具有大陆法系传统(侧重于德国传统)的台湾地区"刑法"。

理之间也存在较大差异。[1] 犯罪的区域化治理来自一国各地之间在政治、经济、文化等社会事实上的差异性。换言之,政治、经济、文化等社会事实构成了犯罪发生的社会环境,因而不同地区间社会事实的差异决定了犯罪治理方式的差异。例如,在政治生态比较好的地区,贪污腐败犯罪的发生概率要比政治生态不好的地区低,因而在该类治理上的成本投入就相对要少。正因如此,有学者在20世纪80年代就指出,犯罪只不过是文化的一个侧面,并且因为文化的变化而发展变化。它是依据集体的一般变化而出现的,它既不是一个离体的脓包,也不是寄生的肿瘤,它是一个有机体,是文化的产物。因而,如果不懂得发生犯罪的文化背景,我们也不懂得犯罪。换言之,犯罪问题只能以文化来充分解释。[2] 可见,犯罪的区域化治理,是基于政治、经济、文化等社会事实的差异而不得已采取的一种治理方式,也是一种有效的治理。

修改前的《刑法》第383条规定了在全国统一适用的贪污罪的数额标准,其后果是必然导致无法针对不同地域在政治、经济、文化等社会事实上的差异来治理贪污腐败犯罪,难以实现对该类犯罪的有效治理。例如,对经济发达的东南沿海地区的贪污罪和经济发展相对落后的西部偏远地区的贪污罪采取相同的数额标准来确定刑罚幅度,虽然从形式上来看有利于实现法制统一和形式正义,但距离实质正义的距离则比较遥远。[3] 这种明显倾向于形式正义的治理方式,显然会使实质正义落空,致使无法实现对贪污腐败犯罪的有效治理。经《刑法修正案(九)》修改后,贪污罪的数额向实质正义迈进了一大步。具体而言,对于修改后的《刑法》第383条中的"数额较大""数额巨大"和"数额特别巨大",司法者可以根据不同地区的经济发展程度作出不同的解释。这种解释是实质正义向度上的解释,因为"形式指的是法律内在的东西,实质指的是法律的外部世界,就像形式正义和实质正义的差别一样"。[4] 所以,这种解释

---

〔1〕 历史上,少数民族地区的犯罪治理与其他地区的犯罪治理之间的差异以制定法的形式表现出来。当前,这种差异主要表现为:在少数民族地区的犯罪治理中,治理者虽然企图仅仅依据国家制定法来治理犯罪,但民族习惯法在该地区犯罪的治理中始终发挥着重要作用,很多刑事案件的解决是国家制定法与民族习惯法妥协的结果。这种差异性同时表明少数民族地区的犯罪治理具有区域性。

〔2〕 严景耀:《中国的犯罪问题与社会变迁的关系》,吴祯译,北京大学出版社1986年版,第3页。

〔3〕 为了从贪污罪的数额规定上实现实质正义,必须针对不同地区的经济状况作出不同的数额规定。笔者的基本思路是,应当像解释盗窃罪的"数额较大""数额巨大"和"数额特别巨大"一样,在贪污罪数额的规定上不仅应当有幅度,而且应当有地区差异。

〔4〕 [美]理查德·A. 波斯纳:《法理学问题》,苏力译,中国政法大学出版社2002年版,第51页。

实现的是实质正义。这种解释是针对不同地区的经济发展程度作出的解释，因而依据这种解释的治理是区域化治理，是较为有效的治理。

（三）有利于个别正义的实现

正义是法的基本价值，而且正义从来都是由一般正义和个别正义组成的；换言之，仅依凭一般正义或个别正义来建构的法律制度，从来都无法实现正义的价值目标。正义的这种结构贯穿于刑罚权的始终。制刑权以一般正义为价值导向，量刑权以个别正义为价值导向，行刑权则以更为个别的正义为导向。正义的这种结构也贯穿于阶层式犯罪成立体系当中。在构成要件符合性判断阶段，坚持的显然主要是一般正义，而在违法性判断和有责性判断中坚持的则主要是个别正义，即针对不同的犯罪行为及结果与行为人的人身及心理特点作出个别判断。不仅如此，个别正义也随着构成要件的实质化渗入构成要件符合性判断当中。由此可见，在刑法领域，个别正义无处不在，正如一般正义无处不在一样。历史也一再表明，有效的犯罪治理方式应当是兼顾一般正义与个别正义的犯罪治理方式。"历史上，有些君主曾希望通过制定'理性的法律'来改变一个民族'落后的习俗'，但他发现，'理性的法律'一经实施，最终还是'落后的习俗'改变了'理性的法律'。"[1] 正因如此，中国历史上的中央政府对边疆地区犯罪的治理大都采取了双轨制，即一方面统一适用在全国范围内具有普遍效力的刑法；另一方面也根据当地区民族的历史文化制定出具有区域性的特别刑法。这是用一般正义与个别正义相结合的方式来治理犯罪的历史表现，被实践证明是一种有效的治理。

但是，修改前的《刑法》第 383 条在贪污罪数额的规定上采用全国统一的标准，显然只是考虑到了一般正义，没有顾及个别正义。《刑法修正案（九）》把贪污罪由具体数额犯修改为抽象数额犯，无疑是为了满足贪污罪处罚中对个别正义的需求，为通过司法实现贪污罪处罚上的个别正义留下了空间，实现了一般正义与个别正义的结合。根据修改后的《刑法》第 383 条的规定，贪污罪没有统一的数额标准，因而司法者可以依据当地政治、经济、文化的发展程度对贪污罪的数额作出具有相对统一性的解释。这种解释具有地方性，因而有助于实现个别正义，进而实现对贪污腐败犯罪的有效治理。

---

〔1〕 尹伊君：《社会变迁的法律解释》，商务印书馆 2003 年版，第 116 页。

三、贪污罪数额规定修改之弊

然而,《刑法修正案(九)》对贪污罪数额规定的修改并非无懈可击,甚至还出现了一系列令人担忧的问题。

(一)刑法的明确性在贪污罪的规定上丧失殆尽

在我国刑法理论对刑法的明确性原则的解释中,当前最深入的解释是将刑法的明确性解释为罪刑法定原则之实质侧面的一个派生原则,并且认为刑法的明确性是指规定罪状的刑法条文必须清楚明确,使人能确切了解违法行为的内容,准确地确定犯罪行为与非犯罪行为的界限,以保障该规范没有明文规定的行为不会成为该规范适用的对象。〔1〕 另外,为了强调明确性原则的重要性,有人指出"明确"与"明文"不是同一个概念,即明文并不意味着明确。但在本文看来,"明文"即"明确的文字",与"明确"之间没有实质的区别。事实上,无论从罪刑法定原则的历史发展来看,还是从法益的抽象化来看,明确性原则显然已成为罪刑法定原则的核心内容。例如,德国学者从法益抽象化的角度指出:"虽然'环境'这个概念(与'公共秩序'或者'道德'一样)太含糊,难以作为独立的法益适用,但是,'保持土地、空气和水等的洁净,使之免受使环境承受负担的有害物质的侵害',就绝对足够具体了。因此,大量与环境有关的法益必须进行塑造,并且每一种法益都必须准确地加以描述。"〔2〕由此来看,随着法益的抽象化,依靠法益的具体化来实现罪刑法定原则面临着困境,罪刑法定原则的实现机制必然转向刑法的明确性。2011 年 9 月 15 日至 19 日在德国维尔茨堡召开的"中德刑法解释语境下的罪刑法定原则"的国际学术研讨会上,中德刑法学者一致认为,现代罪刑法定原则的核心内容是刑法的明确性。〔3〕 由此

〔1〕 参见张明楷:《刑法学》(第 4 版),法律出版社 2011 年版,第 59 页。

〔2〕 [德]克劳斯·罗克辛:《德国刑法学总论》(第 1 卷),王世洲译,法律出版社 2005 年版,第 18 页。

〔3〕 例如,在我国,陈兴良教授指出,空白罪状、罪量要素和兜底条款大量存在使中国刑法的明确性大打折扣,特别是兜底条款在司法适用中往往存在争议,是中国刑法的罪刑法定原则的软肋。参见陈兴良:《中国刑法中的明确性问题——以〈刑法〉第 225 条第 4 项为例的分析》,载梁根林、[德]埃里克·希尔根多夫主编:《中德刑法学者的对话:罪刑法定与刑法解释》,北京大学出版社 2013 年版,第 15 ~ 22 页。在德国,许迺曼教授就将明确性要求视为罪刑法定原则最大的软肋。参见[德]克劳斯·罗克辛:《德国刑法中的法律明确性原则》,黄笑岩译,载梁根林、[德]埃里克·希尔根多夫主编:《中德刑法学者的对话:罪刑法定与刑法解释》,北京大学出版社 2013 年版,第 46 页。

来看,法治在刑法领域集中体现为罪刑法定原则将集中于对刑法的明确性原则的贯彻上。

然而,在《刑法修正案(九)》把贪污罪由具体数额犯修改为抽象数额犯之后,致使刑法的明确性在贪污罪的规定上丧失殆尽。《刑法》对贪污罪的规定本来基本上是明确的。根据修改前的相关规定,判定是否成立贪污罪应当分两步走:第一步是判定行为人是否实施了《刑法》第382条规定的贪污行为,即利用职务上的便利,侵吞、窃取、骗取或者以其他手段非法占有公共财物的行为;第二步是判定贪污数额是否已经达到5000元以上或者贪污数额虽未达到5000元以上但情节较重。在是否适用加重法定刑的判定上,应当分两个层次。第一个层次是,看行为人的贪污数额是否达到5万元以上或10万元以上。如果贪污数额达到5万元以上或10万元以上,则分别适用“5年以上有期徒刑,可以并处没收财产”和“10年以上有期徒刑或者无期徒刑,可以并处没收财产”的加重法定刑。第二个层次是,在达到一定贪污数额的基础上看行为人的行为是否情节严重或者情节特别严重。如果情节严重,则适用“7年以上10年以下有期徒刑”的加重法定刑;如果贪污数额在5万元以上不满10万元且情节特别严重,则适用“无期徒刑,并处没收财产”的加重法定刑;如果贪污数额在10万元以上且情节特别严重,则适用“死刑,并处没收财产”的加重法定刑。可见,从刑法对贪污数额的规定及刑罚配置来看,刑法对贪污罪的规定是相当明确的,其不明确之处仅在于“情节较重”“情节严重”“情节特别严重”等用语上。但如前文指出,情节在修改前的贪污罪的司法判定上只起到辅助作用,所以总的来看,修改之前的《刑法》第382条和第383条对贪污罪的规定基本上是明确的。

但是,在《刑法修正案(九)》把贪污罪的数额规定修改之后,则完全破坏了刑法对贪污罪规定的明确性。一方面,把以前较明确的数额规定修改为“数额较大”“数额巨大”和“数额特别巨大”之后,贪污罪由以往的具体数额犯变为抽象数额犯,在司法判定中失去了明确的判定标准。[1] 另一方面,把本身不甚明

〔1〕 虽然立法者基于立法上的困境将贪污罪的具体数额规定留给最高司法机关通过发布司法解释的方式加以明确,但这并不能解决刑法的明确性问题。而且,在把司法解释普遍认为属于司法活动的当下,用司法解释来明确规定贪污数额,其合法性是值得怀疑的。

确且在贪污罪的认定和处罚上处于辅助作用的各种情节提升为与数额并列的判断标准,使情节的作用更突出,如此一来,情节因其本身的不明确性而具有的对刑法明确性原则的破坏功能更突出。可见,经《刑法修正案(九)》的修改之后,刑法的明确性在贪污罪的立法上已丧失殆尽,这不能不说是立法的遗憾。

(二)损害了刑法的权威性

刑法的权威性与刑法的明确性之间关系密切。刑法的权威性来自刑法的确定性,即刑法要"说话算数"。在这个意义上,刑法的权威性来自人们对刑法的确信,是通过司法活动而达致的。[1] 而这一切活动的前提就是刑法本身的明确性。如果刑法中充满了"数额……大""情节(特别)严重""其他……"等用语,那么这种刑法就是琢磨不定的,就为司法者的一系列不合理的行为披上了合法的外衣,致使无法建立起人们对刑法的确信。正如孟德斯鸠所指出的:"在法律已经把各种观念很明确地加以规定之后,就不应再回头使用含混笼统的措辞。路易十四的刑事法令,在精确地列举了和国王有直接关系的诉案之后,又加上了这一句:'以及一切向来都由国王的判官审理的诉案。'人们刚刚走出专横独断的境域,可又被这句话推回去了。"[2]在《刑法修正案(九)》把贪污罪的数额规定修改为抽象的数额之后,刑法的明确性在贪污罪上便无从得以体现。就刑法本身而言,司法者在解释"贪污数额……大"和"有其他……情节"时就具有很大的随意性,完全可能出现"同罪不同罚"的现象,致使刑法的权威性受损。即使通过最高司机关的司法解释明确了"贪污数额……大"和"有其他……情节",但那也是司法解释的明确性,是司法解释"说话算数",而不是刑法"说话算数"。在此,刑法的权威竟然低于司法解释的权威,与刑法本身的地位完全不相符。

(三)纵容司法活动分享立法权

立法者把原来比较确定的贪污罪的数额规定修改为"贪污数额……大"或者"有其他……情节"之后,对司法解释提出了难题,即司法解释必须对"贪污数额……大"和"有其他……情节"作出解释。以刑法的明确性原则为立场来

---

〔1〕 除非从事法律(学)职业或者需要用刑法来解决问题,人们一般是不会主动去学习刑法的,所以人们生活周围发生的显而易见的司法活动就成为了人们了解法律的最主要的途径。

〔2〕 [法]孟德斯鸠:《论法的精神》(下册),张雁深译,商务印书馆1963年版,第297页。

看,明确“贪污数额……大”或者“有其他……情节”的具体情形显然属于立法者应当做的事,而不是司法者应当做的事。因此,由最高司法机关对“贪污数额……大”或者“有其他……情节”作出解释,就意味着司法者僭越了司法权。在此,司法解释的合法性必然会受到怀疑。不仅如此,司法者一旦获得解释不明确的刑法用语的权力之后,就可能将这种权力发挥到极点,作出超过刑法用语之含义范围的司法解释,并因此而被诟病。例如,《刑法》第 338 条使用了“严重污染环境”这一不明确的用语之后,为了解决污染环境罪的司法认定问题,最高人民法院和最高人民检察院于 2013 年 6 月 17 日发布的《关于办理环境污染刑事案件适用法律若干问题的解释》第 1 条对“严重污染环境”作出了 14 项解释。其中第 5 项的内容是,2 年内曾因违反国家规定,排放、倾倒、处置有放射性的废物、含传染病病原体的废物、有毒物质受过 2 次以上行政处罚,又实施前列行为。有论者认为,这种情形显然超出了“严重污染环境”的含义范围,因而属于类推解释。[1] 在司法解释中使用兜底条款是我国刑事司法解释的一贯做法,其目的在于通过牺牲刑法的明确性来堵截处罚漏洞。虽然最高司法机关针对贪污罪的数额规定不可能使用兜底条款(如“其他贪污数额……大的情形”),但在解释“有其他……情节”时,完全可能使用兜底性条款(如“有其他较重情节/严重情节/特别严重情节的情形”),这必然使司法解释遭到违反刑法明确性原则的批评。不仅如此,刑法的明确性是就刑法用语而言的,司法解释中的用语不属于刑法用语。因而,司法者完全会以刑法的明确性原则对司法解释没有约束力为由在司法解释中使用不明确的用语,致使司法权的行使无法受到有效制约,而刑法的人权保障机能也必然受到损害。

(四)削弱了刑法预防犯罪的功能

适用刑罚的目的在于预防犯罪。刑罚的有无与轻重取决于罪行的轻重和罪责的大小,所以预防犯罪之目的的实现取决于对犯罪相对稳定的认定结论。然而,当《刑法修正案(九)》把贪污罪原来较确定的数额规定修改为“贪污数额……大”或者“有其他……情节”后,无论对特殊预防还是一般预防的实现而言,都是很不利的。特殊预防是指预防犯罪人再次犯罪。当贪污罪的数额因刑法的抽象规定而变得捉摸不定时,A 行为人实施的贪污行为就可能被定罪,B

---

〔1〕 参见张明楷:《简评近年来的刑事司法解释》,载《清华法学》2014 年第 1 期。

行为人实施的贪污数额相同且情节一致的行为就可能不被定罪。当A行为人得知B行为人的贪污行为没有被定罪时,他(她)就会对司法者的品质产生怀疑,进而会对刑法产生怀疑。A行为人会认为对其适用刑罚是一种不公正的审判,进而会对刑法产生敌意,待其出狱后完全可能会基于报复社会的目的而再次犯罪。[1]

一般所说的一般预防即消极的一般预防,是指预防没有犯罪的人实施犯罪行为。但是,刑法理论在很大程度上也承认积极的一般预防,即培养国民对刑法的忠诚感,这对法治初建的社会具有重要意义。与特殊预防主要通过司法来实现不同,在一般预防的实现上,立法和司法发挥着几乎同等重要的作用。在《刑法修正案(九)》把贪污罪的数额规定修改为"贪污数额……大"或者"有其他……情节"之后,贪污罪的数额规定就失去了明确性,没有为国民提供明确的行为指示。其后果是,要么因无从知道法律而"误犯"贪污罪,要么因"法不可知,则威不可测"而致使行为的大面积萎缩。[2] 第一种后果彰显了一般预防的失败,无论消极的一般预防还是积极的一般预防;第二种后果虽然实现了消极的一般预防,但对积极的一般预防之实现则显得无能为力,对法治的建构也毫无意义。

四、结语

立法需要激情,但更需要理性。如果没有激情,立法活动就无法展开;如果缺乏理性,立法活动就是盲目的。立法的激情来自刑事政策的冲动,立法的理性通过刑法的基本原则和理念来表达。如果把刑法立法比作一匹烈马,那么刑事政策是马鞭,而刑法的原则和理念则是马缰。从《刑法修正案(九)》对贪污罪数额规定的修改来看,立法的激情得到了极度张扬。在严惩贪污腐败犯罪的刑事政策指导下,刑法立法在很大程度上回应了政治的风向标,但刑法的明确性、预防犯罪的刑罚目的等刑法的原则和理念对刑法立法的制约则显得力不从

〔1〕 值得注意的是,对于因犯贪污罪而服刑完毕后出狱的人而言,由于完全剥夺了国家工作人员的身份,所以其再犯贪污罪的可能性几乎没有,但这并不意味着其不可能实施其他犯罪行为,利用其他犯罪行为来报复社会。

〔2〕 例如,近年来在严惩贪污腐败犯罪的过程下,在各级党委、政府乃至事业单位中出现的大面积的懒政和不作为,就是"法不可知,则威不可测"的表现。

心,以致形成了在表达法治理念上较为欠缺的刑法立法。

事实上,从修改前的《刑法》第 283 条的规定来看,刑法对贪污罪数额的规定并没有落后。国家工作人员理应比一般公民更应严格要求自己,其不但不严格要求自己,反而利用职权贪污公共财产,所以就应当受到更为严厉的惩罚,但为什么因近年来的贪污腐败犯罪主要表现为巨贪而意图提升贪污罪的数额,或者采取模糊的规定来遮蔽此种情况呢?公共财产虽然属于国家或者集体所有,但在本质上属于人民(纳税人),那么为什么不将其与个人财产同等对待呢?贪污罪的行为方式包括侵吞、窃取、骗取等,实施贪污行为并达到侵占罪、盗窃罪、诈骗罪等财产犯罪的数额规定的,完全符合侵占罪、盗窃罪、诈骗罪等财产犯罪的构成要件,但为什么非得以贪污罪来定罪处罚呢?显然,这是特权思想在作怪,同时彰显了在立法力量的对比中官员的力量远远大于民众的力量,而且立法过程也缺乏学者的深度参与。

下篇　解　释　论

我国刑法中的法益保护原则

——我国《刑法》第3条新解

在大陆法系国家,刑法理论一般认为法益保护原则是刑法的基本原则之一,对应于犯罪成立体系中的违法性阶层。而在我国,法益保护原则在刑法理论上则基本上处于失语状态。我国刑法理论一般认为,我国《刑法》第3条、第4条和第5条分别规定了罪刑法定原则、适用刑法平等原则和罪刑相适应原则。那么,我国《刑法》是否规定了法益保护原则?在我国是否应当提倡法益保护原则?法益保护原则与罪刑法定原则之间是怎样的关系?对这些问题的深入思考,不仅有利于深化刑法基本原则的理论,而且有利于正确理解和适用《刑法》的相关条文,因而意义重大。笔者通过对我国《刑法》第3条的重新解读,认为法益保护原则是我国刑法的基本原则,不应当被我国刑法理论所忽视,而且对法益保护原则与罪刑法定原则的关系进行了初步分析。

一、对我国《刑法》第3条的不同理解及其评析

虽然人们普遍认为我国《刑法》第3条的规定在中国刑法发展史上具有里程碑的意义,但对该条的理解可谓五花八门。那么,这些理解是否符合立法原意或法条用语的客观含义?这些理解与罪刑法定原则之间有什么关系?对这些问题的澄清显然有利于对《刑法》第3条的正确理解与适用。

(一)对我国《刑法》第3条的不同理解

我国《刑法》第3条规定:"法律明文规定为犯罪行为的,依照法律定罪处刑;法律没有明文规定为犯罪行为的,不得定罪处刑。"对这一规定,我国刑法学界作出了不同的解读。

第一种观点认为,《刑法》第3条是对罪刑法定原则的规定。这是我国刑

法理论通说的观点。该观点指出，从完善我国刑事法治、保障人权的需要出发，现行《刑法》第 3 条明文规定了罪刑法定原则。并且认为，《刑法》在以下几个方面全面而系统地体现了罪刑法定原则：(1) 实现了犯罪的法定化与刑罚的法定化；(2) 取消了类推制度；(3) 重申了 1979 年《刑法》第 9 条关于刑法在溯及力问题上的从旧兼从轻的原则；(4)《刑法》分则在罪名规定方面已相当完备；(5) 在具体犯罪的罪状以及各种犯罪的法定刑设置方面，《刑法》增强了法条的可操作性。同时指出，确立罪刑法定原则具有重大意义，它不仅有利于维护社会秩序，也有利于保障人权。[1] 由此不难看出，这种观点把《刑法》第 3 条前段和后段均解释为是对罪刑法定原则的规定。

第二种观点认为，《刑法》第 3 条前段规定的是积极的罪刑法定原则，而后段规定的是消极的罪刑法定原则。例如，有学者指出，我国刑法规定的罪刑法定原则是积极的罪刑法定原则与消极的罪刑法定原则的统一，是运用刑罚权惩罚犯罪、保护人民与约束刑罚权、保障人权的统一，是我国罪刑法定原则的全面正确的含义，它克服了西方罪刑法定原则的片面性，是对罪刑法定原则的新发展。[2] 还有学者指出，《刑法》第 3 条规定的罪刑法定原则包含两个方面，即积极的罪刑法定和消极的罪刑法定。积极的罪刑法定原则是从扩张刑罚权的方面要求积极运用刑法，惩罚犯罪，保护社会；消极的罪刑法定原则与罪刑法定原则的经典表述一致，其基本精神和主要意义是，从消极方面限制刑罚权的适用，防止国家滥用刑罚权侵犯人权，从而确保刑法是善良人的大宪章。罪刑法定原则的两个方面有着密切联系，但并非不可分割，而是对立统一的关系。当罪刑法定原则的积极方面与消极方面发生冲突时，应当以罪刑法定的消极方面为优先考虑。[3] 可见，与第一种观点相似，这种观点也把《刑法》第 3 条前段和后段均解释为对罪刑法定原则的规定，不同的是，该观点依据《刑法》第 3 条前段与后段的不同表述把罪刑法定原则解释为包括积极的罪刑法定和消极的罪刑法定两个方面，而且指出了两者之间的关系。

第三种观点认为，《刑法》第 3 条前段和后段都是对罪刑法定原则的规定，

---

[1] 参见高铭暄、马克昌主编：《刑法学》(第 7 版)，北京大学出版社、高等教育出版社 2016 年版，第 27 ~ 28 页。

[2] 参见何秉松主编：《刑法教科书》，中国法制出版社 1997 年版，第 63 ~ 68 页。

[3] 参见曲新久：《刑法学》(第 5 版)，中国政法大学出版社 2016 年版，第 14 ~ 15 页。

而且罪刑法定原则无积极的罪刑法定与消极的罪刑法定之分。例如,有学者指出:"'法无明文规定不为罪'的反向解释是,'只有法律才能规定犯罪';'法无明文不处罚'的反向解释是,'只有法律才能规定刑罚'。其核心内容在于禁止没有法律规定的处罚,保障个人不受法外之刑。而如果把'法无明文规定不为罪,法无明文规定不处罚'的反向解释理解成'必须用法律对犯罪作出规定,必须对犯罪作出处罚',则是对罪刑法定原则的错误理解,因为这种理解强调了对刑罚权的促进,而不是限制,实际上等于剔除了罪刑法定的内核,而只保留了'罪刑法定'的皮囊。"[1]还有学者指出,《刑法》第3条规定的罪刑法定的内容有两个方面:"一方面是只有法律将某一种行为明文规定为犯罪的,才能对这种行为定罪处罚,而且必须依照法律规定定罪处刑。另一方面,凡是法律对某一种行为没有规定为犯罪的,对这种行为就不能定罪判刑。这是一个问题的两个方面。"[2]《刑法》第3条前段"讲的是法律明文规定为犯罪行为的,依照法律定罪判处,因此,它强调的是'依法',而不是所谓的积极意义上的'应当'"。[3] 另外,还有学者对《刑法》第3条前段作出了这样的解释:"法律明文规定为犯罪行为的,依照法律定罪处刑"的含义是指"只有法律明文规定为犯罪行为的,才能依法定罪处刑"。因此,我国《刑法》关于罪刑法定原则的表述虽然不同于其他国家,但其基本精神是完全一致的,即通过限制国家刑罚权,尤其是司法机关的定罪量刑权,从而保障公民个人的权利与自由。[4] 由此不难看出,这种观点认为《刑法》第3条前段"法律明文规定为犯罪行为的,依照法律定罪处刑"强调的是"依照法律"定罪处刑,而不是"应当"定罪处刑,因而不具有扩张刑罚权的意思,与后段"法律没有明文规定为犯罪行为的,不得定罪处刑"的意义是一致的,都是从消极意义上限制刑罚权的。

第四种观点认为,《刑法》第3条实质上没有规定罪刑法定原则。例如,有学者指出:"当我国刑事立法者选择将积极罪刑法定规定在前段(《刑法》第3条前段——引者注)时,罪刑法定原则就已经被异化和扭曲了;此时有无第3

---

〔1〕 周少华:《刑法理性与技术规范——刑法功能的发生机理》,中国法制出版社2007年版,第266页。

〔2〕 胡康生、朗胜主编:《中华人民共和国刑法释义》(第3版),法律出版社2006年版,第4页。

〔3〕 张军等:《刑法纵横谈》(总则部分),北京大学出版社2008年修订版,第19页。

〔4〕 参见陈兴良:《教义刑法学》,中国人民大学出版社2010年版,第50页。

条后段实际已不重要，即使有消极罪刑法定原则，也更像是为了掩盖其‘中国化’，明显带有‘此地无银三百两’的欲盖弥彰之意味。”“因此，‘中国特色’罪刑法定原则是以刑法社会保护机能为首要价值取向，罪刑法定原则本身所独有的人权保障机能则退居其后，仅为社会保护功能之附随。”[1]还有学者指出，罪刑法定原则的拉丁文表述（*nulluam crimen, nulla poena sine lega*），本身就是从消极的角度来界定其内容的，即没有法律就没有犯罪，没有法律就没有刑罚。从各国的刑法实践来看，也无一例外强调的是它的消极意义面向。我国立法者所采取的从积极与消极两个层面来界定罪刑法定内容的方式，表面看来似乎只是立法表述或习惯上的微小差异，实质上是对罪刑法定原则之功能不当定位的结果，体现了政治工具的刑法观，衍生出来的是意识形态化的知识论。因而，虽然《刑法》第3条后段规定了罪刑法定原则，但由于受工具主义刑法观念和意识形态化的知识论支配，致使《刑法》第3条实质上没有规定罪刑法定原则。[2]显而易见，这种观点的逻辑结果是，由于《刑法》第3条前段的规定与罪刑法定原则的价值取向不对榫，而且社会实践中存在着一系列与第3条前段相适应的扩张刑罚权的观念与做法，致使《刑法》第3条后段无法适用，进而从实质上否定了《刑法》第3条后段规定的罪刑法定原则。

第五种观点认为，《刑法》第3条只是部分规定了罪刑法定原则，即第3条后段规定了罪刑法定原则，而前段没有规定罪刑法定原则，但前段并不是对后段的否定。这是张明楷教授的观点。张明楷教授在其于2009年12月出版的《罪刑法定与刑法解释》一书的前言中指出：“《刑法》第3条后段确立了罪刑法定原则：‘法律明文规定为犯罪行为的，不得定罪处刑。’贯彻罪刑法定原则，有利于建设法治国家；实行依法治国，有助于实现罪刑法定主义。”[3]从逻辑上判断，既然明确指出后段规定了罪刑法定原则，那么就意味着前段没有规定罪刑法定原则。这在张明楷教授于2011年7月出版的《刑法学》（第4版）中得到了印证：“在本书看来，刑法第3条后段虽然是对罪刑法定原则的规定，但其前段并不是对罪刑法定原则的规定（不是所谓积极的罪刑法定原则），而是针对

---

〔1〕 刘艳红：《刑法的目的与犯罪论的实质化——“中国特色”罪刑法定原则的出罪机制》，载《环球法律评论》2008年第1期。

〔2〕 参见劳东燕：《罪刑法定本土化的法治叙事》，北京大学出版社2010年版，第173～181页。

〔3〕 张明楷：《罪刑法定与刑法解释》，北京大学出版社2009年版，前言，第2页。

我国刑法分则的特点，防止司法人员随意出罪。易言之，刑法第 3 条前段，旨在突出刑法的法益保护机能，后段则旨在突出刑法的人权保障机能。而且我们也不必指责第 3 条规定了两个不同的内容。"[1]《刑法学》（第 5 版）沿袭了这一看法。[2] 可见，在张明楷教授看来，《刑法》第 3 条后段是对罪刑法定原则的规定，前段虽然强调的是刑法的法益保护机能，但并没有否定后段。

（二）对各种观点的评析

可见，对于《刑法》第 3 条的规定，我国学者作出了截然不同的解读。那么，这些解读是否真的就符合立法的原意或者刑法用语的客观含义？是否准确反映了我国刑事立法和司法的发展轨迹？值得认真思考。

第一种观点显然是对《刑法》第 3 条作了模糊处理，没有看到《刑法》第 3 条的特殊性。该观点认为："罪刑法定原则的含义是：什么是犯罪，有哪些犯罪，各种犯罪构成条件是什么，有哪些刑种，各个刑种如何适用，以及各种具体罪的具体量刑幅度如何等，均由刑法加以规定。对于刑法分则没有明文规定为犯罪的行为，不得定罪处罚。概括起来，就是'法无明文规定不为罪，法无明文规定不处罚'。"[3] 在该段表述中，第一句显然不是对《刑法》第 3 条前段的解释，只是揭示了罪刑法定原则之成文法主义和明确性原则；而第二句才是罪刑法定原则真实含义的表述。可见，这种观点只是从消极层面解释了罪刑法定原则，没有对《刑法》第 3 条前段予以解释，对《刑法》第 3 条与罪刑法定原则的关系上采取了模糊处理，不利于对《刑法》第 3 条的正确理解与适用。

与第一种观点相比，第二种观点看到了《刑法》第 3 条规定的特殊性，在对该条的解释上显得较深刻。但该观点把"法律明文规定为犯罪行为的，依照法律定罪处刑"的规定解释为罪刑法定原则的重要内容，认为罪刑法定原则包括积极地扩张刑罚权的一面，显然不符合罪刑法定原则的精神意蕴。事实上，罪刑法定原则从产生之日起，其使命就是通过限制刑罚权来保障国民自由的。"罪刑法定原则，是为了对抗中世纪封建国家当中，以国王以及官僚即法官所具有的生杀予夺的大权为背景的肆意专制裁判（罪刑专断原则），在近代市民

---

〔1〕 张明楷：《刑法学》（第 4 版），法律出版社 2011 年版，第 53 ~ 54 页。

〔2〕 参见张明楷：《刑法学》（第 5 版）（上），法律出版社 2016 年版，第 48 页。

〔3〕 高铭暄、马克昌主编：《刑法学》（第 7 版），北京大学出版社、高等教育出版社 2016 年版，第 26 页。

阶级兴起的过程中所产生的,它是保护市民的权利和自由的原则。"[1]那么,经过数百年的历史发展之后,罪刑法定原则的这一精神意蕴是否发生了变化呢?笔者认为,确实发生了变化,但只是量的变化,而不是质的变化。具体而言,如果说以往的罪刑法原则只是从形式上限制国家刑罚权,那么,如今的罪刑法定原则则是从形式和实质两个方面对国家刑罚权构成了限制。正如日本学者所言:"罪刑法定原则,时至今日,仍然能够作为刑事立法和刑法解释学的指导原则而长盛不衰、蒸蒸日上,主要是因为,在民主主义、自由主义之类的形式原理之上,还有更高层次的普遍原理即'实质的保障人原理'做支撑。"[2]对此,我国学者解释得可谓更加透彻:"刑事法律要遏制的不是犯罪人,而是国家。也就是说,尽管刑法规范的是犯罪及其刑罚,但它针对的对象都是国家,这就是罪刑法定主义的实质,也是它的全部内容。"[3]因而,认为罪刑法定原则包括积极扩张刑罚权的一面,进而将我国《刑法》第3条前段解释为罪刑法定原则的重要内容的观点,显然是不妥当的。

第三种观点看到了《刑法》第3条前段的特殊性,但对该条前段作了罪刑法定原则化的解读。《刑法》第3条前段的表述是"法律明文规定为犯罪行为的,依照法律定罪处刑"。从字面意思来看,这一规定至少包含两层含义:一是法律规定为犯罪行为的,要"定罪处刑";二是法律明文规定为犯罪行为的,要"依照法律"定罪处刑。前者强调的是结果,即如果有人实施了法律明文规定为犯罪的行为,就得定罪处刑;后者强调的是过程,即如果某人实施了法律明文规定为犯罪的行为,就得依照法律定罪处刑。在这个问题上,笔者认为立法机关的解释是中肯的:"只有法律将某种行为明文规定为犯罪的,才能对这种行为定罪判刑,而且必须依照法律的规定定罪判刑。"[4]简言之,《刑法》第3条前段既强调"定罪处刑",又强调"依照法律",绝非仅仅强调"依照法律"。[5] 显然,前述论者所提出的《刑法》第3条"强调的是'依法',而不是所谓的积极意

---

[1] [日]曾根威彦:《刑法学基础》,黎宏译,法律出版社2005年版,第8页。

[2] 同上书,第12页。

[3] 李海东:《刑法原理入门(犯罪论基础)》,法律出版社1998年版,代自序,第4页。

[4] 全国人大常委会法制工作委员会刑法室编:《中华人民共和国刑法:条文说明、立法理由及相关规定》,北京大学出版社2009年版,第6页。

[5] 事实上,"依照法律定罪处刑"实际上就是"必须定罪处刑",因为当刑法把某种行为规定为犯罪时,不对该行为定罪处刑就是违反了法律。

义上的应当”的观点是武断的。不仅如此，根据罪刑法定原则的经典表述，法律明文规定为犯罪行为的，并不一定被定罪处罚。但这种含义无论如何也不是《刑法》第3条前段的可能文义范围所能够包含的。因而，把《刑法》第3条前段解释为对罪刑法定原则的表述，显然是一种罪刑法定原则化的解释，遮蔽了该条前段的真实含义。

第四种观点的论述逻辑是，《刑法》第3条就是对罪刑法定原则的规定，但由于该条前段反映的是政治工具的刑法观和意识形态的刑法知识论，不符合罪刑法定原则限制刑罚权的价值取向，因而从整体上否认了《刑法》第3条对罪刑法定原则的规定。然而，这一论述逻辑是存在问题的。如果说《刑法》第3条是一个属概念，那么其前段和后段则属于这一属概念之下的两个种概念。正如人是属概念，男人和女人则属于人这一属概念之下的两个种概念。显然，在这一逻辑体系当中，种概念是不能够代替属概念的，也不能否定另一种概念。正如男人或女人不能够代替人一样，《刑法》第3条前段或后段不能够代替整个《刑法》第3条；同样，如男人和女人不能相互否定一样，《刑法》第3条前段与后段也不能相互否定。因而，以《刑法》第3条前段不符合罪刑法定原则的价值取向来否定后段对罪刑法定原则的规定，正如因为女人不符合男人的特征而否定男人一样荒谬。

与前述四种观点相比，第五种观点道出了《刑法》第3条的实质，可谓对《刑法》第3条作出了比较客观的解读，但也存在一些问题。首先，该观点认为《刑法》第3条后段旨在突出刑法的人权保障机能，是对罪刑法定原则的规定，那么为什么不把旨在突出刑法的法益保护机能的前段解释为是对法益保护原则的规定呢？可见，该观点在《刑法》第3条前段的解释上显得不彻底。其次，张明楷教授指出：“我们也不必指责刑法第3条规定了两个不同的内容。一方面，保护法益的机能应当受到限制，人权保障机能也不能绝对无条件地优于法益保护机能，故刑法的法益保护机能与人权保障机能总是存在冲突，第3条要求司法机关对两者进行调和，在充分权衡利弊的基础上，使两个机能得到充分发挥。另一方面，总体来说，第3条旨在限制司法权，只不过前段与后段所限制的自由裁量权的内容不同而已。”[1]既然刑法的法益保护机能与人权保障机能

---

〔1〕 张明楷：《刑法学》（第5版）（上），法律出版社2016年版，第48页。

总是存在冲突,而且旨在突出人权保障机能的《刑法》第 3 条后段是用来限制自由裁量权的,那么《刑法》第 3 条前段为什么也是用来限制司法权的呢？这显然存在矛盾。事实上,《刑法》第 3 条前段旨在促使刑罚权的发动,强调的是有罪必罚,而后段则旨在制约司法权,强调的是不得对任何人法外用刑。

二、《刑法》第 3 条与法益保护原则

由此可见,在我国刑法学界,要么没有对《刑法》第 3 条前段作出解释,要么没有作出合理的解释。那么,到底应当如何理解"法律明文规定为犯罪行为的,依照法律定罪处刑"这一规定呢？笔者认为,这一规定正是我国《刑法》对法益保护原则的规定。

(一)法益保护原则的理论基础

在大陆法系国家,虽然宪法或刑法大都只明确规定罪刑法定原则,但理论上一般承认,法益保护和责任主义也属于刑法的基本原则。而且有学者认为,罪刑法定、法益保护和责任主义 3 大原则分别对应于大陆法系国家犯罪论体系中的构成要件符合性、违法性和有责性。例如,日本学者平野龙一将罪刑法定、法益保护与责任主义概括为刑法的基本原则,与此相适应的是,成立犯罪要求行为符合刑法规定的构成要件(构成要件符合性)、行为侵害了法益(违法性)、行为人对符合构成要件的违法行为具有责任(有责性)。这是因为刑法的适用存在 3 大危险:其一,一旦发生引起人心冲动的案件,感情上的处罚要求强烈,而不顾刑法有无明文规定并予以处罚;其二,由于行为人的主观恶劣,而不管行为客观上是否侵犯了法益便予以处罚;其三,因为侵犯了法益,而不问行为人是否具有非难可能性便予以处罚。[1] 笔者认为,这种认识是偏颇的。因为法益保护原则要求通过对国家刑罚权的积极行使来保护刑法中的法益,在犯罪成立的判断上属于积极的入罪化判断,而在大陆法系犯罪成立体系中,只有构成要件符合性判断是积极的入罪化判断,而违法性判断和有责性判断均属于消极的除罪化判断。因而,将法益保护原则只对应于犯罪成立体系的违法性阶层,显然是不妥当的。我国学者指出,大陆法系国家的刑法理论把刑法的基本原则概

---

〔1〕 参见[日]平野龙一:《刑法总论Ⅰ》,有斐阁 1972 年版,第 90 页。转引自张明楷:《刑法学》(第 5 版)(上),法律出版社 2016 年版,第 44 页。

括为罪刑法定、法益保护和责任主义 3 个原则也具有法律上的根据，即罪刑法定是刑法明文规定的原则，法益保护是分则条文共同体现的原则，责任主义是刑法总则有关故意、过失、责任能力等规定标明的原则。[1] 由此不难看出，在大陆法系国家，法益保护原则在刑法的基本原则中扮演着非常重要的角色。之所以如此，在笔者看来，是因为法益保护原则在刑法规范的性质、刑法的社会机能、刑事立法以及刑法解释等方面均具有合理依据。

首先，法益保护原则具有刑法规范性质上的基本依据。刑法理论一般认为，刑法规范既是裁判规范，又是行为规范。例如，有学者指出，刑法规范首先是裁判规范，即指示或命令司法工作人员如何裁定、判断行为是否构成犯罪、对犯罪如何科处刑罚的法律规范。同时，刑法规范也是行为规范，主要通过假定条件与法律后果之间的密切关系以"……的，处……"的描述方式（假定条件与法律后果之间的密切关系）体现出来。[2] 还有学者指出："刑法规范的意义主要在于两个方面：一方面，刑法规范是针对一般人的行为规范，具有一般性，它禁止或者命令（以及授权、允许）公民实施特定的行为；另一方面，刑法规范是针对司法官员的裁判规范，它指示司法人员如何认定、判断公民的行为是否构成犯罪以及如何追究犯罪行为人的刑事责任。"[3] 可见，虽然对刑法规范首先应当是裁判规范还是行为规范还存在不同认识，但可以肯定的是，刑法规范同时具有裁判规范和行为规范的性质。

刑法规范的双重性质与刑法的基本原则之间具有密切关系。如果与裁判规范相对应的是罪刑法定原则，那么与行为规范相匹配的则是法益保护原则。作为裁判规范的刑法规范，其目的在于对司法工作人员的裁判行为进行限制。换言之，司法工作人员在定罪量刑时，必须依照法律的明文规定来定罪处刑，不得对法律没有明文规定为犯罪的行为定罪处刑，法律规定为轻罪的，不得定为重罪并予以处罚。可见，作为裁判规范的刑法规范，其目的在于通过限制司法人员的司法行为来保障人权，而这恰恰就是罪刑法定原则的精神意蕴。因而，与刑法规范之裁判规范性质相适应的是罪刑法定原则。作为行为规范的刑法

---

〔1〕 参见张明楷：《刑法学》（第 3 版），法律出版社 2007 年版，第 41 页。
〔2〕 参见张明楷：《刑法学》（第 5 版）（上），法律出版社 2016 年版，第 26～27 页。
〔3〕 曲新久：《刑法学》（第 5 版），中国政法大学出版社 2016 年版，第 9 页。

规范,其目的在于对一般人的行为构成制约。详言之,立法者通过罪状与刑罚的明文规定,警示一般人不要实施刑法明确禁止的行为,否则会导致刑罚等法律后果。可见,作为行为规范的刑法规范,其目的在于通过限制一般人的行为来保护刑法中的个人法益、社会法益和国家法益不受犯罪行为的侵犯,这恰恰是法益保护原则的精神意蕴。因而,如果承认刑法规范具有行为规范的性质(实际上,这是一种事实,不存在承认与否的问题),那么就应当承认法益保护原则是刑法的基本原则之一。

其次,法益保护原则具有刑法社会机能上的基本依据。现代刑法理论一般认为,刑法具有两大社会机能:人权保障与社会保护。所谓人权保障机能,即保障无罪的人不受刑事追究,保障有罪的人不受法外处罚。我国学者指出:"一个国家对付犯罪并不需要刑事法律,没有刑法也并不妨碍国家对犯罪的有效镇压与打击,而且,没有立法的犯罪打击可能是更加及时、有效、灵活和便利的。如果从这个角度讲,刑法本身是多余和伪善的,它除了在宣传和标榜上有美化国家权力的作用外,起的主要作用是束缚国家机器面对犯罪的反应速度和灵敏度。"[1]可见,从刑法的人权保障机能出发来看,刑法是为国家而不是为公民制定的。而且从近代以来的刑法发展来看,人们显然是把刑法的人权保障机能分配给了罪刑法定原则。罪刑法定原则不仅是刑法之人权保障机能的体现,同时在很大程度上也成了刑法之人权保障机能的主要承担者。但是,刑法绝不仅仅是用来保障人权的,它还承担着保护社会的重要机能。所谓刑法的社会保护机能,即保护人类社会整体不受犯罪侵害的机能。刑法主要是通过对个人法益、社会法益和国家法益的保护来实现其社会保护机能的,因而刑法的社会保护机能也被称为法益保护机能。如果说人权保障的哲学基础是自由,那么社会保护的哲学基础则是秩序。自由和秩序之间是一种对立统一关系;没有秩序的自由是无政府主义,没有自由的秩序则是死序。相应地,人权保障与社会保护也是对立统一关系。刑法的人权保障机能主要通过罪刑法定原则来体现和承担,社会保护机能理应通过法益保护原则来体现和承担。否则,刑法的社会保护机能就会削弱或无法实现,进而会影响其人权保障机能的发挥。

再次,法益保护原则具有刑事立法上的基本根据。总的来说,刑事立法要

---

〔1〕 李海东:《刑法原理入门(犯罪论基础)》,法律出版社 1998 年版,代自序,第 3 页。

解决的问题就是应当把什么样的行为规定为犯罪的问题,或者说是刑法处罚范围的合理性问题。那么,应当把哪些行为规定为犯罪呢?对此,在刑法理论上存在结果无价值与行为无价值的争论。日本学者指出,从刑法基本原理的角度来看,行为无价值论除了考虑侵害原理之外,在一定程度上还顾及到了道德主义(以及家长主义)的因素;相反地,结果无价值论从功利主义主义出发,完全试图以侵害原理为基础建立犯罪论。[1] 其中所谓的侵害原理,即法益侵害。结果无价值与行为无价值的争论表现在刑事立法上,就是应当以侵害原理为依据来划定处罚范围,还是同时应考虑行为对社会伦理道德的违反程度?笔者认为,应当以侵害原理为依据来划定刑法的处罚范围。因为如果以伦理道德为标准来划分处罚范围,就会致使刑法处罚范围的不统一,给刑事法制的统一性带来较大威胁。例如,通奸行为在我国刑法上不构成犯罪,但在伊斯兰法中,通奸行为是非常严重的犯罪行为。如果在刑事立法上考虑道德主义的立场,那么在笃信伊斯兰教的少数民族聚居区应当把通奸行为规定为犯罪,而在其他地区则不应如此规定。这显然是不合理的。因而,在刑法之处罚范围的划定上,应当坚持法益侵害原理,即刑法是否应将某种行为规定为犯罪,关键要看这种行为对法益的侵害程度,道德判断只能转化为法益判断在司法中起到一定作用。所以,刑法处罚范围的划定必须依赖于行为对法益侵害程度,这为法益保护原则在刑事立法上提供了重要依据。

最后,法益保护原则具有刑法解释上的基本依据。与具体而复杂的社会生活相比,成文刑法始终具有抽象性、原则性、滞后性、不周延性等局限,这也是刑法解释存在的基本理由。然而,如何对刑法进行解释呢?在我国主要存在形式解释论与实质解释论之争,其争点在于以什么为限度对刑法解释进行限制。形式解释论主张以罪刑法定原则为限度解释刑法,侧重自由保障;而实质解释论主张以法益保护为限度解释刑法,侧重法益保护。[2] 但不能据此就认为形式解释论排斥法益保护。事实上,形式解释论基于罪刑法定原则所倡导的形式理性,通过形式要件,将实质上值得科处刑罚但缺乏刑法规定的行为排斥在犯罪范围之外的同时,也通过实质判断,将实质上不值得科处刑罚但刑法规定为犯

---

〔1〕 参见[日]曾根威彦:《刑法学基础》,黎宏译,法律出版社 2005 年版,第 85 页。

〔2〕 参见欧阳本祺:《走出刑法形式解释与实质解释的迷思》,载《环球法律评论》2010 年第 5 期。

罪的行为排除在犯罪范围之外。[1] 不难看出，形式解释论尽管强调以罪刑法定原则为导向或限度来解释刑法，但在判断某一行为是否值得刑法处罚时，也离不开对法益侵害程度的判断。事实上，成文刑法具有抽象性和滞后性，而社会生活则具有具体性和复杂多变性。因而，在判断某一行为是否值得刑法处罚时，必须坚持法益侵害原则。例如，向同性提供性服务的行为是否属于刑法上的"卖淫"？对此，形式解释论和实质解释论均得出了肯定结论。[2] 毋庸置疑，实质解释论得出肯定结论所依据的是法益侵害原理。那么，形式解释论者得出肯定结论的依据是什么呢？对此，形式解释论者解释道："当日常用语滞后于社会生活的时候，应当以专业用语而非日常用语作为界定立法原意的依据。例如'卖淫'一词就是如此，传统意义上的卖淫确实是妇女向男性出卖肉体。但法律上已经把男性向妇女出卖肉体的意思纳入卖淫一词。在这种情况下，卖淫实际上是性交易的日常表述。因此，根据专业用语的含义，将同性之间的性交易认定为卖淫，并不违反罪刑法定原则。"[3] 在此，形式解释论通过刑法用语的可能含义来寻求同性之间提供性服务的行为属于"卖淫"的依据。那么，形式解释论为什么会离开刑法用语的核心意义而探究用语的可能含义呢？对"卖淫"是否包含同性之间提供性服务的情形存在争议的情况下，形式解释论为什么不作出有利于被告人的解释呢？在笔者看来，唯一的理由就是形式解释论认为组织同性之间提供性服务的行为已经侵害到了刑法所保护的法益——社会主义道德风尚。可见，无论人们是否承认，刑法解释始终受制于法益侵害原理，因而坚持法益保护原则是正确解释刑法的必要。

（二）《刑法》第3条中的法益保护原则

我国刑法理论普遍认为，现行刑法明确规定了罪刑法定、适用刑法平等和罪刑相适应3个基本原则。[4] 那么，这3大基本原则与刑法的社会机能之间

---

〔1〕 参见陈兴良：《形式解释论的再宣示》，载《中国法学》2010年第4期。

〔2〕 参见陈兴良：《教义刑法学》，中国人民大学出版社2010年版，第57～60页；张明楷：《罪刑法定与刑法解释》，北京大学出版社2009年版，第218～225页。

〔3〕 陈兴良：《教义刑法学》，中国人民大学出版社2010年版，第60页。

〔4〕 我国刑法学界大都把《刑法》第4条概括为适用刑法平等，是刑法的基本原则之一。但笔者认为，将该条解释为刑法的基本原则是不能够成立的。一是因为刑法基本原则是刑法所特有的原则，而适用刑法平等是法律面前人人平等原则在刑法中的体现，不是刑法所特有的；二是因为刑法基本原则是全局性的，即对刑事立法、司法和刑罚执行均具有约束力的原则，而适用刑法平等显然只是针对刑法适用而言的。

存在什么样的关系呢？前文已指出，罪刑法定原则体现和承担的是刑法的人权保障机能。现代刑法理论一般认为，罪刑相适应原则属于罪刑法定原则的重要内容，是民主主义的重要体现，因而体现和承担的也是刑法的人权保障机能。适用刑法平等原则是罪刑法定原则的应有之义，因为罪刑法定原则是法治在刑法领域的集中体现，而平等是法治的重要价值目标之一。因而，与罪刑法定原则一样，适用刑法平等原则体现和承担的也是刑法的人权保障机能。可见，被我国当前的刑法理论所承认的刑法基本原则均承担和体现的是刑法的人权保障机能，刑法的社会保护机能在刑法基本原则的理论体系上则处于失语状态。因而，把刑法的社会保护机能解释为应当由法益保护原则来承担和体现，符合刑法机能二元论的基本原理。事实上，《刑法》第3条前段规定的就是法益保护原则，而且实践中这一原则体现和承担的就是刑法的社会保护机能。

如果说罪刑法定原则是面向国家来保护犯罪人，那么法益保护原则是面向犯罪人来保护法益的。因而，法益保护原则的含义可解释为"法有明文规定应为罪，法有明文规定应处罚"，《刑法》第3条前段"法律明文规定为犯罪行为的，依照法律定罪处刑"的规定表达的恰恰就是这层含义。

不仅如此，无论在我国的刑法立法还是司法实践中，《刑法》第3条前段均得到了较彻底的贯彻，法益保护原则获得了普遍承认。从刑法立法来看，法益保护原则是通过刑法的犯罪化和刑罚化来实现的，而我国自第一部刑法典颁布实施以来的刑法立法就充分说明了这一点。自1979年《刑法》颁布实施以来，我国刑法的发展始终遵循的是犯罪化的道路，主要通过以下4种途径来实现：一是增设新罪，这是自1979年《刑法》以来我国刑法犯罪化的最重要的途径；二是修改现有的犯罪，扩大处罚范围，主要表现为增加既有犯罪的行为类型、降低入罪门槛等；三是增加刑罚量，实践中主要表现为提高主刑的幅度、增设附加刑和非刑罚处理方法；四是限制有利于犯罪人的刑罚制度的适用，主要表现为对假释、缓刑适用的限制。而且有学者指出，我国今后的刑法立法应当注重犯罪化的有效性，避免无效的犯罪化。[1] 可见，我国刑法的犯罪化，实质上就是刑法所保护的法益的范围越来越大，遵循的无疑是法益保护原则。

与刑事立法上体现法益保护原则相适应，我国近年来的司法实践在很大程

〔1〕 参见张明楷：《刑事立法的发展方向》，载《中国法学》2006年第4期。

度上也体现了法益保护原则，主要表现为以实质解释论为核心内容的实质刑法观不论在理论上还是实践中均受到了很大程度的欢迎。对此，我国学者指出，在我国刑法学界，"实质解释论得到了许多中青年学者以及司法实践者的赞同，形成了初具规模并具有强大感染力的实质解释论阵营，也出现了一批具有较大影响力的学术论文和专著"。[1] 之所以如此，一方面是因为实质解释论契合了我国注重实质主义的文化传统，具有文化人类学意义上的合法性；另一方面实质解释论主张对社会危害性理论进行改造，[2]而不像形式解释论那样主张把社会危害性理论逐出规范刑法学领域，[3]因而不仅会得到我国传统刑法学的支持，而且会受到深受社会危害性理论熏陶的司法工作者的欢迎。例如，在实质刑法解释论的指导下，司法实践中对很多刑法用语——如汽车、凶器、印鉴、猥亵、同居、财物、毁坏、伪造、卖淫、淫秽物品等作出了扩大解释，使应当受到刑法保护的法益得到了有效保护。

三、法益保护原则与罪刑法定原则的一般关系及其具体化

从以上分析不难看出，《刑法》第3条前段规定了法益保护原则，而且我国的刑事立法和司法实践在很大程度上均体现了这一原则。在这种情况下，正确处理法益保护原则与罪刑法定原则的关系，对于这两个原则的有效贯彻以及刑事法治的良性发展，均具有非常重要的现实意义。首先应当注意的是，不能因为《刑法》第3条前段规定了法益保护原则，而后段规定了罪刑法定原则，就认为法益保护原则优先于罪刑法定原则。事实上，仅从《刑法》第3条的规定还无法判断出法益保护原则与罪刑法定原则之间的关系，两者之间的关系应当由刑法的价值目标来厘定，并通过一定的操作方法来实现。

---

〔1〕 周详：《刑法形式解释论与实质解释论之争》，载《法学研究》2010年第3期。

〔2〕 例如，实质解释论的代表张明楷教授指出，《刑法》第13条所称的社会危害性，就是指行为对法益的侵犯性，即《刑法》第13条所列举的对国家法益、公共法益以及公民个人法益的侵犯性，并主张从客观上理解社会危害性。参见张明楷：《刑法学》（第5版）（上），法律出版社2016年版，第88页。

〔3〕 形式解释论的重要代表陈兴良教授自2000年开始就发起了对社会危害性理论的强烈批判，主张把社会危害性论逐出规范刑法学领域。（参见陈兴良教授先后发表在《法学研究》2000年第1期、《中国法学》2006年第4期、《政法论坛》2006年第5期、《法学研究》2008年第6期上的相关论文。）但在笔者看来，司法人员在犯罪构成符合性判断中不可能离开社会危害性的判断，因而主张把社会危害性理论逐出对司法实践具有重要指导意义的规范刑法学，是徒劳无益的。

（一）法益保护原则与罪刑法定原则之一般关系

从刑法与社会的基本关系来看，罪刑法定原则与法益保护原则是自由与秩序这两种价值目标在刑法领域的集中体现，所以罪刑法定原则与法益保护原则的关系实质上是由自由与秩序的关系来决定的。自由与秩序是迄今为止的人类活动所追求的两种价值目标，两者之间是对立统一关系。对立性表现为，对秩序的强调必然会侵犯自由，反之亦然；统一性表现为，自由以秩序为前提，秩序以自由为目标。美国“9・11”恐怖袭击事件发生后《爱国者法案》的通过，可谓淋漓尽致地展现了自由与秩序之间的这种对立统一关系。

为了维护社会秩序，打击恐怖主义犯罪，美国在“9・11”恐怖袭击事件发生后通过的2001年《爱国者法案》（《2011年为团结和强化美国而提供有效措施抗击恐怖主义法案》），是一部从实体到程序，从司法到行政，全方位防治恐怖主义的法律。除了从实体上完善恐怖主义的罪状，把资助、庇护恐怖主义的团体、机构和个人视同恐怖罪行外，同时规定这类案件不由普通法院审理，而是由特别军事法庭来审理（可以不适用一般的程序法）。更加引人注目的是，2001年《爱国者法案》允许执法机构调查公民的资料记录，查看公民上网记录、信用卡消费记录、私人信件和电子邮件，甚至允许联邦调查局监视公民阅读书籍的情况，从图书馆收集读者的读书记录。[1] 可见，对秩序的追求，必然意味着对自由的限制，以至于在2001年《爱国者法案》通过后，美国有一个为公众认同的口号——“自由给安全让路”。但这只是问题的一个方面，因为如果不对恐怖主义犯罪采取严厉打击措施，类似于“不到一个小时就有3000多无辜者遇难，超过7000亿的损失”的事件还可能发生于美国或者世界其他地区，而这是对自由的极大侵犯！由此可见，秩序本身不是目的，只是自由的一种手段。

对自由与秩序在刑法中的关系，我国学者储槐植教授进行了极为精辟的分析。储槐植教授指出，公正和功利是人类的社会活动一直追求的两种价值，两者的结合是最终目标。刑法的公正与功利如何实现结合，是近现代刑法价值论的焦点。刑法是国家意志的一种集中反映，而国家意志在本性上是功利性的，因而不可能在国家活动中形成功利与公正不偏不倚的对等局面。然而，假定只要功利不要公正，那么这种功利就是蕴含着本身最终被否定的基因。要功利又

〔1〕 参见梁根林：《刑事制裁：方式与选择》，法律出版社2006年版，第49页。

要公正,这是国家被迫的选择,即国家功利应受公正的制约,即功利以公正为界限。在这里,所谓功利被公正制约,就是国家刑罚权的发动和行使受人权保障的制约。在这一意义上,公正的实现是功利被制约的结果。[1] 可见,储槐植教授所说的公正和功利在刑法中的关系,实质上就是自由和秩序在刑法中的关系。法益保护原则和罪刑法定原则分别是被用来维护秩序和保障自由的。因而,秩序与自由的这种手段与目的的关系,使法益保护原则本身不是目的,而只是用来实现罪刑法定原则的一种手段,法益保护原则必须受制于罪刑法定原则。这就是法益保护原则与罪刑法定原则的关系。

(二)法益保护原则与罪刑法定原则之一般关系的具体化

然而,法律的"原则需要进行某些具体化,才能应用于某些特定的生活情景。这种必要的改造由实证化来完成,实证化把那些原则变为具体的、切实可行的法的规则"。[2] 法益保护原则与罪刑法定原则的一般关系必须具体化,否则对两者关系之理论设定是没有任何意义的。在笔者看来,法益保护原则与罪刑法定原则的一般关系,应当通过刑法解释方法体系的建构来具体化。

无解释则无法律,法律在解释中生存与发展。"每一个法规范均需要进行解释,即使'表达清楚的条文'也需要解释,这是因为法条所具有的法学意义,可能与通常的理解有所不同。"[3] 因而,罪刑法定原则对法益保护原则的有效制约应当通过刑法的适用解释来具体化。在刑法解释方法体系上,近年来在我国刑法学界形成了两种基本观点:一是坚持目的解释是刑法解释之桂冠的刑法解释方法体系。这种观点认为,依据各种刑法解释方法得出的解释结论,最终必须接受目的解释的检验;而且目的解释中的"目的",即法益保护目的。[4] 二是坚持合宪性解释为终极解释方法的刑法解释方法体系。这种观点指出,依据文义解释、体系解释、历史解释等刑法解释方法得出的解释结论,最终必须接受

[1] 储槐植:《美国刑法的价值基础》,载储槐植:《美国刑法》(第3版),北京大学出版社2005年版,第9页。

[2] [德]H. 科殷:《法哲学》,林荣远译,华夏出版社2003年版,第171~172页。

[3] [德]汉斯·海因里希·耶塞克、托马斯·魏根特:《德国刑法教科书》,徐久生译,中国法制出版社2001年版,第190页。

[4] 参见张明楷:《刑法学》(第5版)(上),法律出版社2016年版,第38~39页。

合宪性解释的检验。[1] 笔者认为,实现罪刑法定原则对法益保护原则的有效制约,在刑法解释上就应当坚持合宪性解释优先于目的解释的刑法解释方法体系。具体理由如下:

首先,所谓合宪性解释,即符合罪刑法定原则的解释。从近代法治的发展过程来看,罪刑法定原则首先在宪法性文件中得以确立,之后经过很长一段时间后才在刑法中得以确立。而且到目前为止,很多国家也首先在宪法中规定罪刑法定原则,[2]罪刑法定原则首先被认为是宪法原则,其次才是刑法的基本原则。之所以如此,是因为罪刑法定原则被普遍认为是法治原则。例如,英国19世纪著名的宪法学家戴雪提出法治的第一项原则就是罪刑法定主义——除非明确违反国家一般法院以惯常合法方式所确立的法律,任何人不受惩罚,其人身与财产不受侵害。[3] 美国当代法学家富勒把法治的原则(法律的内在道德)归结为8项,即法律的一般性、颁布、禁止溯及既往、法律的清晰性、不矛盾、法律不强人所难、法律的稳定性、官方行动与公布的规则之间的一致性。[4] 除了第8项之外,其余各项都与罪刑法定原则有直接关系。其中,法律的一般性、颁布和法律的稳定性是罪刑法定原则之成文法主义(法律主义)所要求的,法律的清晰性和不矛盾是罪刑法定原则之明确性所要求的,法律不强人所难是罪刑法定原则之禁止处罚不当罚的行为所要求的。罗尔斯认为,罪刑法定原则是法治的重要原则。并指出:"法无明文规定不为罪的准则(Nalla crimen sine Lgge)及其暗含的种种要求也产生于一个法律体系的观念中。这个准则要求法律为人所知并被公开地宣传,而且它们的含义得到清楚的规定;法令在陈述和意向两方面都是普遍的,不能被当成损害某些可能被明确点名的人(褫夺公民权利法案)的一种手段;至少对较严重的犯法行为应有严格的解释;在量刑时不追溯被治罪者的既往过错。"[5]可见,在有关法治的经典论述中,往往把罪

---

[1] 参见梁根林:《罪刑法定视域中的刑法适用解释》,载《中国法学》2004年第3期;苏彩霞:《刑法解释方法的位阶与运用》,载《中国法学》2008年第5期。

[2] 例如,《德国基本法》第103条第2款规定了罪刑法定原则,同时《德国刑法典》第1条明文规定了罪刑法定原则;《日本国宪法》分别在第31条和第39条规定了罪刑法定原则,而在刑法典中找不到直接规定罪刑法定原则的条文;《意大利宪法》第25条第2款规定了罪刑法定原则;如此等等。

[3] 参见[英]戴雪:《英宪精义》,雷宾南译,中国法制出版社2001年版,第232页。

[4] 参见[美]富勒:《法律的道德性》,郑戈译,商务印书馆2005年版,第55~107页。

[5] [美]约翰·罗尔斯:《正义论》,何怀宏等译,中国社会科学出版社1988年版,第236页。

刑法定原则作为法治的重要原则来加以论述。对此,我国学者指出:“奉行罪刑法定主义几乎是19世纪所有文明国家的立国原则,实行罪刑法定原则是迈向法治的第一步,而且是最为重要、最为关键的一步。”[1]由此看来,所谓合宪性解释实质上就是对刑法作出合乎罪刑法定原则的解释,这也是合乎法治要求的解释。因而,实现罪刑法定原则对法益保护原则的有效制约,在刑法解释上就应当建立以合宪性解释为最终制约的刑法解释方法体系。

其次,合宪性解释主要是通过文义解释来实现的,而文义解释构筑了刑法解释的堤坝。合宪性解释并非一种具体的刑法解释方法,而是一种解释限度,其实现本身需要依赖于具体的刑法解释方法。自萨维尼以来,法律解释方法被类型化为文义解释、历史解释、体系解释和目的解释4种。[2] 这一传统在刑法解释学中亦得到了继承和发展。[3] 笔者依然以这四种解释方法为基本要素来建构刑法解释方法体系。在以合宪性解释为终极解释的刑法解释方法体系的建构中,我国学者提出了如下刑法解释方法体系:文义解释→体系解释→历史解释→目的解释→合宪性解释。[4] 在这一刑法解释方法体系中,合宪性解释是被作为与文义解释、体系解释、历史解释、目的解释相并列的刑法解释方法来看待的。笔者认为,合宪性解释并非一种单纯的解释方法,或者主要不是一种解释方法,而是解释限度,即对刑法应当作出合乎罪刑法定原则之要求的解释。因而,把合宪性解释看作与文义解释、体系解释、历史解释、目的解释相并列的刑法解释方法是不妥的。事实上,合宪性解释可以在文义解释、体系解释、历史解释、目的解释中任何一种解释方法中得到贯彻。当依据其中一种解释方法不能得出合乎罪刑法定原则的解释结论时,应当依据其他解释方法来弥补或克服。例如,我国《刑法》第245条规定:“非法搜查他人身体、住宅,或者非法侵入他人住宅的,处三年以下有期徒刑或者拘役。”若对该条进行文义解释,则所有非法侵入他人住宅的行为都成立非法侵入住宅罪,但这使得处罚范围过于宽泛,因而应当依据目的解释(对法益造严重侵犯)对文义解释进行限制,使之符

---

[1] 张明楷:《刑法学》(第5版)(上),法律出版社2016年版,第45页。

[2] 参见梁慧星:《民法解释学》,中国政法大学出版社1995年版,第213页。

[3] 参见[德]汉斯·海因里希·耶塞克、托马斯·魏根特:《德国刑法教科书》,徐久生译,中国法制出版社2001年版,第191页。

[4] 参见苏彩霞:《刑法解释方法的位阶与运用》,载《中国法学》2008年第5期。

合“禁止处罚不当罚的行为”这一罪刑法定原则的基本要求。

在文义解释、体系解释、历史解释和目的解释中，与合宪性解释最为接近的是文义解释，因为刑法是正义的文字表达，只有依据刑法用语对刑法进行解释，才能使解释结论符合立法原意。正因如此，法律主义才被认为是罪刑法定原则的最基本要求。因而，笔者主张建立“文义解释→其他解释（体系解释、历史解释、目的解释等）→文义解释”的循环式刑法解释方法体系。在这一刑法解释方法体系中，对任何刑法用语的解释首先应当进行文义解释，当依据文义解释得出的结论比较妥当时，就无须再进行其他解释；当依据文义解释得出的结论不妥当时（如前述对非法侵入住宅罪的文义解释），则应诉诸其他解释；但依据其他解释方法得出的结论最终均要接受文义解释的检验，即判断是否超出刑法的文义范围。例如，依据当然解释，真正军警人员抢劫的法益侵害性比冒充军警人员抢劫的严重，更应当作为抢劫罪的加重情节来看待，但当依据文义解释来检验时就会发现，“真正军警人员抢劫”已超出了“冒充军警人员抢劫”的文义范围，因而不应当把“冒充军警人员抢劫”解释为包括“真正军警人员抢劫”。可见，在循环式刑法解释方法体系中，文义解释构筑了刑法解释的堤坝，任何超出刑法文义范围的解释都是违反罪刑法定原则的，所以文义解释是对法律主义最为坚决而彻底的贯彻。在此，罪刑法定原则真正成为了刑法解释不可逾越的屏障。

最后，合宪性解释有利于贯彻存疑时有利于被告的原则。罪刑法定原则的首要价值在于保障被告人的人权，因而任何作出有利于被告人的解释都是符合罪刑法定原则的，并由此引申出了“存疑时有利于被告”的解释原则。其中的“存疑”，指的是在案件事实上存在疑问，而不是法律上存在疑问。换言之，当案件事实存在疑问时，应当作出有利于被告人的解释；[1] 但当法律存在疑问时，则不必作出有利于被告人的解释。[2] 显然，这一论断是建立在“事实疑问”

---

〔1〕 这也并非绝对。例如，甲、乙共同向丙射击致丙死亡，但事后查明只有一发子弹打中丙且无法查明是谁发射出去的子弹打中的。在这一案件中，可谓事实存在疑问，但一般不会坚持存疑时有利于被告的原则，认定甲、乙的行为成立故意杀人未遂，而是采取部分实行全部责任原则，认定甲、乙的行为成立故意杀人罪既遂。

〔2〕 参见张明楷：《刑法分则的解释原理》（第2版）（上），中国人民大学出版社2011年版，第38～41页。

与“法律疑问”能够清楚界定的基础之上的。然而，在有些情况下，刑法用语本身并无疑问，只是因为出现了新的案件事实才使原本没有疑问的刑法用语出现了疑问。例如，《刑法》第263条中的“冒充军警人员抢劫”本来没有疑问，只是实践中出现了真正军警人员抢劫的情形，在惩罚真正军警人员抢劫的强烈冲动下，人们才企图把“冒充军警人员抢劫”解释为包括“真正军警人员抢劫”，“冒充军警人员”这一刑法用语才出现了疑问。再如，对《刑法》第385条中的“卖淫”这一用语本无争议，只是由于实践中出现了组织男性向男性或女性提供有偿性服务的案件，在惩罚组织男性向男性或女性有偿提供性服务的社会需求下，人们才重新考虑“卖淫”一词的含义，才使得本无疑问的“卖淫”一词变成了一个有争议的刑法用语。可见，这种情况下的法律疑问也是事实疑问（法律疑问与事实疑问的竞合），法律疑问与事实疑问的区分只是看问题的角度不同。在这种情况下，是否可以作出不利于被告人的解释，不是没有疑问的。

不利于被告人之解释的范围极为广泛，大致包括两种情况：一是在刑法用语的含义范围内作出不利于被告人的解释。例如，把《刑法》第385条中的“卖淫”解释为包括男性向男性或女性提供有偿性服务，就属于这种情况。因为《刑法》只是使用了“卖淫”这一术语，并没有明确规定卖淫是指妇女向男性出卖肉体。二是超出刑法用语的含义范围作出不利于被告人的解释。例如，把《刑法》第116条中的“汽车”解释为包括大型拖拉机，把《刑法》第336条中的“冒充军警人员抢劫”解释为包括“真正军警人员抢劫”，都属于这种情况。[1]可见，第一种不利于被告人的解释属于法官在自由裁量权范围内作出的解释，并不违反罪刑法定原则，真正违反罪刑法定原则的是第二种不利于被告人的解释。而且如果坚持存疑时有利于被告的解释原则不适用于法律存在疑问的情况，等于是为超出刑法用语之含义范围解释刑法提供了存在的空间。因而，对刑法用语的解释不应当采取是否有利于被告人的标准，而应当坚持用文义解释来限制各种刑法解释方法。正如德国学者所指出的：“在疑罪情况下，在对法律规范的解释方面，法院不是选择对被告人最为有利的解释，而是选择正确的

[1] 可见，扩大解释和入罪方向的当然解释（举轻以明重）本身就是违反罪刑法定原则的。

解释。"[1]"法律与事实共存亡,法律并非产生于事实发生之前。谈法律而不言事实,诚属荒唐!"[2]法律疑问来自事实疑问,任何法律疑问都是法律疑问与事实疑问的竞合,即没有纯粹的法律疑问;把法律疑问与事实疑问的竞合一律看作法律疑问,并坚持不适用存疑时有利于被告的解释原则的观点,显然是武断的。对于法律疑问,只能以合宪性解释为指导,以不超出刑法用语的含义范围来解释。

四、结语

自 1997 年《刑法》颁布实施以来,我国刑法学界在刑法基本原则上耗费笔墨最多的是罪刑法定原则。这对罪刑法定原则的中国本土化确实具有重要意义,但其中也反映出了刑法学研究中的一些问题。

《刑法》第 3 条前段明显不符合罪刑法定原则的经典表述,但人们或者不理它,或者非得把它解释为罪刑法定原则的一个方面,或者解释为对罪刑法定原则的另一种表述,或者有人干脆将其解释为对罪刑法定原则的否定而加以诟病。诚然,法治在刑法领域集中体现为罪刑法定原则,但刑事法治的发展也离不开对刑法权威的塑造,[3]而在这一点上,法益保护原则往往起着非常重要的作用。因为法益保护原则并不如人们想象的那样——意味着可以任意入罪,而是要求保护法益的活动必须依照法律进行。[4]

众所周知,自由和秩序既对立又统一。然而,在刑法基本原则的研究上,人们似乎更加重视自由和秩序之间的对立,而对其统一的一面则关注不够,生怕提倡法益保护会削弱自由保障,因而将更多的精力放在了罪刑法定原则上。试

---

〔1〕 [德]汉斯·海因里希·耶塞克、托马斯·魏根特:《德国刑法教科书》,徐久生译,中国法制出版社 2001 年版,第 190 页。

〔2〕 吴经熊:《法律哲学研究》,清华大学出版社 2005 年版,第 18 页。

〔3〕 亚里士多德在《政治学》一书中强调,法治的关键在于法律获得普遍的服从。(参见[古希腊]亚里士多德:《政治学》,吴寿彭译,商务印书馆 1983 年版,第 199 页。)贝卡里亚曾在《论犯罪与刑罚》一书中就明确提出了刑罚的确定性和必定性的论断。(参见[意]贝卡里亚:《论犯罪与刑罚》,黄风译,中国大百科全书出版社 1993 年版,第 59 ~ 60 页。)费尔巴哈在其《刑法教科书》中指出,有罪必罚与无法无刑和无法无罪一道构成了刑法的最高原则。(参见[德]安塞尔姆·里特尔·冯·费尔巴哈:《德国刑法教科书》,徐久生译,中国方正出版社 2010 年版,第 31 页。)可见,刑法的权威性和有罪必罚对于刑事法治具有重要意义,是刑事法治的重要表现。

〔4〕 在大陆法系刑法理论中,"法益"主要是违法性判断中的一个概念,因而,法益侵害性的判断实质上主要是一个出罪的判断。在这个意义上,法益侵害与罪刑法定原则的作用方向是一致的。

想:如果没有秩序,哪里有自由可言;没有刑法对法益的有效保护,自由保障如何实现?

诚然,就我国而言,罪刑法定原则目前还只是在立法上得以确立,需要司法化,因而对罪刑法定原则的研究倾注多大精力都不为过。但这并不意味着我们应当忽视对法益保护原则的研究。事实上,一方面,不重视对法益保护原则的研究会使保护法益的活动因缺乏理论指导而陷入混乱;另一方面,对法益保护原则的研究实质上就是对罪刑法定原则的研究,因为法益保护与罪刑法定是相伴而行的,而且正确处理法益保护与罪刑法定之间的关系,是研究法益保护原则时无法绕开的一个问题。

因而,在刑法学研究中,我们不应当回避刑法的规定,更不应当嘲弄刑法,而应当密切关注刑事立法和司法实践,从实践中提炼出理论,再用理论来指导实践,这才是一种务实的态度。

刑法合宪性解释的意义重构与关系重建

——一个罪刑法定主义的理论逻辑

自萨维尼把法律解释方法分为语义解释、逻辑解释、历史解释和目的解释以来,〔1〕这4种解释方法在刑法领域被广泛使用,并成为刑法解释的经典方法。〔2〕在我国,学者们大都承认这四种解释方法属于刑法解释的基本方法,但除此之外,刑法理论上还提出了刑法的合宪性解释。例如,有学者曾提出了刑法解释中的合法性原则,其指出:“合法性原则是指刑法的解释必须符合宪法和法律的要求。”〔3〕这实质上等于提出了合宪性解释的概念。有学者认为,合宪性解释是与文义解释、体系解释、历史解释、目的解释相并列的一种刑法解释方法,并强调合宪性解释在刑法解释方法体系中的终极意义。〔4〕有学者主张,为了制约目的解释,应当提倡合宪解释。“刑法合宪解释的实质是对刑法文本的合宪审查,从实质合理性角度对目的解释构成制约。”〔5〕还有学者将合宪性解释作为体系解释的种类之一进行阐述,并指出:“体系解释并非仅要求解释结论在刑法范围内具有协调性,还要求解释结论具有合宪性。符合宪法的解释本身,就是重要的解释理由。”〔6〕由此看来,在我国刑法学界,对于合宪性解释本身的含义、合宪性解释的地位以及合宪性解释与刑法解释方法之间的关系等问题,不仅存在很大争议,而且显得非常凌乱。

---

〔1〕 参见[德]卡尔·恩吉施:《法律思维导论》,郑永流译,法律出版社2004年版,第87~88页。

〔2〕 参见[德]汉斯·海因里希·耶塞克、托马斯·魏根特:《德国刑法教科书》,徐久生译,中国法制出版社2001年版,第191页。

〔3〕 李希慧:《刑法解释论》,中国人民公安大学出版社1995年版,第82页。

〔4〕 参见梁根林:《罪刑法定视域中的刑法适用解释》,载《中国法学》2004年第3期;苏彩霞:《刑法解释方法的位阶与运用》,载《中国法学》2008年第5期。

〔5〕 周折:《刑事政策视野中的刑法目的解释》,载《中外法学》2007年第4期。

〔6〕 张明楷:《刑法分则的解释原理》(第2版)(上),中国人民大学出版社2011年版,第59页。

那么,到底应当如何理解合宪性解释?合宪性解释是否属于具体的刑法解释方法?在刑法理论与实践中是否应当提倡合宪性解释?能否依据合宪性解释来建立一种刑法解释方法体系?对这些问题的深入思考,显然有利于刑法解释学的深入发展;同时,其对刑法解释实践乃至刑法领域法治的形成所具有的重要指导意义,也是不言而喻的。

一、刑法合宪性解释的概念及意义

(一)刑法合宪性解释的概念

在我国刑法理论上,人们大都承认应当对刑法进行合宪性解释。一般认为,刑法的合宪性解释就是对刑法作出合乎宪法要求的解释。例如,有学者指出:"合宪性解释,是指刑法的解释应当符合宪法的原则与精神,而不能与宪法相抵触。"[1]还有学者指出,对刑法条文的解释结论必须符合宪法;违反宪法的解释不仅是没有说服力的解释,而且是无效的解释;对于公民行使宪法所赋予的权利的行为,即使行使方式、程序不当,也不得轻易解释为犯罪;倘若对刑法的某个条文无论如何解释,都只能得出违反宪法的结论,那么该条文就是违宪的。[2] 我国台湾地区的学者也指出,从事刑法解释时,必须以宪法的规定与精神以及民主宪治的价值判断标准作为最高指标,此即合宪性解释。"依据合宪性解释,刑法条文若有多重意义同时存在时,则应选择与宪法的规定与精神相符的意义,以及合宪保障人民的基本权利与自由意旨,作为法条的标准意义。"[3]除此之外,还有学者从违宪审查的角度来理解刑法的合宪性解释。其指出,刑法的合宪性解释,实质上就是刑法的合宪性审查。刑法的合宪性解释或合宪性审查,可以而且应当从多路径、多个角度全方位地进行;刑法合宪性解释与合宪性审查,必须超越罪刑规范的文本及其适用解释的狭隘视野,在民主宪治的原理与精神的导引下,以宪法文本与宪治实践为依据,进行多角度、全方位的裁量与判断,使解释结论符合正当性与合宪性的要求,并且在必要时宣告

---

〔1〕 曲新久:《刑法学》(第2版),中国政法大学出版社2009年版,第23页。

〔2〕 参见张明楷:《刑法分则的解释原理》(第2版)(上),中国人民大学出版社2011年版,第59页。

〔3〕 林山田:《刑法通论》(增订10版)(上册),北京大学出版社2012年版,第87页。

违宪的刑法文本无效。[1]

在我国,人们之所以提倡对刑法进行合宪性解释,主要是基于对宪法与刑法之间的效力位阶关系的考虑。换言之,宪法是母法,刑法是子法,因而刑事立法和司法都应当符合宪法的要求,对刑法进行合宪性解释就是自然而然的事了。然而在笔者看来,把刑法的合宪性解释界定为"对刑法作出合乎宪法要求的解释",没有说清楚到底什么是刑法的合宪性解释。主要理由有二:其一,在我国,虽然人们都承认宪法与刑法之间属于母法与子法的关系,但对于宪法对刑法起到了怎样的"母法"作用,这一点却并不清楚。其二,在我国,人们普遍认为刑法解释必须合乎宪法的原则与精神,但对于刑法而言,宪法的原则与精神是什么,也不是很清楚。另外,有学者主张通过把对刑法的解释结论纳入宪法审查的范围来建立刑法的合宪性解释,可谓找到了合宪性解释的制度基础和技术路径,但这并非合宪性解释的含义。因而,如果真要提倡与贯彻刑法的合宪性解释,那就应当抛弃"合宪性解释是指刑法的解释应当合乎宪法的原则与精神"这类空洞的概念。

那么,究竟什么是刑法的合宪性解释呢?在本文看来,所谓刑法的合宪性解释,是指对刑法作出符合罪刑法定原则的解释。理由如下:

首先,从宪法与刑法的关系来看,刑法的合宪性解释应当是指对刑法作出符合罪刑法定原则的解释。通俗地讲,宪法与刑法的关系就是刑法的运行必须符合宪法的规定。具体表现为两个层面:一是刑法的制定和修改要符合宪法的规定;二是刑法的司法适用要符合宪法的规定。其中,第二个方面与刑法的合宪性解释直接相关。宪法主要涉及三个方面的内容,即个人的基本权利和义务、国家最重要机关的组织职权及其相互关系、宪法的修改。[2] 其中,最为重要的是个人的基本权利和义务,后两项内容都是为此服务的。在此意义上来说,宪法主要是授权性法律规范。宪法不仅是一部普通的权利文件,而且是一部保护所有人权利的基本文件,是每一个理性人都能同意接受的"社会契约"。[3] 就此来看,刑法的适用必须符合宪法的规定,就意味着刑法的适用必

---

〔1〕 参见梁根林:《罪刑法定视域中的刑法适用解释》,载《中国法学》2004年第3期。

〔2〕 参见王世杰、钱端升:《比较宪法》,商务印书馆2010年版,第11~13页。

〔3〕 张千帆:《宪法学导论》(第2版),法律出版社2008年版,第28页。

须以保障人权为基本归宿,而这正是罪刑法定原则的精神意蕴。申言之,刑法的适用必须符合宪法的规定,实质上是指刑法的适用必须符合罪刑法定原则的要求。刑法的适用过程是一个解释刑法的过程,因而说刑法的适用必须符合罪刑法定原则的要求,就等于说刑法的解释必须符合罪刑法定原则的要求,此即刑法的合宪性解释。也正因如此,法治国家一般都将罪刑法定原则作为法治原则在宪法中规定了下来。

其次,从近代刑法的产生与发展来看,刑法的合宪性解释应当是指对刑法作出符合罪刑法定原则的解释。近代刑法是在批判与否定封建刑法的基础上产生和发展起来的。其中,批判的内容包括封建刑法的干涉性、恣意性、身份性以及刑罚的残酷性等,批判的核心在于封建国家的权力不受限制,过于强大,致使个人权利惨遭践踏,批判的结果是在刑法领域确立了罪刑法定原则。因而,近代刑法的产生实质上意味着罪刑法定原则的确立,近代刑法的发展从根本上来讲就是罪刑法定原则的发展和完善。而且值得注意的是,罪刑法定原则的法律渊源主要不是刑法,而是宪法或宪法性文件。例如,罪刑法定原则最早的法律渊源被认为是1215年英王约翰签署的《自由大宪章》第39条,并在英国后来的《权利请愿书》《人身保护法》等宪法性文件中得到确认。罪刑法定原则传播到美国和欧洲大陆后,先后在美国1774年的《权利宣言》、法国1789年的《人权宣言》和1791年的《法国宪法》中得以确立。即使在今天,法治国家依然把罪刑法定原则作为法治原则来看待,并在宪法中加以规定,甚至有的国家只在宪法中规定了罪刑法定原则。[1] 由此来看,宪法与刑法的关系集中体现为罪刑法定原则,罪刑法定原则属于法治原则,并且通过刑法来具体贯彻;[2] 相应地,应当把刑法的合宪性解释理解为对刑法作出符合罪刑法定原则的解释。

最后,从国外刑法理论对合宪性解释的解释来看,刑法的合宪性解释应当

---

〔1〕 例如,《德国基本法》第103条第2款规定了罪刑法定原则,同时在现行《德国刑法典》第1条规定了罪刑法定原则。《日本国宪法》第31条、第39条和第73条明文规定了罪刑法定原则,但在现行《日本刑法典》中却找不到对罪刑法定原则的直接规定。

〔2〕 这种情况在大陆法系国家的刑法理论上也得到了确认。例如,在德国著名刑法学家罗克辛教授的《德国刑法学总论》中,"罪刑法定原则"被表述为"法治原则",并指出,法律制度不仅必须提供适当的方法和手段来预防犯罪,而且必须限制刑罚力的干涉,从而不会使公民毫无保护地受到"蛮荒国家"的任意或者过分对待。法治原则有四项作用:第一,禁止类推解释;第二,禁止作为刑罚根据和使刑罚严厉的习惯法;第三,禁止溯及既往效力;第四,禁止不确定的刑法和刑罚。参见[德]克劳斯·罗克辛:《德国刑法学总论》(第1卷),王世洲译,法律出版社2005年版,第77~80页。

是指对刑法作出符合罪刑法定原则的解释。虽然各国刑法理论没有明确提出合宪性解释的概念,但合宪性解释的观念是始终存在的。但凡涉及刑法的合宪性解释问题时,大都将合宪性解释理解为对刑法作出符合罪刑法定原则的解释。例如,日本著名刑法学家大塚仁教授指出,由于罪刑法定主义的要求,在刑法上不允许类推解释,因为其超越了法律本来预想的范围。在第二次世界大战前,广为承认类推解释的学说很有力,也允许它的立法例,但今天维持这种态度就违反了宪法的旨趣,是不妥当的。[1] 在此,大塚仁教授虽然没有明确对合宪性解释下定义,但合宪性解释作为刑法解释的根底是不容否认的。而且所谓合宪,即禁止类推,合乎罪刑法定原则;相应地,刑法的合宪性解释就是对刑法作出合乎罪刑法定原则的解释。在德国著名刑法学家罗克辛的刑法理论中,也没有明确提出合宪性解释的概念,但从其理论脉络中可以看出,以作为法治原则之罪刑法定原则为界限对刑法进行解释,构成了刑法的合宪性基础。罗克辛是在解释与禁止类推的关系中阐述刑法解释的,其指出虽然刑法用语在或大或小的范围内都具有多重含义,但法官在解释刑法时无论如何都不能突破《德国基本法》第 103 条第 2 款所设定的法治原则(罪刑法定原则——引者注)。[2] 由此来看,只有对刑法作出合乎罪刑法定原则的解释才是符合宪法要求的解释。在美国的刑法学论著中,“罪刑法定原则”是“合法性原则”的同义语,其宪法基础在于以下一两个方面:其一,《美国宪法》第一章第九节和第十节禁止联邦和州的立法机关制定“直接对特定的人/人群直接宣判有罪/无罪的法案”和“禁止进行事后立法条款”。其二,《美国宪法》第五和第十四修正案的正当程序条款。这些条款以及美国联邦最高法院于 1914 年确认的“因不明确而无效”的宪法原则对刑法的适用解释构成了明显的制约,是衡量刑法解释结论是否合宪的重要依据。[3] 可见,把刑法的合宪性解释理解为对刑法作出符合罪刑法定原则的解释,在大陆法系和英美法系的刑法理论中具有一致性,而且这种理论

[1] 参见[日]大塚仁:《刑法概说(总论)》(第 3 版),冯军译,中国人民大学出版社 2003 年版,第 77 页。

[2] 参见[德]克劳斯·罗克辛:《德国刑法学总论》(第 1 卷),王世洲译,法律出版社 2005 年版,第 84~85 页。

[3] 参见[美]约亚书·德雷斯勒:《美国刑法精解》(第 4 版),王秀梅等译,北京大学出版社 2009 年版,第 34~40 页。

均来自对刑法与宪法关系的基本认识以及法律的规范分析。

(二)提倡刑法合宪性解释的现实意义

由上述分析可以看出,把刑法的合宪性解释理解为对刑法作出符合罪刑法定原则的解释,不是纯粹的理论建构,而是对法治经验的总结。而且对于当下中国而言,这一理论总结有着极重要的现实意义和理论价值。

1. 促进刑法领域法治的实现

把刑法的合宪性解释理解为对刑法作出符合罪刑法定原则的解释,最重要且直接的意义在于促进刑法领域法治的实现。罪刑法定原则与法治之间关系密切。对此,我国学者业已指出:"可以说,罪刑法定原则是刑事法治的内在精神。如果说,在刑法中选择一个关键词,那么非罪刑法定原则莫属。"[1]然而,罪刑法定原则的立法化,并不意味着罪刑法定原则就能够在司法实践中得以贯彻实现。我国有学者甚至认为,罪刑法定原则在我国司法实践中被瓦解了。"说到罪刑法定的现实困境,我可能比别人有更多的感触。其中一个重要感触令我自己都觉得震撼:罪刑法定写入刑法12年来(至2009年——引者注),司法解释和审判实践都证明了这个原则的彻底失败。"[2]正如论者所言,这是一种感触,而且感触不一定准确。但是,罪刑法定原则在中国当下司法实践中的基本样态,通过逻辑演绎还是可以得出大致结论的。

事实上,正如我国学者业已指出的那样,由于缺乏相应的制度设置和司法技术,罪刑法定原则根本无法对警察权力或者司法权进行实质的限制,更毋庸说是对立法权的限制了。例如,作为罪刑法定原则之下位原则的明确性原则,是对于立法者所提出的要求,其对于立法权的限制极为必要。但在我国,任何违背罪刑法定精神的立法都无法得到纠正,即使严重违背这一原则的相关刑事立法也仍将继续有效。[3] 我国刑法理论一致认为,罪刑法定原则允许扩张解释而不允许类推解释,但由于扩张解释与类推解释之间的界限难以划定,致使类推解释往往假借扩张解释之名进入刑事司法过程,对罪刑法定原则的实现制造了障碍。例如,把《刑法》第116条中的汽车解释为包括大型拖拉机,就是这

---

〔1〕 陈兴良:《教义刑法学》,中国人民大学出版社2010年版,第29页。

〔2〕 邓子滨:《中国实质刑法观批判》,法律出版社2009年版,第135~136页。

〔3〕 参见劳东燕:《罪刑法定本土化的法治叙事》,北京大学出版社2010年版,第27页。

种情况的表现。通过对我国法律文化传统和当下的司法实践认真考察后不难发现,罪刑法定原则在我国不仅缺乏自由主义的哲学基础,而且缺乏宪治实践的支撑。因而,与通过惩罚犯罪进而保护社会的思考方式相比,以罪刑法定原则为支撑的通过限制刑罚权进而保障人权的思考方式在我国始终处于弱势地位。因而,如何提升罪刑法定原则的地位,使其对刑法的运行构成明显制约,是我国刑法(学)发展所面临的重要任务。

无解释则无法律,法律在解释中存在和发展。因而,刑法解释是贯彻罪刑法定原则,最终实现刑法领域法治的重要途径。把刑法的合宪性解释界定为对刑法作出符合罪刑法定原则的解释并加以提倡,不仅能够从观念上把罪刑法定原则的精神和思考方式植入刑法解释的向度之内,而且如后所述,也能为刑法解释的具体路径提供技术路线。因而,提倡刑法的合宪性解释,是促进刑法领域法治实现的必要步骤。

2. 为刑法解释方法的具体运用划定界限

"法学的永久的重大任务就是要解决生活变动的要求和既定法律的字面含义之间的矛盾。"[1]正因如此,在刑法文本相对固定的前提下,对刑法文本的解释结论却随着地域、时间、案件的特殊情况而有所不同。"在法官身上,个人的正义和制度的正义的对立,通过个人的、社会道德的决定而被克服。在他的工作中,法得到完善。"[2]刑法用语向社会生活开放,并随着社会生活的发展变化而变化。同样是"凶器",在有些情况下可以解释为包括硫酸,但在有些情况下则完全有可能解释为不包括硫酸。把"卖淫"这一用语解释为"妇女出卖肉体"的观点虽然占据了人类发展历史的大部分时间,但随着男性出卖肉体现象的增多,"卖淫"则被解释为包括一切出卖肉体的行为。[3] 在这个意义上,任何犯罪的构成要件都属于开放的构成要件。[4] 在这种情况下,刑法解释很容易被认为是一种诠释学意义上的解释,刑法解释不仅应当向案件事实开放,而且

---

〔1〕 [奥]欧根·埃利希:《法社会学原理》,舒国滢译,中国大百科全书出版社2009年版,第442页。

〔2〕 [德]H. 科殷:《法哲学》,林荣远译,华夏出版社2003年版,第196页。

〔3〕 参见陈兴良:《教义刑法学》,中国人民大学出版社2010年版,第57~60页。

〔4〕 在我国,即使被认为属于典型的封闭的犯罪构成的伪证罪的犯罪构成,在一定程度上也被认为是开放的,因为对于被害人陈述是否属于证人证言,进而被害人是否属于证人的问题,也是存在很大争议的。

应当向社会生活开放。

如若完全坚持诠释学意义上的解释，当然解释、扩张解释乃至类推解释均可以成为刑法的解释方法，但这显然是不妥当的。刑法是正义的文字表述，因而刑法用语为刑罚权的发动划定了界限。如果坚持刑法文本完全向社会生活开放，则意味着只要想惩罚一种行为，就完全可以把某种行为解释为被某一刑法用语所包含。例如，当司法者基于某种社会压力欲严厉惩罚实施抢劫行为的真正军警人员时，就会把"真正军警人员抢劫"解释为"冒充军警人员抢劫"，适用抢劫罪的加重法定刑。其理由是，既然冒充军警人员抢劫的情形属于抢劫罪的加重情形，那么真正军警人员抢劫的情形更应当按照抢劫罪的加重情形来处罚。[1] 当司法者欲惩罚作虚假陈述的被害人时，就会把被害人陈述解释为证人证言，并相应地把被害人解释为证人，进而适用《刑法》第305条的规定。其理由是，被害人陈述和证人证言一样也是刑事诉讼法所规定的主要证据种类之一，而且在刑事案件中询问证人的有关规定也同样适用于询问被害人。[2] 可见，诠释学意义上的解释对弥补成文法的不足，特别是补充法律的漏洞具有重要意义。

然而，刑法与其他法律之间的差别，不仅表现为刑法的规制对象和制裁手段具有特殊性，而且更重要的是表现为刑法解释与其他法律解释之间的重大差异。与任何其他法律一样，刑法也存在漏洞，但刑法是实行罪刑法定原则的，所以刑法的漏洞不允许补充。"在某些情况下，对法律安定性和分权原则的考虑会要求严格禁止司法性的漏洞填补活动。比如按照'法无明文规定不为罪'原则，对于确立刑罚以及加重刑罚的规定禁止类推适用。此外，也不得通过类推方式额外创设征税或加重税负的事实构成；也就是说，在此意义上税法是完全以'立法者命令'为依据的。"[3] 可见，法律漏洞的填补主要是就民法而言的。将诠释学意义上的解释完全运用到刑法解释领域时，只是看到了法律解释的普遍性，而没有看到刑法解释的特殊性。"在一定程度上，每个法律解释都有其

〔1〕 参见张明楷：《刑法分则的解释原理》（第2版）（上），中国人民大学出版社2011年版，第67～68页。

〔2〕 参见黎宏：《刑法学各论》（第2版），法律出版社2016年版，第398页。

〔3〕 ［德］齐佩利乌斯：《法学方法论》，金振豹译，法律出版社2009年版，第97页。

时代性。这倒不是说,解释者必须立即屈从每种时代潮流或时尚。"[1]刑法规定的是犯罪与刑罚,均属于重大事项,只能由立法者来决定。因而,司法者只能在刑法用语所具有的含义范围内对刑法作出解释。在这个意义上,任何超出刑法用语含义范围的解释(包括扩张解释和当然解释)都是违反罪刑法定原则的解释。把刑法的合宪性解释界定为对刑法作出符合罪刑法定原则的解释,恰恰能够使人们认识清楚扩张解释和当然解释的本来面目,为刑法解释方法的具体运用划定界限。

3. 厘定刑法理论的发展方向

刑法学的本体是刑法解释学。所谓刑法解释学,就是指对现行刑法进行解释与说明而形成的一门学问。"解释"本身就是一个哲学问题。因而,围绕如何解释刑法,在刑法学术史上形成了实质解释论与形式解释论之争,并以形式犯罪论与实质犯罪论为支撑而具体展开。[2] 形式解释论与实质解释论之争在当代中国的刑法学中已经展开,而且所涉及的范围远远大于这一论争在大陆法系国家刑法理论中所探讨的范围。[3] 所以,对刑法解释方法和解释限度之含义的设定和顺序的调整,必然会影响刑法理论的发展方向。那么,在当下中国的刑法解释领域,到底应当提倡与贯彻实质解释论还是形式解释论?这从刑法解释本身是说不清楚的,必须联系当下中国刑事法治的现实需要。

完全可以说,当代中国处于刑事法治初建阶段。在这一阶段,刑事法治建设的主要障碍表现为民众普遍缺乏对刑法规范的认同感。造成刑法公众认同缺失的原因主要有两个方面:一方面,不管从理论还是立法来看,中国刑法在很大程度上是对西方刑法及刑法理论进行大面积移植后形成的,与中国文化之间本身就存在很多隔阂,而且在这种移植的背后往往蕴含着对中国文化的忽视乃至鄙视。另一方面,更为重要的是,普遍存在的司法腐败使"刑法说话不算数""刑法是为有权人和有钱人服务的"等经验性说教代替了人们期盼已久的"司法公正""司法为民"等基本理念。因而,在当代中国,树立民众对刑法规范的认同感是实现刑事法治的一个"瓶颈"问题,关系到刑事法治建设的成败。在

---

〔1〕[德]卡尔·拉伦茨:《法学方法论》,陈爱娥译,商务印书馆2003年版,第196页。
〔2〕参见[日]大谷实:《刑法总论》,黎宏译,法律出版社2003年版,第72~74页。
〔3〕参见周详:《刑法形式解释论与实质解释论之争》,载《法学研究》2010年第3期。

这一问题的解决上,形式解释论则显得意义重大,因为形式解释论要求忠实于刑法的字面含义,反对首先依据处罚的必要性解释构成要件。

然而,刑法的公众认同缺失问题不是短时期内能够解决的,也不是能通过一个口号或一场运动就能够达致的,而必须诉诸具体入微、"润物细无声"的刑法解释活动。在当今的刑法理论中,形式解释论和实质解释论已超出了原初意义——对构成要件作出字面解释还是依据处罚的必要性解释构成要件,而是发展为是否要求以刑事政策上的目标设定来指导与制约对构成要件的解释。在我国刑法理论中,形式解释论与实质解释论之争主要表现在,究竟以自由保障优先还是以社会保护优先来展开价值判断以及相应的方法论选择上。〔1〕 把刑法的合宪性解释界定为对刑法作出符合罪刑法定原则的解释,实质上是在提倡形式解释论,要求以自由保障为限度解释刑法,在解释方法体系上要求把文义解释作为刑法解释的终极方法来看待并加以运用,因为只有严格遵循文义,不超出文义的范围,才能使刑法用语有效限制司法权成为可能。可见,提倡合宪性解释,并将其界定为对刑法作出符合罪刑法定原则的解释,不仅厘定了刑法解释学的发展方向,而且其对整个刑法学的发展所具有的明显的导向作用也是不容否认的。

二、刑法合宪性解释的性质与地位

(一)刑法合宪性解释的性质

合宪性解释是否属于一种独立的刑法解释方法?中外刑法理论对此有着不同认识。德国刑法理论一般认为,刑法解释方法包括文义解释、体系解释、历史解释和目的解释,合宪性解释不是一种独立的解释方法,而被认为是应当贯穿于各种刑法解释方法中的最基本的解释理由。〔2〕 在我国,有学者认为,合宪性解释是与文义解释、历史解释、体系解释和目的解释相并列的解释方法;而且符合刑法文本特性、罪刑法定原则与刑法解释目标要求的刑法解释方法及其顺

〔1〕 参见劳东燕:《刑法解释中的形式论与实质论之争》,载《法学研究》2013 年第 3 期。

〔2〕 参见[德]汉斯·海因里希·耶塞克、托马斯·魏根特:《德国刑法总论》,徐久生译,中国法制出版社 2001 年版,第 191 页;[德]约翰内斯·韦塞尔斯:《德国刑法总论》,李昌珂译,法律出版社 2008 年版,第 24 页。

序,应当是文义解释→体系解释→历史解释→目的解释→合宪性解释。[1] 有学者指出,在刑法解释方法中,论理解释包括体系解释、历史解释、目的性解释、社会学解释、合宪性解释等。其中,合宪性解释在这些解释方法中当然处于优越地位,但刑法并非总是涉及宪法,在没有涉及宪法的时候,上述解释方法何者具有优越地位,法理学和刑法学上的见解没有统一。[2] 还有学者认为,合宪性解释不是一种独立的解释方法,而更是一种解释理由。在对刑法文本进行目的解释时,也要遵循罪刑法定原则,换言之,为了实现法益保护目的而解释刑法分则条文时,应当注意国民自由的保障。[3] 可见,在我国,对于合宪性解释是否属于独立的刑法解释方法以及其在刑法解释中处于何种地位,还存在较大争议。

笔者认为,如果把刑法的合宪性解释界定为对刑法作出符合罪刑法定原则的解释,那么合宪性解释就不应当是一种具体的刑法解释方法,而毋宁说是一种解释限度。理由如下:

其一,罪刑法定原则决定了合宪性解释只能是一种解释限度。刑法的基本原则到底包括哪些?这一问题在大陆法系国家既无定论,也无明显的争论。有的学者只承认罪刑法定主义是刑法的基本原则,有的学者则认为罪刑法定主义与责任主义是刑法的基本原则,还有的学者认为法益保护主义、客观违法论、行为主义是刑法基本原则,甚至有学者认为谦抑主义也是刑法的基本原则,如此等等。[4] 但可以肯定的是,罪刑法定主义作为刑法的基本原则,具有不可动摇的地位。在日本的绝大多数刑法教科书中,只有罪刑法定原则被作为一章或一节在刑法总论中得到集中阐述,似乎刑法的基本原则就是罪刑法定原则。在德

---

〔1〕 参见梁根林:《法定视域中的刑法适用解释》,载《中国法学》2004 年第 3 期。还有学者指出,从安定性优先,兼顾妥当性的刑法解释方法的价值目标出发,也应当建立"文义解释→体系解释→历史解释→目的解释→合宪性解释"的刑法解释方法体系。参见苏彩霞:《刑法解释方法的位阶与运用》,载《中国法学》2008 年第 5 期。

〔2〕 参见曲新久:《刑法学》(第 2 版),中国政法大学出版社 2009 年版,第 22 ~ 23 页。事实上,如果把罪刑法定理解为刑法的基本原则,理解为宪法与刑法之关系的集中表现,则任何刑法的适用解释都涉及宪法,不涉及宪法的刑法适用解释是不存在的。因为任何刑法解释都必须在保障人权与保护法益之间寻求平衡,而这正恰恰都是宪法性问题。

〔3〕 参见张明楷:《刑法分则的解释原理》(第 2 版)(上),中国人民大学出版社 2011 年版,第 59 页、第 88 页。

〔4〕 参见张明楷:《外国刑法纲要》(第 2 版),清华大学出版社 2007 年版,第 19 页。

国，有的教科书把“法治原则”作为“罪刑法定原则”的同义语并集中讨论；〔1〕有的教科书在“刑法与法治国家”的标题下讨论罪刑法定原则，而且刑法与法治国家的关系就表现为罪刑法定原则，换言之，法治国家在刑法领域是通过罪刑法定原则来展开的；〔2〕更多的刑法教科书没有把罪刑法定原则作为专门问题来集中讨论，而是将其内容和要求贯穿于刑法基础论、犯罪论、刑罚论以及罪刑各论的每一个问题中来加以论述。这种情况表明，罪刑法定主义在大陆法系国家已经深入人心，而且在德国似乎比日本更加明显。

在这种情况下，合宪性解释自然是一种解释限度，而不是一种独立的刑法解释方法，因而需要在任何一种刑法解释方法中予以贯彻。为此，德国学者指出，解释方法之桂冠当属于目的论之解释方法，因为只有目的论的解释方法直接追求所有解释之本来目的，寻找出目的的观点和价值观点，从中最终得出有约束力的重要的法律意思；但在根据法律目的进行解释时，法官总是将宪法的价值判断放在首位（符合宪法的解释），在法律规定的范围内与宪法规范保持一致。〔3〕与德国、日本等大陆法系国家相比，我国还比较缺乏罪刑法定原则生长的土壤与环境。因而，为了使罪刑法定原则能够在我国深入人心，则更应从刑法的适用解释开始，要求解释者（主要是指司法人员和从事学理解释的学者）把合宪性解释始终如一地贯彻到刑法解释方法当中。

其二，文义解释方法的存在也决定了合宪性解释是一种解释限度。在刑事古典学派时期，为了贯彻罪刑法定原则，学者们反对法官解释刑法。但事实证明，不对刑法进行解释就会使刑法无法得到正确适用，无法避免刑法的僵化，解释实际上是适用刑法条文不可或缺的手段。正是在这种情况下，各国刑法理论和司法实践大都允许对刑法进行解释。然而，为了不使罪刑法定原则的价值落空，各国刑法在赋予司法人员解释刑法之权力的同时，对其框定了一个解释的限度，即必须依据罪刑法定原则的要求对刑法作出不超出其用语之含义范围的解释。“‘合宪性’解释要求：依字义及脉络关系可能的多数解释中，应优先选

〔1〕 参见［德］克劳斯·罗克辛：《德国刑法学总论》（第1卷），王世洲译，法律出版2005年版，第74页以下。

〔2〕 参见［德］汉斯·海因里希·耶塞克、托马斯·魏根特：《德国刑法总论》，徐久生译，中国法制出版社2001年版，第156页以下。

〔3〕 同上书，第193页。

择符合宪法原则,因此得以维持的规范解释。"[1]正是在这种情况下,文义解释成为了刑法解释的首要方法,也对其他解释方法的运用从逻辑上构成了明显的制约,即依据其他解释方法所作出的刑法解释不得超出刑法用语之含义范围。在这个意义上,文义解释实际上就是合宪性解释的具体表现;换言之,合宪性解释主要是通过文义解释来展开和实现的。随着罪刑法定原则的实质化,学者们普遍提出了实质解释的概念,要求依据处罚的必要性解释构成要件。但不可否认的是,罪刑法定原则的实质化只能依据处罚的必要性来出罪,绝不意味着把刑法没有明文规定为犯罪的行为依据处罚的必要性进行入罪。按照罗克辛的解释,罪刑法定原则的实质化,意味着基于法益保护思想,借助于一些调节性的规则——如社会相当性、"轻微性原则"——将一些不具有处罚的必要性的行为排除于构成要件。[2] 相应地,就刑法解释而言,只能是在刑法用语的含义范围内依据处罚的必要性作出出罪化的解释。这也是合宪性解释的一种意向,是对文义解释的进一步贯彻。可见,把合宪性解释作为一种与文义解释等其他解释方法并列的刑法解释方法,显然是不符合逻辑的。

(二)刑法合宪性解释的地位——与目的解释的关系

合宪性解释作为刑法解释的限度,对刑事法治的实现具有重要意义。正因如此,自近代以来,任何一种具体刑法解释方法的确立与展开,都是围绕如何实现罪刑法定原则而进行的。但在我国,合宪性解释并没有取得目的解释那样的辉煌成就,进而使其在刑法解释中的地位出现了危机。

德国学者指出:"一个法律规整通常以一种关于社会过程控制的特定法律政治模式为基础:当立法者对特定行为方式作出了有约束力的规定,他是以此实现特定目的。为了实行其规整目的,他要在这样两个方面分别作出判断:一方面是其欲实现的各项规整目的,以及这些目的彼此之间的界定;另一方面是为实现这些目标而采取的法律手段的合目的性。因此,对法律的解释应当服务于法律的目的。"[3]在这个意义上,任何法律解释都应当是一种目的解释。在刑法领域,提倡目的解释的学者指出:"目的解释(或目的论解释),是指根据刑

---

〔1〕 [德]卡尔·拉伦茨:《法学方法论》,陈爱娥译,商务印书馆2003年版,第221页。

〔2〕 参见[德]克劳斯·罗克辛:《刑事政策与刑法体系》(第2版),蔡桂生译,中国人民大学出版社2011年版,第30~31页。

〔3〕 [德]齐佩利乌斯:《法学方法论》,金振豹译,法律出版社2009年版,第70~71页。

法规范的目的，阐明刑法条文真实含义的解释方法。与其他法律解释一样，在解释刑法时，必须考虑刑法最终要实现何种目的，进而作出符合该目的的合理的解释。在采用文理解释、历史解释、体系解释等解释理由不能得出唯一解释结论时，以及在采取上述解释理由提示了解释结论时，必须由目的解释来最终决定。"〔1〕而且论者在论证目的解释的合理性时，往往把德国法学家耶林提出的"目的是全部法律的创造者，每条法律规则的产生都源于一个目的，即一种实际的动机"的论断作为重要论据。提倡对刑法作出符合刑法目的的解释，这是没有任何疑问的。但问题是，刑法的目的到底是什么？刑法的目的与其他法律的目的是否一致？这都是值得认真思考的问题。

在刑法理论上，人们往往把刑法目的与犯罪本质对应起来进行理解。在这种理论主导下，刑法目的随着人们对犯罪本质的不同理解而变化。当人们把犯罪的本质理解为法益侵害性时，刑法目的就被界定为保护法益；当人们把犯罪本质理解为规范违反性时，刑法的目的就被理解为维护规范的有效性；当人们把犯罪的本质理解为义务违反性时，刑法的目的就认为是促进义务的实现，如此等等。然而，正如把女人或男人的特征解释为人的一般特征一样，依据对犯罪本质的不同理解来界定刑法目的，显然是犯了用部分代替或解释整体的错误，其不合理性是不言而喻的。

事实上，以对犯罪本质的不同理解为前提来界定刑法目的，并不能说明刑法目的的全部。这涉及刑法的社会机能到底是什么这一根本问题，笔者认为应当从两个方面进行讨论。

其一，社会保护是否是刑法的机能？我国学者指出："刑法的保护机能是指刑法对社会的保护效用。社会是由人构成的，但社会又不是个人的简单聚合，而是有其特殊的结构与机制。因此，社会保护主要是指刑法通过惩罚犯罪对社会秩序的维护和统治。刑法的社会保护机能是刑法的性质所决定的，也是刑法存在的根基。"〔2〕仔细分析可以发现，这段话表达了3层含义：一是社会保护机能是刑法的重要机能，是刑法存在的根据；二是刑法的社会保护机能是通

〔1〕 张明楷：《刑法分则的解释原理》（第2版）（上），中国人民大学出版社2011年版，第83～84页。

〔2〕 陈兴良：《本体刑法学》（第2版），中国人民大学出版社2011年版，第35页。

过惩罚犯罪来实现的;三是社会保护机能是由刑法的性质决定的。然而,在本文看来,这些都存在疑问。首先,刑法存在的根据真的是为了保护社会吗?历史证明,如果统治者只想惩罚犯罪,那么他完全可以抛开刑法,而且抛开刑法的惩罚摆脱了刑法的制约,使惩罚更为迅速和有效。[1] "确立刑罚权的要求,和对于法治国家的要求一样,是来自弱势的被统治者的愿望,这也是人类一开始想要制定刑法的动机之所在。质言之,人类想要有刑法,不是要创设刑罚,而是要限制刑罚。因为,统治者的刑罚本来就已经存在了。"[2]显然,社会保护机能是刑法存在的根据的说法,恐怕是一种理论假设。其次,惩罚犯罪固然是为了保护社会,但这与其说是刑法的机能,还不如说是刑事政策的机能。因为自近代以来,刑事政策与刑法之间出现了功能和思考方式上的分野,即刑事政策是用来控制犯罪的,而刑法是用来保障人权的。正因如此,李斯特所提出的"刑法是刑事政策不可逾越的屏障"的观点成为了著名论断,以致在西方社会获得了大面积遵循。[3] 最后,论者指出,社会保护机能是由刑法的性质决定的。但问题是,什么样的刑法性质决定了刑法具有社会保护机能?如果把刑法理解为国权主义刑法(这显然是一种刑事政策的思维),那么刑法可能是为了保护社会而存在的;但如果把刑法理解为民权主义刑法(这是本来意义上的刑法),那么刑法的机能就只能是保障人权。然而,实行罪刑法定原则的刑法或者法治社会的刑法只能是民权主义刑法。因而,现代刑法的性质决定了刑法不可能具有社会保护机能。

事实上,人们之所以不假思索地赋予刑法保护社会的机能,是因为人们理所当然地把刑法规范理解为行为规范。然而正如埃利希所言:"把法律理解为行为规则,这种法学本来就不大可能说明一个原则,即人们即使根本不知道法律也受法律约束,因为人们不大可能按照其所不知道的规则来行为。"[4]虽然

---

〔1〕 例如,在我国春秋战国时期的郑、晋、楚等国出现了颁布成文法的活动,但成文法的颁布引起了奴隶主贵族的坚决反对。之所以如此,是因为在成文法公布之前,奴隶主贵族实行的是"法不可知,则威不可测"的原则,而成文法的公布在很大程度上制约了奴隶主贵族的行为。参见蔡枢衡:《中国刑法史》,中国法制出版社2005年版,第111~112页。

〔2〕 黄荣坚:《基础刑法学》(第3版)(上),中国人民大学出版社2009年版,第7~8页。

〔3〕 参见[德]克劳斯·罗克辛:《刑事政策与刑法体系》(第2版),蔡桂生译,中国人民大学出版社2011年版,第3~4页。

〔4〕 [奥]欧根·埃利希:《法学会学原理》,舒国滢译,中国大百科全书出版社2009年版,第11页。

国家基于国民对国家的忠诚义务而提出国民有学习法律的义务，但实际情况是，除了法律人（包括法律工作者和从事法学专业学习、教学与研究的人）之外，绝大多数人是不会主动学习法律的。[1] 他们对法律的学习往往是被动的，并且主要通过两种途径来达致：一是当遇到某种法律问题时，他们为了解决问题而学习法律；二是他们对法律的了解大都来自显而易见的法律实践活动。因而，把刑法规范界定为行为规范的意义是极为有限的。正如埃利希所言："当然，要求人人都知道法律，或者提出一种拟制，说适当公布的法律是人所皆知的，这样做不会使情况变得更好。"[2] 如果换一个方向，把刑法规范理解为裁判规范，则结果大不相同。因为如此理解不仅意味着裁判者必须适用刑法规范，而且意味着裁判者不能脱离刑法进行裁判。这两个方面对刑事法治的实现意义重大，因为它们构成了刑事法治之双翼。如果说第一个方面表达的是有罪必罚，那么第二个方面表达的就是罪刑法定，而这正是刑法领域法治的基本要求。[3] 可见，"假如我们（像通常所做的那样）说，法律既对知道它们的人有效，也对不知道它们的人有效，那么我们显然就彻底放弃了作为人们行为规则的法的概念；我们将它仅仅确立为针对国家机关的规则，国家机关必须适用法律，而不管它是否为参与者所知"。[4] 把刑法规范理解为裁判规范，不仅符合刑法规范产生与发展的目的，而且对当下我国刑事法治的实现大有裨益。以此为基点来看，刑法的社会机能就不应包括社会保护，而只能是人权保障。相应地，刑法解释只能为人权保障的刑法机能服务，合宪性解释的地位自然就会得以凸显。

其二，法益保护与罪刑法定到底是一种什么样的关系？在刑法机能的阐述上，在我国还有一种观点认为，刑法的机能包括法益保护与人权保障两个方面，

---

〔1〕 即便是法律人，特别是从事法学专业学习、教学与研究的人，由于受学科划分和功利目的的影响，其对法律的了解恐怕也是残缺不全的。

〔2〕 [奥]欧根·埃利希：《法学会学原理》，舒国滢译，中国大百科全书出版社 2009 年版，第 12 页。

〔3〕 自亚里士多德以来，有罪必罚始终是刑法领域法治的重要表现。亚里士多德法治公式中"已成立的法律获得普遍的服从"就蕴含着有罪必罚思想，贝卡里亚通过论述刑罚的必定性表达了有罪必罚思想，而费尔巴哈把有罪必罚作为刑法的最高原则之一来看待。在当代中国，强调有罪必罚对于刑法领域法治的重要意义，绝不亚于罪刑法定。

〔4〕 [奥]欧根·埃利希：《法学会学原理》，舒国滢译，中国大百科全书出版社 2009 年版，第 12 页。

而且认为两者之间是一种对立关系。[1] 从论者的理论脉络中可以看出,法益保护与前文提到的社会保护似乎是等同的概念。因为社会保护论者所说的社会保护包括对国家利益、社会利益和个人利益的保护,[2]法益保护论者所说的法益包括国家法益、社会法益和个人法益。[3] 但应当注意的是,社会保护论者强调的是通过惩罚犯罪来保护社会,借用了刑事政策的立场,而法益保护论者似乎有意忽视了法益保护的具体路径。在德国、日本等大陆法系国家,当前占据统治地位的犯罪成立体系是构成要件符合性、违法性和有责性的三阶层体系。其中,构成要件承担着罪刑法定主义的机能,[4]与法益保护密切联系的是违法性,换言之,法益保护问题主要是在违法性阶段来解决的。但违法性判断是建立在构成要件符合性判断基础上的实质判断,其内容主要是判断符合构成要件的行为是否具有违法性,而且从判断方式来看属于消极判断,即如果有违法性阻却事由则排除行为的违法性。[5] 在这种体系设计中,通过违法性判断之后得出的行为范围不可能大于符合构成要件的行为范围。因而,从德、日犯罪成立体系的逻辑关系来看,法益保护与罪刑法定原则的作用方向是一致的,坚持法益保护与人权保障处于对立关系的观点,显然是不符合逻辑的。

由上可见,虽然社会保护与法益保护所保护的对象是一致的,但两者在作用机制上却存在较大差异。详言之,社会保护是借用了刑事政策的立场,通过扩张刑罚权来实现的,是一种入罪判断;与此不同,法益保护通过紧缩刑罚权来实现,是一种出罪判断。难怪社会保护论者很明确地指出社会保护是通过惩罚犯罪来实现的,而在法益保护论者那里,在刑法内外所存在的难以克服的矛盾使其在法益保护的实现手段上语焉不详。进言之,如果说社会保护论者认为刑法的社会机能包括社会保护的观点不符合刑法的性质,那么法益保护论者把法益保护与人权保障对立起来的观点,是与违法性判断和构成要件的判断不对榫的,均具有不妥当性。因而,刑法的社会机能只能是人权保障,即使坚持刑法具

---

〔1〕 参见张明楷:《刑法学》(第5版)(上),法律出版社2016年版,第22页。在日本刑法学界,这种观点也比较流行。参见黎宏:《日本刑法精义》(第2版),中国人民大学出版社2008年版,第7~8页。

〔2〕 参见陈兴良:《本体刑法学》(第2版),中国人民大学出版社2011年版,第36~37页。

〔3〕 参见张明楷:《刑法学》(第5版)(上),法律出版社2016年版,第63页。

〔4〕 参见张明楷:《外国刑法纲要》(第2版),清华大学出版社2007年版,第71页。

〔5〕 如前所述,即使在构成要件实质化后,依据法益保护的实质判断也只能是把不具有处罚必要性的行为排除在构成要件之外。

有法益保护的机能,也只能是人权保障之下的法益保护,与罪刑法定原则的作用方向一致。在这种情况下,一切刑法解释方法都应当为合宪性解释服务,以法益保护为理论支撑的目的解释亦不例外。

三、刑法合宪性解释的贯彻

(一)刑法解释方法位阶关系之否定

为了贯彻刑法的合宪性解释,我国学者设计了以合宪性解释为最终解释方法的刑法解释方法位阶关系。例如,有学者指出,刑法解释方法体系之间的位阶关系表现为"文义解释→体系解释→历史解释→目的解释→合宪性解释"。[1] 言下之意是,刑法解释方法的具体运用依次表现为文义解释、体系解释、历史解释、目的解释、合宪性解释。然而,不论从解释逻辑还是解释实践来看,关于刑法解释方法位阶关系的设计是存在疑问的。

首先,对任何刑法用语都得先进行文义解释,但这并不意味着文义解释就与其他解释方法之间存在位阶关系。这里存在一个如何理解"法律解释"的问题。"严格意义上的解释都是以待解释之规范的'可能语义'为界限的。如果法律适用偏离了这一原则,比如出于正当的同等对待的考虑,将某一法律规范适用于根据该规范的语义明显不属于其适用范围的情形,或者不将该规范适用于明显属于其适用范围的情形,则这些做法都不属于法律解释,而已经进入了对法律进行补充或校正的法律续造领域。"[2]可见,所谓法律解释,实质上就是对法律用语的含义进行探究,超出用语含义范围的所谓"解释"就不再是法律解释,而是法律造法了。在刑法解释过程中,文义解释往往表现为两种结果:一是当通过文义解释对刑法用语解释后得出单一含义时,就没必要再进行其他解释了;二是当通过文义解释对刑法用语解释后得出多种含义后,还得借助于体系解释、历史解释、目的解释等解释方法进一步明确刑法用语的含义。"每个解释,皆是依照自然的和特别的法学名词术语字义,从法律条文的所用文字上开始。字义多义时,以法律的产生史和在整个法律体系中的系统相关性作为进

〔1〕 苏彩霞:《刑法解释方法的位阶与运用》,载《中国法学》2008 年第 5 期。

〔2〕 [德]齐佩利乌斯:《法学方法论》,金振豹译,法律出版社 2009 年版,第 88 页。

一步的辅助手段。"[1]由此来看，只有当第二种结果出现后，体系解释、历史解释、目的解释等解释方法才能得到运用。这时，体系解释、历史解释、目的解释等解释方法不是严格意义上的解释方法，充其量只是在文义解释框定下选择恰当文义的方法。换言之，体系解释、历史解释、目的解释等解释方法不是独立于文义解释之外的解释方法，而是实现文义解释的手段。文义解释与体系解释、历史解释、目的解释等解释方法的逻辑关系是，文义解释为体系解释、历史解释、目的解释等解释方法提供了一个解释范围，依据体系解释、历史解释、目的解释等解释方法得出的解释结论最终还得接受文义解释的检验。显然，主张文义解释与体系解释、历史解释、目的解释等解释方法之间存在位阶关系的观点，是不符合逻辑的。

其次，体系解释、历史解释和目的解释三者之间也没有位阶关系。依据前述论者的观点，体系解释、历史解释和目的解释三者之间也存在位阶关系；换言之，当依据文义解释得出刑法用语具有多义性时，首先应采用体系解释，其次才能采用历史解释，最后采用目的解释来阐明刑法用语的真实含义。但在笔者看来，这并不符合实际，也不应得到提倡。一方面，虽然刑法解释是一种创造性活动，但是解释者必须在刑法用语的含义范围内进行创造。"法官必须在各种可能的含义之间加以选择，而这种根据特定规则进行的创造性活动，就被人们称之为解释。"[2]"法律不仅仅受限于立法者及其意图，法律是一系列价值观的集合。"[3]在价值多元和文化多元的社会，当司法者遇到刑法用语具有多种含义时，可能直接依据体系解释、历史解释和目的解释中的任何一种解释方法得出刑法用语的真实含义，或者可能同时运用体系解释、历史解释和目的解释中的两种或者三种解释方法得出刑法用语的真实含义，或者可能把体系解释、历史解释和目的解释中任何一种解释方法作为第一种解释方法，而把其他两种解释方法作为第二种或第三种解释方法来使用。另一方面，刑法解释过程是一个受刑法解释理论指导的过程。在刑法用语具有多种含义的情况下，一个深受主观

---

〔1〕［德］约翰内斯·韦塞尔斯：《德国刑法总论》，李昌珂译，法律出版社2008年版，第24页。

〔2〕［德］克劳斯·罗克辛：《德国刑法学总论》（第1卷），王世洲译，法律出版社2005年版，第85页。

〔3〕［挪威］斯坦福·U. 拉尔森主编：《社会科学理论与方法》，任晓等译，上海人民出版社2002年版，第75页。

解释论影响的解释者完全可能诉诸历史解释，而一个深受客观解释论影响的解释者完全可能倾向于目的解释和体系解释。不仅如此，“不同的解释方法必须根据解释需求来确定。解释需求来自于不同的案例所应当适用的不同的规范，在具体的工作步骤依次运用于同一规范的词上。然后在此基础上总结出法律解释结果。如果得到不同的部分结果，则必须以一个统一的眼光来衡量并论证其中哪一种结果更为合适”。[1] 可见，主张体系解释、历史解释和目的解释之间存在位阶关系的观点，是纯粹的理论建构。如果按照这种思维要求司法人员，则不仅会制约司法人员的创造性，而且会使刑法规范相对于复杂多变的社会现实变得更为僵化。

最后，合宪性解释恐怕很难与其他解释方法之间形成位阶关系。根据前述刑法解释方法位阶关系理论，合宪性解释被认为属于最后一种解释方法，也是最为重要的一种解释方法，运用文义解释、体系解释、历史解释和目的解释所得出的解释结论都必须接受合宪性解释的检验。[2] 但问题是，既然运用其他所有解释方法得出的解释结论都必须接受合宪性解释的检验，何不径直采用合宪性解释来解释刑法用语，而非得多此一举呢？事实上，依据笔者的理论设计，任何解释方法都应在合宪性的范围内进行，即合宪性解释之外的刑法解释方法都是为合宪性解释服务的。在这种情况下，合宪性解释就不仅仅是最后才采用的刑法解释方法，而是一切解释的出发点。既然如此，何来的其他解释方法在先而合宪性解释在后的刑法解释方法位阶关系呢？

由上可见，在文义解释、体系解释、历史解释、目的解释与合宪性解释之间并不存在位阶关系。关于刑法解释方法之间存在位阶关系的说法是站不住脚的。正如德国学者所言：“在各项解释论据互相抵触的情况下，在它们之间并不存在某种为理性所要求的严格的优先次序。”[3] 因而，企图通过建立各种刑法解释方法之间的位阶关系来贯彻合宪性解释的做法，是徒劳无益的。

（二）刑法合宪性解释的具体贯彻

既然合宪性解释是指对刑法作出符合罪刑法定原则的解释，那么在贯彻合

---

〔1〕［德］N. 霍恩：《法律科学与法哲学导论》，罗莉译，法律出版社2003年版，第132页。

〔2〕参见苏彩霞：《刑法解释方法的位阶与运用》，载《中国法学》2008年第5期。

〔3〕［德］齐佩利乌斯：《法学方法论》，金振豹译，法律出版社2009年版，第89页。

宪性解释时就应当遵循罪刑法定原则的思考方式。“罪刑法定原则,时至今日,仍然能够作为刑事立法和刑法解释学的指导原则而长盛不衰、蒸蒸日上,主要是因为,在民主主义、自由主义之类的形式原理之上,还有更高层次的普遍原则即‘实质的保障人权原理’做支撑。……罪刑法定原则的实质内容,可以从(1)刑罚法规的用语明确,并且(2)内容适当,这样两个方面加以寻求。”[1]我国学者也指出,罪刑法定原则的内容包括形式的侧面与实质的层面。[2] 那么,罪刑法定原则之形式侧面与实质侧面之间是怎样的一种关系呢?对此有学者指出,在罪刑法定主义的形式要素的限制下,处罚必要性就成为进一步出罪的实质根据。换言之,罪刑法定主义的形式内容与实质内容之间存在逻辑上的递进关系。按照形式内容,只要有法律的明文规定,在具备其他犯罪成立要件的情况下,就可以构成犯罪;按照实质内容,即使法律有明文规定,也并不一定具备了犯罪成立的构成要件,还要根据是否具有实质上的处罚必要性加以进一步的排除。因而,根据罪刑法定主义的实质内容所确定的犯罪范围明显要小于根据罪刑法定主义的形式内容所确定的犯罪范围。[3] 笔者认为,这种对罪刑法定原则之形式内容与实质内容之关系的解释逻辑上符合罪刑法定原则的思考方式,实践上符合罪刑法定原则的发展过程。刑法的合宪性解释应当以罪刑法定原则所具有的这种“先形式后实质”的思考方式为思路具体展开。

从形式上看,只要解释结论在刑法用语的含义范围之内,就已经达到了合宪性解释的要求。刑法是正义的文字表述,并通过用语对处罚范围的划定使正义得以实现。因而,刑法解释包括划定语义范围和在各种可能的语义中确定真实含义两个有机联系的方面。而且实践中是分步骤进行的,即先划定刑法用语的含义范围,然后在各种可能含义中确定真实含义。前者只借助于文义解释就可以获得,而后者则必须借助于体系解释、历史解释、目的解释等其他解释方法。由此看来,文义解释之外的其他解释方法实质上是在刑法用语的含义范围内选择文义的方法,其真正功能不在于“解释”,而在于依据一定的价值取向来“选择”恰当的文义。与此不同,文义解释的重要功能在于为其他解释方法划

---

〔1〕 [日]曾根威彦:《刑法学基础》,黎宏译,法律出版社2005年版,第12页。
〔2〕 参见张明楷:《刑法学》(第5版)(上),法律出版社2016年版,第48页。
〔3〕 参见陈兴良:《罪刑法定主义的逻辑展开》,载《法制与社会发展》2013年第3期。

定界限,即运用其他解释方法得出的解释结论,只有能够被刑法用语的含义范围所包含时才是合法的。因而,任何在刑法用语含义范围内的解释结论,都没有突破用语所划定的处罚范围,因而符合罪刑法定原则的要求,是对合宪性解释的贯彻。所以,从形式上贯彻合宪性解释,仅仅借助于文义解释就够了;换言之,只要解释结论没有超出刑法用语的含义范围,就是在形式上达到了合宪性解释的要求。

从实质上来看,合宪性解释的贯彻还要求在刑法用语的含义范围内选择适合当下案件解决的文义,这主要是由文义解释之外的其他解释方法来完成的。其中,依据立法原意的选择就是历史解释,依据用语在刑法体系中的一般含义进行的选择就是体系解释,依据处罚的必要性进行的选择就是目的解释。由于依据这 3 种解释方法(特别是目的解释)进行的文义选择,实际上是从实质上缩小刑法的处罚范围,因而属于实质意义上的解释,是罪刑法定原则之实质侧面的基本要求。例如,如果把刑法规定为犯罪但实际上不具有处罚必要性的行为解释为犯罪,则虽然没有超出刑法用语的含义范围,但实质上却违反了罪刑法定原则之禁止处罚不当罚的行为这一基本要求,因而应当将这种情况解释为不构成犯罪。在这一点上,目的解释往往能够发挥重要作用。刑法中所说的目的解释,是指对刑法用语作出符合法益保护目的的解释。例如,德国学者指出:“解释的重点是问寻法律的保护功能和法律的客观意思与目的。”而刑法的保护功能表现为“以保护法益的方式,刑法在为实现公共福祉和维护社会秩序服务”。[1] 在德、日刑法理论中,与法益保护相对应的概念是法益侵害,是违法性判断的重要根据;在构成要件实质化后,法益侵害也是构成要件符合性判断的重要根据。而且从整个犯罪成立体系来看,不论违法性判断还是根据法益侵害性程度的构成要件符合性判断,都属于消极的除罪化判断,其功能在于排除符合构成要件但不具有法益侵害性的行为的违法性,或者排除形式上符合构成要件但实质上不具有处罚必要性的行为的构成要件符合性。可见,目的解释为把符合刑法用语的含义范围但不具有处罚必要性的行为解释为不具有实质违法性提供了重要的解释路径,是实现合宪性解释的重要解释方法。在这个意义

〔1〕 [德]约翰内斯·韦塞尔斯:《德国刑法总论》,李昌珂译,法律出版社 2008 年版,第 24 页、第 25 页。

上，目的解释不仅具有选择刑法用语之含义的功能，同时还承担着从实质上贯彻合宪性解释的重要任务。

四、结语

在德国、日本等大陆法系国家，刑法解释学大多不专门讨论刑法的合宪性解释。之所以如此，是因为合宪性解释是一切刑法解释方法的基础，不存在所谓合宪性解释与目的解释的冲突问题。合宪性解释不仅对各种刑法解释方法构成了制约，而且文义解释集中体现了合宪性解释的要求。根本原因在于罪刑法定原则已经作为法治原则得到了有效贯彻，并已深入人心，人们无须再为确立罪刑法定原则而设计刑法解释方法。在这个意义上，刑法理论注重的并非“刑法的合宪性解释”，而是“刑法解释的合宪性”，并以此为根基来对刑法解释问题展开讨论。

在我国，罪刑法定原则虽然在立法上得以确立，但实践中还面临着一个司法化的问题。因而，我国当前的刑法解释理论都应当围绕罪刑法定原则的具体实现而展开，除此之外的一切努力都是舍本逐末。刑法解释是一个与犯罪成立体系紧密联系的问题。德、日等大陆法系国家犯罪成立体系的判断遵循的是“从形式到实质”的思考方式，并在刑法解释理论上通过文义解释对其他解释方法的有效限制得到了实现。就刑法领域的法治而言，这一点具有普遍意义。在我国，从刑法理论对犯罪构成体系的设计来看，基本上遵循的是“从客观到主观”的思考方式。[1] 在这种思考方式指导下，实质判断通过犯罪客体首先进入犯罪构成符合性判断，为以法益保护为内容的目的解释突破文义解释，进而违反罪刑法定原则埋下了伏笔。因而，在我国当下提倡刑法的合宪性解释，并把合宪性解释界定为对刑法作出符合罪刑法定原则的解释，则显得意义重大。

合宪性解释主要为文义解释提供了观念支撑和理论基础，同时为体系解释、历史解释、目的解释等其他解释方法划定了界限。然而，刑法的合宪性解释本身只是一种观念、一个框架，无法自给自足，它必须借助于刑法解释方法才能得以展开。合宪性解释与具体的刑法解释方法之间表现为“体”与“用”的关

〔1〕 之所以说是“基本上”遵循的是“从客观到主观”的思考方式，是因为我国刑法理论的通说把犯罪客体作为犯罪构成的第一个要件来看待，而对犯罪客体的判断则带有较大的主观成分。

系，即合宪性解释是“体”，而文义解释以及作为选择恰当文义的其他解释方法则是“用”。在形式上，合宪性解释的实现依赖于文义解释的有效贯彻；在实质上，合宪性解释的实现还有赖于体系解释、历史解释、目的解释等解释方法来有效展开。

刑法司法解释的限度

——以对“严重污染环境”的司法解释为例

一、问题的提出

当前,环境污染犯罪是困扰我国经济社会发展的重要问题之一。为了惩治环境污染犯罪,我国2011年2月25日通过的《刑法修正案(八)》对《刑法》第338条进行了重大修改。不仅删除了原《刑法》第338条中“向土地、水体、大气”的限制性规定,而且把原来的“危险废物”改为“有害物质”,同时把原来的“造成重大环境污染事故,致使公私财产遭受重大损失或者人身伤亡的严重后果”改为“严重污染环境”。这些修改旨在增强《刑法》第338条的涵括力,加大对环境污染犯罪的处罚力度。但是,实践中对环境污染犯罪的处罚力度并未因《刑法修正案(八)》的颁布和施行而明显加大,[1]形成了环境污染犯罪日益严重但刑事责任难以追究的尴尬局面,主要原因在于修改后的《刑法》第338条还具有较大的模糊性,没有为司法活动提供可操作性强的规范。

为了解决以上问题,2013年6月17日,我国最高司法机关(最高人民法院和最高人民检察院,下同)联合发布了《关于办理环境污染刑事案件适用法律若干问题的解释》(以下简称2013年《解释》),对《刑法》第338条中的“严重污染环境”作出了详尽的解释和说明,对污染环境罪的司法认定产生了重大影响。自2013年《解释》发布后,司法机关处理的环境污染案件明显增多,且近4

---

〔1〕 重要原因之一在于修改后的《刑法》第338条还具有较大的模糊性,难以操作,没有为司法活动指明方向。

年来一直处于稳步增长态势。[1] 但是,2013 年《解释》的施行并未使环境污染犯罪的严峻形势得到有效缓解,致使最高司法机关又于 2016 年 12 月 23 日发布了《关于办理环境污染刑事案件适用法律若干问题的解释》(以下简称 2016 年《解释》),对《刑法》第 338 条中的"严重污染环境"作出了更详尽的解释,并明确规定 2013 年《解释》自 2017 年 1 月 1 日废止。最高司法机关对"严重污染环境"的解释不仅对污染环境罪的司法认定意义重大,而且对刑法理念的塑造具有重要影响,因而值得关注。

刑法是正义的文字表述,所以刑法解释必须以刑法的用语为界限。正如德国学者所言:"从法治国家理由出发,可能的词义标准是不可缺少的,因为它提供了唯一的在客观上可检验的特征,而该特征可从能达到的可靠性上来加以认识,由此使法官对自由创造之法律开始负责任。"[2] 关于环境污染犯罪的两次司法解释首先对《刑法》第 338 条中的"严重污染环境"作出了详尽的解释。既然属于"解释",那么就不能超出"严重污染环境"这一用语的含义范围,因为依据罪刑法定原则,任何超出刑法用语之含义范围的解释,都不再是解释,而是对刑法的续造。换言之,对"严重污染环境"的司法解释只能是对"严重污染环境"这一用语的明确化。那么,关于环境污染犯罪的两次司法解释对"严重污染环境"所作出的详尽解释和说明是否能够被"严重污染环境"这一用语所包含?如果不能被包含,那么最高司法机关何以作出这样的司法解释?如果有必要作出这样的解释,那么又如何看待司法解释的意义?本文通过对这些问题的追问,旨在阐明刑法司法解释的基本限度。

二、司法解释的基本问题:文义解释的崩溃

2013 年《解释》第 1 条规定,实施《刑法》第 338 条规定的行为,具有下列情

---

〔1〕 从中国裁判文书网的统计来看,近 5 年内罪名为"污染环境罪"的刑事判决逐年增多,且 2014 年之后急剧增加。2012 年只有 1 份(一审刑事判决),2013 年也只有 38 份(均为一审刑事判决书),2014 年有 926 份(一审刑事判决书 919 份,二审刑事判决书 7 份),2015 年有 785 份(一审刑事判决书有 773 份,二审刑事判决书有 11 份),2016 年有 937 份(一审刑事判决书 924 份,二审刑事判决书 13 份)。这表明,2013 年《解释》施行后,罪名为"污染环境罪"的刑事判决急剧增加,意味着以污染环境罪定罪处罚的情形明显增多,且 3 年内(2014 年至 2016 年)相差不大。

〔2〕 [德]汉斯·海因里希·耶塞克、托马斯·魏根特:《德国刑法教科书》,徐久生译,中国法制出版社 2001 年版,第 197 页。

形之一的，应当认定为"严重污染环境"：[1]（1）在饮用水水源一级保护区、自然保护区核心区排放、倾倒、处置有放射性的废物、含传染病病原体的废物、有毒物质的；（2）非法排放、倾倒、处置危险废物3吨以上的；（3）非法排放含重金属、持久性有机污染物等严重危害环境、损害人体健康的污染物超过国家污染物排放标准或者省、自治区、直辖市人民政府根据法律授权制定的污染物排放标准3倍以上的；（4）私设暗管或者利用渗井、渗坑、裂隙、溶洞等排放、倾倒、处置有放射性的废物、含传染病病原体的废物、有毒物质的；（5）2年内曾因违反国家规定，排放、倾倒、处置有放射性的废物、含传染病病原体的废物、有毒物质受过2次以上行政处罚，又实施前列行为的；（6）致使乡镇以上集中式饮用水水源取水中断12小时以上的；（7）致使基本农田、防护林地、特种用途林地5亩以上，其他农用地10亩以上，其他土地20亩以上基本功能丧失或者遭受永久性破坏的；（8）致使森林或者其他林木死亡50立方米以上，或者幼树死亡2500株以上的；（9）致使公私财产损失30万元以上的；（10）致使疏散、转移群众5000人以上的；（11）致使30人以上中毒的；（12）致使3人以上轻伤、轻度残疾或者器官组织损伤导致一般功能障碍的；（13）致使1人以上重伤、中度残疾或者器官组织损伤导致严重功能障碍的；（14）其他严重污染环境的情形。从该条规定的14种"严重污染环境"的情形来看，前5种情形显然属于行为犯或危险犯，[2]即并不要求严重污染环境之实害结果发生，只要实施了污染环境的行为或者行为造成严重污染环境的危险，就成立污染环境罪；而后9种情形属于典型的实害犯（结果犯），[3]即只有造成实害结果的，才成立污染环境罪。

---

[1] 由于2013年《解释》第1条和2016年《解释》第1条均规定"实施《刑法》第338条规定的行为，具有下列情形之一的，应当认定为'严重污染环境'"，所以该两个司法解释对"严重污染环境"的解释实质上就是对污染环境罪之基本犯的规定。

[2] 我国传统刑法理论中有行为犯的概念，但没有危险犯的概念，危险犯的概念是从德国、日本等大陆法系国家引进的。从逻辑上看，行为犯与危险犯不同，即前者只要求有行为就成立犯罪既遂，后者要求行为造成了法益侵害的危险才能成立犯罪既遂，但两者在实质上没有太大的区别。

[3] 与行为犯相对应，我国传统刑法理论中有结果犯的概念，但没有与危险犯相对应的实害犯的概念，即实害犯是作为与危险犯相对应的概念从德国、日本等大陆法系国家引进的。实害犯中的"实害"即实际损害或实际的法益侵害，结果犯中的"结果"即实际损害结果，所以实害犯与结果犯也没有区别。

2016年《解释》不仅对2013年《解释》第1条第4项和第5项进行了修改,[1]而且在2013年《解释》的基础上增加了4项内容:第一,排放、倾倒、处置含镍、铜、锌、银、钒、锰、钴的污染物,超过国家或者地方污染物排放标准10倍以上的;第二,重点排污单位篡改、伪造自动监测数据或者干扰自动监测设施,排放化学需氧量、氨氮、二氧化硫、氮氧化物等污染物的;第三,违法减少防治污染设施运行支出100万元以上的;第四,违法所得30万元以上的。[2] 至此,成立污染环境罪之危险犯的情形增至9种。同时,2016年《解释》在2013年《解释》的基础上又把"造成生态环境严重损害"规定为"严重污染环境"的情形,所以成立污染环境罪之实害犯的情形有原来的9种增加至10种。

《刑法》第338条规定:"违反国家规定,排放、倾倒或者处置有放射性的废物、含传染病病原体的废物、有毒物质或者其他有害物质,严重污染环境的,处三年以下有期徒刑或者拘役,并处或者单处罚金;后果特别严重的,处三年以上七年以下有期徒刑。"从这一规定来看,"严重污染环境"当然包括已经造成严重污染环境之实害结果的情形,那么是否应当包括造成严重污染环境之危险的情形呢?本文认为不包括。理由如下:

其一,刑法用语之含义的确定应当遵循用语在刑法中的逻辑语境,即对用语应当进行逻辑解释,但把"严重污染环境"解释为包括"造成严重污染环境的危险",不符合刑法逻辑解释的一般原理。首先,从我国刑法分则的规定来看,凡是把罪状表述为"严重……"的,都属于实害犯,不能把危险状态解释为实害结果。如果处罚未造成严重后果的行为,刑法均有明文规定,例如,《刑法》第114条对放火罪、决水罪、爆炸罪、投放危险物质罪、以危险方法危害公共安全罪的规定就是如此。而《刑法》第338条并未明文规定应当处罚造成严重环境污染之危险的行为,所以不能将造成严重污染环境之危险解释为"严重污染环

---

[1] 2016年《解释》第1条第3项和第5项分别把2013年《解释》第1条第3项和第4项修改为"排放、倾倒、处置含镍、铜、锌、银、钒、锰、钴的污染物,超过国家或者地方污染物排放标准十倍以上"和"通过暗管、渗井、渗坑、裂隙、溶洞、灌注等逃避监管的方式排放、倾倒、处置有放射性的废物、含传染病病原体的废物、有毒物质",即在2013年《解释》的基础上使解释内容进一步明确化。

[2] 需要注意的是,2016年《解释》第1条第9项把"违法所得或者致使公私财产损失30万元以上"规定为"严重污染环境"的情形。其中,违法所得30万元以上并非污染环境的结果,但致使公私财产损失30万元以上一定是污染环境的结果。所以,实施《刑法》第338条规定的行为,违法所得30万元以上的,属于污染环境罪的危险犯,而致使公私财产损失30万元以上的,属于污染环境罪的实害犯。

境”。其次,我国刑法中的危险犯包括具体危险犯与抽象危险犯。在具体危险犯场合,刑法明文规定了行为的具体危险,如《刑法》第143条前段规定的“足以造成严重食物中毒事故或者其他严重食源性疾病的”,就属于这种情况;在抽象危险犯的场合,刑法只规定行为,如《刑法》第133条之一第1款第2项对醉酒驾驶型危险驾驶罪的规定就是如此。而且因为社会危害性悬殊,所以刑法只能把抽象危险犯与实害犯分开规定,但《刑法》第338条并未如此规定。最后,与造成严重污染环境的危险相比,造成一般的环境污染结果的情形可谓更加严重,但刑法并未将此规定为犯罪。在这种情况下,把“严重污染环境”解释为包括“造成严重污染环境的危险”,显然不符合当然解释的原理。[1]

其二,把“严重污染环境”解释为包括“造成严重污染环境的危险”不符合一般的习惯语义。“通过语言,人类不仅取得与他人沟通的能力,因此也学会了在共同体中所决定的共同生活的规则。”[2]刑法是一种共同体规则,因而当刑法用语的含义不明确时,应当依照习惯语义来确定。“字义或者是由一般的语言获得,或者由法律的特殊语法,或是由一般的法学语法中获得,无论如何,它在解释上一方面可以当作第一个方向指标,另一方面也可以——依当时或今日的语言理解划定解释的界限。”[3]“……没有被立法者预先界定的语词从法律共同体的语言习惯中获得其涵义。”[4]不难看出,刑法用语的习惯语义包括外部和内部两个层面。前者是指一般的习惯语义;[5]后者是指刑法的习惯语义。从一般的习惯语义来看,“严重污染环境”恐怕只包括严重污染环境之实害结果发生的情形。语义是建立在语法的基础之上的。从语法上来看,“严重

---

〔1〕 值得注意的是,有学者提出,“严重污染环境”是对行为对象及行为性质的要求,不是对结果的要求,进而否认污染环境罪属于实害犯。参见陈洪兵:《准抽象危险犯概念之提倡》,载《法学研究》2015年第5期。但问题是,“排放、倾倒或者处置有放射性的废物、含传染病病原体的废物、有毒物质或者其他有害物质”的行为本身就已经说明污染环境罪行为对象及行为性质了。换言之,“排放、倾倒或者处置有放射性的废物、含传染病病原体的废物、有毒物质或者其他有害物质”行为的对象不是环境又是什么?行为的性质不是污染环境又是什么?既然如此,用“严重污染环境”来表明污染环境罪的行为对象及行为性质,岂非多此一举?

〔2〕 [德]阿尔图·考夫曼:《法律哲学》,刘幸义等译,法律出版社2011年版,第138页。

〔3〕 [德]卡尔·拉伦茨:《法学方法论》,陈爱娥译,商务印书馆2003年版,第204页。

〔4〕 [德]齐佩利乌斯:《法学方法论》,金振豹译,法律出版社2009年版,第65页。

〔5〕 道理很简单,因为当今的刑法不再是私人的藏品,而是公共典籍,它不仅具有规范生活的功能,而且还具有传达信息的作用,因而在用语上应当尽量与日常用语保持一致;在遇到语义不明确的情况时,只能依据一般习惯语义来确定。

污染环境”由“严重”和“污染环境”两个词语组成。其中,“污染环境”表达的是环境已经被污染了,“严重”表达的是对环境的污染达到了严重的程度,绝不包括“有严重污染环境的危险”这一含义。

其三,把“严重污染环境”解释为包括造成严重污染环境之危险的情形,也不符合刑法的习惯语义。一方面,《刑法》第 338 条在规定了“排放、倾倒或者处置有放射性的废物、含传染病病原体的废物、有毒物质或者其他有害物质”之后,又加上了“严重污染环境”。这种表述方式表明仅仅有排放、倾倒或者处置有放射性的废物、含传染病病原体的废物、有毒物质或者其他有害物质的行为还不够,必须发生严重污染环境的实害结果,才能成立污染环境罪。反之,如果仅仅把排放、倾倒或者处置有放射性的废物、含传染病病原体的废物、有毒物质或者其他有害物质的行为解释为犯罪,那么规定“严重污染环境”就纯属多余。另一方面,从刑法分则对罪状的表述来看,“……的”是罪状表述完结的标志。换言之,“……的,……”之前的表述属于对犯罪构成要件要素的表述,各要素之间要么属于选择关系,要么属于并列关系,而且在选择关系的场合用“……或者”来连接,如果没有用“……或者”来连接的,就属于并列关系。[1]从《刑法》第 338 条对污染环境罪的罪状描述来看,排放、倾倒或者处置行为与严重污染环境之间显然属于并列关系,因而“严重污染环境”不可能包括造成严重污染环境之危险的情形。

可见,2013 年《解释》第 1 条规定的前 5 种情形和 2016 年《解释》规定的前 9 种情形(第 1 项至第 8 项和第 9 项中的“违法所得 30 万元以上”的情形)显然无法为《刑法》第 338 条的“严重污染环境”这一用语所包含。在此,文义解释的界限被严重突破,文义解释也随之失去作用。

三、司法解释的基本依据:滥用目的解释

2013 年《解释》和 2016 年《解释》把《刑法》第 338 条中的“严重污染环境”解释为包括造成严重环境污染之危险的情形,既可以从社会相当性来解释,[2]

---

〔1〕 参见张明楷:《刑法分则的解释原理》(第 2 版)(上),中国人民大学出版社 2011 年版,第 173 页。

〔2〕 在环境污染犯罪日益严重的我国当前情况下,严惩环境污染犯罪既是政治国家的目标,也是社会的需求,这使《解释》获得了很大程度的社会相当性。

也可以用扩大解释来说明,[1]但归根结底在于目的解释。因为在我国,目的解释不仅为社会相当性进入刑法解释提供了有力支撑,而且为扩大解释、当然解释甚至类推解释提供了重要理由。

在中外刑法学界,目的解释普遍得到提倡,现已成为刑法解释的重要方法,甚至被誉为刑法解释方法的桂冠。例如,德国学者指出:"解释方法之桂冠当属于目的论之解释方法,因为只有目的论的解释方法直接追求所有解释之本来目的,寻找出目的观点和价值观点,从中最终得出有约束力的重要的法律意思;而从根本上来讲,其他的解释方法只不过是人们接近法律意思的特殊途径。"[2]在我国,目的解释在刑法理论和司法实践中均得到提倡,甚至被赋予重要作用。例如,有学者指出,在采用文理解释、历史解释、体系解释等解释方法不能得出唯一解释结论时,就得诉诸目的解释,即使在其他方法提示了解释结论时,也必须由目的解释来最终决定解释结论。[3] 由此不难得知,从形式上来看,德国学者与中国学者对目的解释的认识是一致的。但是,从目的解释与其他刑法解释方法(特别是合宪性解释及以此为基础的文义解释)的关系来看,德国学者与中国学者对目的解释的认识并非一致,甚至截然不同。

德国学者虽然认为目的解释是刑法解释方法之桂冠,但同时指出:"在根据法律目的进行解释时,法官总是将宪法的价值判断放在首位(符合宪法的解释),他虽然不得任意改变刑法规定的意思,但它必须尝试,在法律规定的范围内与宪法规范保持一致,如果这样做不可能,则他必须根据《宪法》第 100 条的规定终止诉讼程序,由联邦宪法法院裁决。"[4]由此不难看出,在德国,目的解释必须受到合宪性解释的限制,其判断标准就在于是否超出了文义范围。"解释与原文界限的关系绝对不是任意的,而是产生于法治原则的国家和刑法的基础上:因为立法者只能在文字中表达自己的规定。在立法者的文字中没有给出

---

〔1〕 罪刑法定原则禁止类推解释,但允许扩大解释。在这种情况下,《解释》把《刑法》第 338 条中的"严重污染环境"解释为包括造成严重污染环境之危险的情形,也可以从扩大解释中获得形式上的合法性。

〔2〕 [德]汉斯·海因里希·耶塞克、托马斯·魏根特:《德国刑法教科书》,徐久生译,中国法制出版社 2001 年版,第 193 页。

〔3〕 参见张明楷:《刑法学》(第 5 版)(上),法律出版社 2016 年版,第 39 页。

〔4〕 [德]汉斯·海因里希·耶塞克、托马斯·魏根特:《德国刑法教科书》,徐久生译,中国法制出版社 2001 年版,第 193 页。

的，就是没有规定的和不能'适用'的。超越原文文本的刑法适用，就违背了在使用刑罚力进行干涉时应当具有的国家自我约束，从而也就丧失了民主的合理性基础。"〔1〕也就是说，在德国，即使是被认为属于解释方法之桂冠的目的解释，也只能是选择刑法用语之含义的一种解释方法，离开刑法用语，目的解释就失去了存在的基础。

在刑法理论上，目的解释之提倡深受目的法学的影响。目的法学是德国著名法学家耶林提倡的一种法律哲学。耶林指出："目的是全部法律的创造者。每条法律规则的产生都源于一种目的，即一种实际的动机。"〔2〕这句话也往往被我国刑法学者用来强调目的解释的重要意义。但问题是，耶林所说的"目的"到底是什么？反映出的是一种什么样的法治立场？"耶林认为，保护个人自由并不是法律的唯一目的。耶林反对任何试图用一种抽象的、无所不包的公式来解决控制个人自由问题的做法。他认为，法律的目的是在个人原则与社会原则之间形成一种平衡。他辩论说，个人的存在既为自身也为社会，而且法律也应被视作是'个人与社会之间业已确立的合伙关系'，而这种合伙关系的主要目标则在于实现一种共同的文化目的。"〔3〕显然，耶林所说的目的包括个人自由与社会秩序两个方面，而且之所以提倡把社会秩序作为法律的目的，是为了制约作为刑法目的之个人自由的过度化，具有明显的纠偏功能。难怪德国学者在论述刑法的目的解释时均强调目的解释应当具有合宪性，不得超出刑法的文义范围。

不仅如此，目的解释具有自身的逻辑前提。一方面，目的解释以罪刑法定原则为逻辑前提。在德国，罪刑法定原则是宪法原则和法治原则，也是刑法的首要原则，并在《德国刑法典》第1条作出了明文规定。这表明，刑法的一切展开都应当以罪刑法定原则为前提，而罪刑法定原则的实现机制就在于通过明确的用语为处罚划定边界，目的解释亦不例外。另一方面，目的解释以阶层式犯罪论体系为前提。在德国，通行的犯罪论体系是"构成要件符合性→违法性→

〔1〕［德］克劳斯·罗克辛：《德国刑法学总论》（第1卷），王世洲译，法律出版社2005年版，第86页。

〔2〕［美］E. 博登海默：《法理学：法律哲学与法律方法》，邓正来译，中国政法大学出版社2004年版，第115～116页。

〔3〕同上书，第115页。

有责性”的三阶层体系。在这三阶层体系中，与目的解释相对应的阶层是违法性阶层，而违法性判断是构成要件符合性判断之后的判断，经违法性判断的行为范围绝对要小于符合构成要件的行为范围，所以违法性判断属于出罪判断。即使在构成要件实质化的当下，依据法益侵害性对构成要件所进行的判断必须受制于构成要件之形式要件的限制，也属于出罪判断。这一点与我国刑法理论中所提倡的具有出罪和入罪之双面功能的社会危害性理论，〔1〕存在根本区别。

然而，在我国提倡目的解释的学者对“目的”的理解与德国学者不同，即把“目的”仅仅理解为法益保护。例如，有学者认为刑法的目的是保护法益，而且把法益保护与人权保障对立起来。“刑罚的适用，与保护法益成正比，与人权保障成反比。”〔2〕同时，在我国提倡目的解释缺少作为法治原则之罪刑法定原则以及阶层式犯罪论体系这两大前提。在这种情况下，如果把目的解释理解为刑法的终极解释方法，就为刑法解释不受合宪性制约，进而为突破刑法的文义范围埋下了祸根。2013 年《解释》第 1 条和 2016 年《解释》第 1 条对《刑法》第 338 条中“严重污染环境”的解释就是如此。

污染环境罪是我国《刑法》分则第六章“妨害社会管理秩序罪”第六节“破坏环境资源保护罪”中的第一个犯罪。从该罪在刑法分则体系中的地位来看，其侵犯的法益应当是国家的环境管理秩序和公私财产与公民健康、生命安全。但近年来，随着我国环境污染犯罪的日益严重和环境保护运动的深入发展，很多学者指出应当走出人类中心主义的羁绊，在生态整体主义的基础上理解污染环境罪的保护法益。例如，有学者提出，是否侵害环境法益是认定行为是否构成环境犯罪的标准。侵害了环境法益，就构成侵权行为，轻的可以警告乃至行政处罚，严重的就构成环境犯罪。此外，如果导致对个人生命财产安全或公共安全的侵害，则应当作为处罚环境犯罪的加重情节。〔3〕 由此来看，污染环境罪

---

〔1〕 社会危害性理论是出罪的重要依据，这是毋庸置疑的。但同时应当看到，社会危害性理论也具有入罪的功能，主要通过对犯罪客体的判断来实现。虽然近年来我国刑法理论把我国传统的犯罪构成体系称为“平面体系”，但实际上犯罪客体在这一体系中居于首要地位。而且对犯罪客体的判断虽然主要属于客观判断，但同时也属于价值判断。而把价值判断至于事实判断（对犯罪客观方面的判断和犯罪主体的判断）之前，就会使其具有入罪的功能。

〔2〕 张明楷：《刑法学》（第 5 版）（上），法律出版社 2016 年版，第 22 页。

〔3〕 参见周玉华、贾配龙：《环境犯罪的法益重构与立法完善》，载赵秉志、张军主编：《刑法与宪法之协调发展》，中国人民公安大学出版社 2012 年版，第 494 页。

侵犯的直接法益应当是环境法益,不能仅仅从人类中心主义为立场来判断。甚至有学者指出,污染环境罪保护的是一种未来的、预期的利益。[1] 可见,污染环境罪侵犯的法益到底是什么,在我国还不是一个很明确的问题。在这种情况下,把污染环境罪的法益解释为包括环境法益和造成对环境法益的危险,都是能够被接受的。换言之,刑法设立污染环境罪的目的就是保护环境法益。任何对环境的侵害或者威胁都意味着对《刑法》第338条所保护的法益的侵犯,因而把"严重污染环境"解释为包括造成严重污染环境之危险的情形,则完全符合《刑法》第338条的规范目的。然而,德国刑法学家罗克辛指出:"虽然'环境'这个概念(与'公共秩序'或者'道德'一样)太含糊,难以作为独立的法益适用,但是,'保持土地、空气和水等的洁净,使之免受使环境承受负担的有害物质的侵害',就绝对足够具体了。因此,大量与环境有关的法益必须进行塑造,并且每一种法益都必须准确地加以描述。"[2] 显然,在德国学者看来,虽然由于"环境"概念的模糊性致使环境刑法的保护法益不明确,但这种不明确应当通过"准确地加以描述"来克服。在此,目的解释与文义解释之紧密联系又一次被强调。而在我国,面对日益严重的环境污染犯罪,2013年《解释》和2016年《解释》在采用目的解释方法来解释《刑法》第338条中的"严重污染环境"时,只看到的是《刑法》第338条的规范目的,却将文义解释对目的解释的制约抛之脑后,显然是对刑法目的解释的滥用。

四、司法解释所蕴含的思维方式:刑法与刑事政策不分

在刑法与刑事政策的关系上,德国著名刑法学家李斯特的研究可谓型构了一座奥林匹克之峰,至今也难以被后人超越。李斯特关于刑法与刑事政策之关系的看法,集中体现为一句名言——"刑法是刑事政策不可逾越的屏障"。这句话之所以成为名言,是因为它从理论上划清了刑事政策与刑法的界限,实现了刑法与刑事政策的功能分野,为法治国的形成奠定了基础。"这句名言使得:人们在按照符合实证原理之规则对社会失范行为进行目的性处理的同时,

---

〔1〕 参见周光权:《刑法各论》(第3版),中国人民大学出版社2016年版,第421页。

〔2〕 [德]克劳斯·罗克辛:《德国刑法学总论》(第1卷),王世洲译,法律出版社2005年版,第18页。

也受到更为严格意义上的司法方法的限制,这种司法方法便是对犯罪前提进行成体系的、概念化的加重和安排。或者,我们可以更简练地说:这句名言一方面将刑法视为社会科学,另一方面又视其为法律科学。在李斯特亲自创建的'整体刑法学'的双重特性里,体现着互相疏离的两股趋势:一方面,他将体现整体社会意义之目的的、与犯罪作斗争的方法,按照他的话,也就是刑法的社会任务,归于刑事政策;另一方面,按照刑法的司法意义,法治国—自由的机能,亦即法律的平等适用和保障个体自由免受'利维坦'的干涉的机能,则应归于刑法。"[1]显然,在李斯特的思想中,刑事政策的功能在于维护社会秩序,而刑法的功能在于制约刑罚权。而且这是一种基于法治国思想的界分。申言之,只有把刑事政策的功能限制在刑法的范围之内,才符合法治国的基本要求;相反,如果刑事政策可以逾越刑法而指导司法,那么就意味着法治国的崩溃。虽然随着第二次世界大战以来实质法治国(福利国家)思想的提倡和推行,部分学者对李斯特基于形式法治国思想而设定的刑法与刑事政策之关系的理论提出了质疑,[2]但李斯特论断对法治的形成所具有的重大意义则是不可否认的,以至于对其质疑——像人们对罪刑法定之内容的质疑只能在罪刑法定之价值目标范围内进行一样,只能在李斯特建构的刑法与刑事政策之关系所体现的价值目标之内进行。[3]

可见,在德国,刑法与刑事政策之间有着严格的界分,这种界分主要是通过刑法与刑事政策的功能界分来实现的,即刑法的功能在于保障人权,而刑事政策的功能在于保护社会;相应地,刑事政策只能用来指导刑事立法,而不能用来指导刑事司法。这种功能分野也为英美学者所提倡。例如,德沃金就指出,法律的构成要素包括政策、原则与规则,其中政策是用来指导立法的,不能直接适用,而原则与规则是可以直接适用的。[4] 可见,刑法与刑事政策在功能上的分

---

〔1〕 [德]克劳斯·罗克辛:《刑事政策与刑法体系》(第2版),蔡桂生译,中国人民大学出版社2011年版,第3~4页。

〔2〕 同上书,第5页以下。

〔3〕 对李斯特建构的刑法与刑事政策之关系的质疑,仅限于其形式意义,即禁止刑事政策指导刑法的一切路向(包括入罪路向与出罪的路向)。因而,当刑事政策对刑事司法的指导坚持的是出罪路向时,实质上也符合法治国的基本要求。

〔4〕 参见[美]罗纳德·德沃金:《认真对待权利》,信春鹰、吴玉章译,中国大百科全书出版社1998年版,第40~48页、第116~119页。

野是刑事法治发展的基本规律。换言之,当把刑事政策的功能限制为保护社会,只对刑事立法起指导作用时,就是法治的态度;相反,如果把刑事政策的功能扩展到刑事司法领域(特别是可以突破刑法的文义),则是反法治的态度。在这个意义上,刑事政策只能或主要应当是刑事立法政策,而不应当或主要是刑事司法政策。

然而在我国,刑法的功能与刑事政策的功能在很多情况下被混淆。这种混淆在理论与实践中都有所表现。从理论上来看,学者们大都认为刑法具有社会保护(法益保护)机能,〔1〕而且认为社会保护与人权保障之间是对立关系。〔2〕从实践层面来看,刑事政策首先被认为是刑事司法政策,其次才是其他领域(立法或刑事执行)的政策,这一点在过去的"严打"刑事政策与当下正在施行的宽严相济刑事政策中体现得淋漓尽致。由此不难看出,在我国刑法与刑事政策之间到底是一种什么样的关系,到目前为止还不清楚,而且实际上反映了实践中法治与非法治之间的一种博弈过程。2013 年《解释》和 2016 年《解释》把《刑法》第 338 条中的"严重污染环境"解释为包括造成严重污染环境之危险的情形,就是这种思维的体现。

对刑法与刑事政策之功能的混淆,不仅将赋予刑事政策指导刑事司法的功能,而且可能使刑事政策对刑事司法的指导逾越刑法的规定。从刑事一体化的视角来看,刑事法学内各学科之间的排列次序应当是:"犯罪学→刑事政策学→刑法学(刑事诉讼法学)→矫正学"。在环境污染犯罪日益严重的当下,严惩该类犯罪应当是当前刑事政策的重要内容,惩罚造成严重污染环境的危险完全符合刑事政策的机理,而且这一刑事政策只能或主要通过刑事立法来得到体现。但在我国,这一问题的解决没有通过刑事立法,而首先是通过司法解释来达致的。可见,正是对刑法与刑事政策之功能与界限的混淆,才使最高司法机关把《刑法》第 338 条规定的"严重污染环境"解释为包括造成严重污染环境之

---

〔1〕 在大陆法系国家,社会保护与法益保护是两个不同的概念。首先,社会保护是刑事政策领域的概念,正如日本学者指出,刑事政策以防止犯罪为直接目的,其终极理念在于维护社会秩序的稳定和安宁,建设能安全、放心、平稳生活的社会(参见[日]大谷实:《刑事政策学》,黎宏译,中国人民大学出版社 2009 年版,第 16 页),而法益保护则是刑法学的概念。其次,从大陆法系国家法益保护在犯罪论体系中的地位来看,法益保护与罪刑法定的作用方向是一致的,因而法益保护与人权保障之间不是对立关系。

〔2〕 参见陈兴良:《本体刑法学》(第 2 版),中国人民大学出版社 2011 年版,第 38 页;张明楷:《刑法学》(第 5 版)(上),法律出版社 2016 年版,第 22 页。

危险的情形。

五、司法解释的最低限度：文义解释的重塑

为了在我国贯彻罪刑法定原则，有学者提出了应当建立刑法解释方法之位阶关系的观点。例如，有学者指出，刑法适用解释应当以文义解释为原则，以论理解释为补充，按照先文义解释，后体系解释、历史解释、目的解释并最终诉诸于合宪性解释的方法与顺序展开。[1] 还有学者指出，刑法解释方法应当遵循“文义解释→体系解释→历史解释→目的解释→合宪性解释”的运用顺序。[2] 那么，什么是合宪性解释？各种解释方法之间是否真具有论者所说的位阶关系呢？既然采用其他解释方法作出的解释结论最终应当接受合宪性解释的检验，那么检验的标准又是什么呢？这些问题都值得认真思考。

笔者认为，所谓合宪性解释，实质上就是对刑法作出合乎罪刑法定原则的解释。因为罪刑法定原则不仅是刑法的基本原则，而且首先是被作为宪法原则和法治原则来看待的；[3] 同时，罪刑法定原则也被认为是法治在刑法领域的集中体现，充分表达了宪法与刑法的关系。所以，把刑法的合宪性解释界定为对刑法作出符合罪刑法定原则的解释，再合适不过了。那么，罪刑法定原则是通过什么来制约刑罚权的呢？在笔者看来只能是刑法用语的含义范围。正因如此，法律主义（成文法主义）才被确立为罪刑法定原则的首要内容。所以，所谓对刑法作出符合罪刑法定原则的解释，说到底，就是对刑法作出不超出其用语之含义范围的解释。在此，判断解释结论是否合乎罪刑法定原则的标准只能是刑法用语的含义。换言之，超出刑法用语之含义范围的解释就不符合合宪性解释的要求而应当禁止。可见，合宪性解释主要不是一种解释方法，而是一种解释理由，而且是最重要的解释理由，它为文义解释提供了理论依据；文义解释是合宪性解释的集中表现，为合宪性解释提供了技术路线。

那么，文义解释与体系解释、历史解释及目的解释之间是怎样的关系呢？“一般性地指称经验事实构成的语词在通常情况下都是多义的。也就是说，它

---

〔1〕 参见梁根林：《罪刑法定视域中的刑法适用解释》，载《中国法学》2004 年第 3 期。

〔2〕 参见苏彩霞：《刑法解释方法的位阶与运用》，载《中国法学》2008 年第 5 期。

〔3〕 参见张明楷：《刑法学》（第 5 版），法律出版社 2016 年版，第 44～46 页。

们并非对于所有人都具有相同的涵义;而且即便是对于特定人自身来讲,它们常常也不具有完全确定的涵义。"[1]可见,用语的多样性来自人们对用语理解的不一致性。就刑法用语而言,大多数是多义的,只有少数语词的语义是单一的。当某一刑法用语只具有单一含义(如16周岁)时就无须解释,[2]换言之,刑法解释只存在于刑法用语具有多种含义的场合。详言之,在刑法用语只具有单一含义的场合,没有选择的余地,司法者只能依照这一含义来理解刑法用语;在刑法用语具有多义的场合,司法者应当在多种含义中选择一种适合于当下之问题解决的含义。选择的方法是多种多样的,比如可以依据某一用语在刑法中的通常用法来选择恰当含义(体系解释),可以在历史关系中来选择用语的恰当含义(历史解释),可以通过刑法的法益保护目的来选择恰当含义(目的解释)等。至于应当先采用哪一种方法,后采用哪一种方法,也是不确定的。例如,一个深受主观解释论影响的司法者,可能倾向于在历史关系中选择刑法用语的含义,而一个钟情于客观解释论的司法者,则可能更倾向于通过体系解释和目的解释来选择刑法用语的含义。刑事司法是用来解决问题的,而问题决定解决方法。因而,司法者完全可以依据是否有利于问题的解决来选择刑法解释方法。由此来看,体系解释、历史解释及目的解释都是为文义解释服务的,不仅与文义解释之间根本无所谓位阶关系,而且它们之间也没有明确的位阶关系。正如德国学者所言:"在各项解释论据相互抵触的情况下,在它们之间并不存在某种为理性所要求的严格的优先次序。"[3]

由此可见,合宪性解释并非一种解释方法,而是一种解释理由,因而合宪性解释只能通过具体的解释方法来实现自己。这种解释方法不是别的,而只能是文义解释。这一结论的得出,还具有法律解释的特征以及刑法解释之特性上的理由。

迄今为止,人类文明的发达程度决定了法律的表述方式只能是语言,而非其他,"法律是通过语言被带出来的"。[4] 这意味着,只有语言才能为法律解释划定严格界限,任何超出法律用语之含义范围的解释都是对语言之法律功能的

---

〔1〕[德]齐佩利乌斯:《法学方法论》,金振豹译,法律出版社2009年版,第65页。

〔2〕当然,16周岁可能还存在一个如何起算的问题。

〔3〕[德]齐佩利乌斯:《法学方法论》,金振豹译,法律出版社2009年版,第89页。

〔4〕[德]阿尔图·考夫曼:《法律哲学》,刘幸义等译,法律出版社2011年版,第133页。

破坏。“严格意义上的解释都是以待解释之规范的‘可能语义’为界限的。如果法律适用偏离了这一原则，比如出于正当的同等对待的考虑，将某一法律规范适用于根据该规范的语义明显不属于其适用范围的情形，或者不将该规范适用于明显属于其适用范围的情形，则这些做法都不属于法律解释，而已经进入了对法律进行补充或者校正的法律续造领域。”〔1〕法律的续造具有建设作用，在法律规范滞后于社会发展的情况下更是如此，但不可否认的是，法律的续造也具有破坏作用，最为严重就是对法律权威和法治的破坏，因为法律的续造会使人们感受到法律的适用具有任意性，进而使法律的预测可能性功能丧失殆尽。所以，对法律的续造应当持谨慎态度。“在于权威的制定法公报中公布制定法的现代方式中，只有非常例外的问题存在于文本的确定之上。”〔2〕以此类推，刑法解释只能够在刑法用语的含义范围内作出，如果超出刑法用语的含义范围，就不再是刑法解释，而是对刑法的续造了。这种续造虽然可能弥补刑法滞后于社会发展之不足，但它是以破坏刑法的权威性和刑事法治为代价的，因而应当被否定。

在整个法律体系中，刑法处于特殊地位。对此，卢梭早就指出：“刑法在根本上与其说是一种特别的法律，还不如说是对其他一切法律的制裁。”〔3〕我国学者张明楷教授曾经指出，在由根本法、部门法和保障法组成的法律体系中，刑法属于保障法。〔4〕笔者进一步指出，刑法不属于公法、私法、社会法和生态法中的任何一种，而只能是保障法，是综合本位的法。〔5〕之所以如此，是因为刑法具有法益保护的广泛性和制裁手段的严厉性。正因如此，才使对刑法的解释不同于对其他法律的解释。“在某些情况下，对法律安定性和分权原则的考虑会要求严格禁止司法性的漏洞补充活动。比如按照‘法无明文规定不为罪’原则，对于确立刑罚以及加重刑罚的规定禁止类推适用。”〔6〕在刑法解释中，“语词意义至少被尊为解释的边界：通过解释所要考虑的意义，必须用某种方式

〔1〕［德］齐佩利乌斯：《法学方法论》，金振豹译，法律出版社2009年版，第88页。
〔2〕［德］卡尔·恩吉施：《法律思维导论》，郑永流译，法律出版社2004年版，第81页。
〔3〕［法］卢梭：《社会契约论》，何兆武译，商务印书馆1980年版，第73页。
〔4〕参见张明楷：《刑法在法律体系中的地位》，载《法学研究》1994年第6期。
〔5〕参见苏永生：《刑法公法化的疑问》，载《国家检察官学院学报》2011年第1期。
〔6〕［德］齐佩利乌斯：《法学方法论》，金振豹译，法律出版社2009年版，第97页。

‘表现在’制定法中。这就是根据刑法中占主导地位的学说，特别考虑到无法不罚之原则语词意义要求的立场”。[1] 可见，刑法解释的这种特殊性也是刑法区别于其他法律的重要特征。对于其他法律而言（如民商法），法律续造可能属于解释方法之一，但对于刑法解释而言，法律续造是被严格禁止的，语义在此被赋予了更为重要的界限意义。

六、结语

罪刑法定原则被认为属于刑法最重要乃至唯一的基本原则。[2] 从罪刑法定原则出发，对刑法只能作出不超出其文义范围的解释结论。司法解释作为法律实施的一种重要方式，应当在最大程度上为实现这两大原则服务，除此之外的一切努力都是徒劳无益的。

在环境污染犯罪日益严重的我国，2013 年《解释》和 2016 年《解释》把《刑法》第 338 条中的“严重污染环境”解释为包括造成严重污染环境之危险的各种情形，具有建设性意义，并且为严惩环境污染犯罪提供了司法上的根据。但是，这种解释明显超出了“严重污染环境”的含义范围，对刑事法治的破坏性显然要大于其建设性。这种解释不但破坏了刑法的预测可能性功能，而且使最高司法机关又一次侵犯了刑事立法权；不但在刑法解释上放弃了文义解释的堤坝，而且撕裂了刑事立法对刑事司法的界限功能；不但没有实现刑法对刑事政策的有效制约，反而又一次使刑法成为了刑事政策的附庸。因而，无论从刑法的基本功能还是刑事法治建设来看，这种解释都是失败的，应当由刑事立法来代替。

---

〔1〕［德］卡尔·恩吉施：《法律思维导论》，郑永流译，法律出版社 2004 年版，第 96～97 页。

〔2〕大陆法系国家的刑法学者指出，与构成要件符合性、违法性和有责性相适应的刑法基本原则分别是罪刑法定原则、法益保护原则和责任主义原则。参见张明楷：《外国刑法纲要》（第 2 版），清华大学出版社 2007 年版，第 19 页。但从三阶层的犯罪成立体系来看，法益保护原则和责任主义原则与罪刑法定原则的作用方向是一致的，而且在很大程度上是为罪刑法定原则服务的。

“酌定从重处罚情节”之否定

——一个罪刑法定主义的当然逻辑

一、问题及研究意义

我国刑法理论一般从两个层次划分量刑情节。首先,根据刑法是否有明文规定,把量刑情节分为法定量刑情节与酌定量刑情节。其次,根据刑法的具体规定,把法定量刑情节进一步划分为在从严方向上影响量刑的情节(仅指从重处罚)和在从宽方向上影响量刑的情节(包括从轻处罚、减轻处罚和免除处罚)。虽然理论上没有进一步对酌定量刑情节进行划分,但立法上承认酌定减轻处罚和酌定从轻处罚情节,〔1〕同时,刑法理论和刑法司法实践均承认酌定从轻处罚情节和酌定从重处罚情节。酌定从轻处罚和酌定减轻处罚情节对被告人有利,因而在罪刑法定原则上不存在质疑。但是,酌定从重处罚情节属于不利于被告人的量刑情节。那么,适用酌定从重处罚情节是否违反了罪刑法定原则?该类量刑情节情节在我国得到广泛支持的原因是什么?在刑法明文规定从重处罚情节的情况下,承认并允许适用该类量刑情节是否违反了刑法的逻辑?这些问题在我国刑法理论上均未得到充分研究。

在全面推进依法治国的大背景下,认真研究以上问题具有重大的理论和现实意义。

首先,有助于贯彻罪刑法定原则。虽然我国刑法规定了罪刑法定原则,刑法理论上亦大力提倡罪刑法定原则,但当前对罪刑法定原则的理解还比较粗

---

〔1〕《刑法》第63条第2款规定:“犯罪分子虽然不具有本法规定的减轻处罚情节,但是根据案件的特殊情况,经最高人民法院核准,也可以在法定刑以下判处刑罚。”由此规定来看,我国刑法肯定了酌定减轻处罚情节,根据当然解释的原理,酌定从轻处罚情节也得到了立法上的肯定。

糙。笔者通过酌定从重处罚情节来展开罪刑法定原则的逻辑构造,反思当前的刑法理论和司法实践,旨在促使对罪刑法定原则的理解精细化,揭露那些以罪刑法定原则之名行反罪刑法定原则之实的做法,进而在理论上为罪刑法定原则的贯彻扫清障碍。

其次,有助于推进国家治理法治化。国家治理法治化是我国当下的重要政治目标,也是广大民众期盼已久的国家治理方式。从世界各国的法治化进程来看,国家治理的法治化首先是从刑事领域展开的,集中表现为罪刑法定原则的实现。罪刑法定原则包括"法无明文规定不为罪"和"法无明文规定不处罚"两个方面的基本要求。在我国,对于"法无明文规定不为罪"的实现途径比较明确,但"法无明文规定不处罚"如何得以实现,理论上并不清楚。笔者通过分析酌定从重处罚情节与"法无明文规定不处罚"的关系,从理论上进一步拓展罪刑法法定原则的实现途径,显然有助于从理论上推进国家治理法治化。

再次,有助于认清刑法与刑事政策的关系。长期以来,刑事政策应当指导刑法司法是我国刑法司法领域乃至刑法学领域的基本观念。然而,刑事政策是否应当指导刑事司法?如果回答是肯定的,那么刑事政策应当在多大范围内指导刑事司法?多年来,这一问题并未得到充分研究,以致人们在刑事政策与刑法关系的认识上出现了一些误区。笔者以"法无明文禁止不得罚"的法治理念检视酌定从重处罚情节的实践样态和价值取向,以期为正确处理刑事政策与刑法的关系提供理论指导。

最后,有助于有效规制刑法司法活动。司法权不仅应当在法治的框架下行使,而且其本身也是法治的重要表现。在我国,酌定从重处罚情节是司法权运用的重要表现,广泛适用酌定量刑情节已然构成了我国刑法司法活动的重要特点。但是,酌定从重处罚情节本身是否符合量刑基准?以此为内容的司法活动是否符合量刑原则?笔者坚持从理念到技术的分析路径,通过对量刑原则和量刑基准的解读,考量酌定从重处罚情节的现实性与合法性,为有效规制刑法司法活动提供理论支撑。

二、酌定从重处罚情节的理论、实践及理由

(一)酌定从重处罚情节的理论与实践

在我国刑法理论中,虽然没有明确的"酌定从重处罚情节"的提法,但从量

刑情节的分类中完全可以推导出"酌定从重处罚情节"的概念。刑法理论上一般以刑法是否有明文规定为标准把量刑情节分为法定量刑情节和酌定量刑情节,并以情节对量刑产生轻重性质为标准把量刑情节分为从宽情节和从严情节,从严情节即从重处罚情节。[1] 以此来看,在法定量刑情节和酌定量刑情节中均存在从重处罚情节。其中,酌定量刑情节中的从重处罚情节,就是酌定从重处罚情节。

由于酌定量刑情节不具有法定性,所以刑法理论一般只能根据司法实践来归纳酌定量刑情节的种类。当前,刑法理论一般把酌定量刑情节归纳为 8 种,即犯罪的手段、犯罪的时间和地点、犯罪的对象、犯罪造成的危害后果、犯罪的动机、犯罪后的态度、犯罪人的一贯表现以及犯罪前科。[2] 另外,有的教科书还把"犯罪人因犯罪所受到的损失"也列为酌定量刑情节。[3] 从酌定量刑情节的性质和内容来看,可将其概括为 3 类:第一类是反映客观危害的酌定量刑情节,包括犯罪的手段、犯罪的时间和地点、犯罪的对象、犯罪造成的危害后果以及犯罪人因犯罪所受到的损失;第二类是反映主观恶性的酌定量刑情节,主要是指犯罪动机;第三类是综合反映主观恶性和客观危害的酌定量刑情节,包括犯罪后的态度、犯罪人的一贯表现以及犯罪前科。在反映客观危害的酌定量刑情节中,犯罪的手段、犯罪的时间和地点、犯罪的对象、犯罪造成的危害后果既包括从轻、减轻处罚的因素,也包括从重处罚的因素;犯罪人因犯罪所受到的损失属于从轻、减轻处罚的因素。作为反映主观恶性之酌定量刑情节的犯罪动机也包括从轻、减轻处罚的因素和从重处罚的因素。在综合反映主观恶性和客观危害的酌定量刑情节中,犯罪后的态度和犯罪人的一贯表现既包括从轻、减轻处罚的因素和从重处罚的因素;前科属于从重处罚的因素。由此来看,我国刑法理论上所归纳的酌定从重处罚情节主要包括以下 8 种:(1)非构成要件的手段残忍;(2)非构成要件的特殊犯罪时间和地点;(3)非构成要件的特殊犯罪对

---

〔1〕 参见张明楷:《刑法学》(第 5 版)(上),法律出版社 2016 年版,第 554 页。

〔2〕 参见高铭暄、马克昌主编:《刑法学》(第 7 版),北京大学出版社、高等教育出版社 2016 年版,第 255 ~256 页。有的教科书把犯罪前科作为犯罪人的一贯表现(或犯罪前的表现)的重要内容。参见陈兴良:《规范刑法学》(第 3 版)(上册),中国人民大学出版社 2013 年版,第 361 页;黎宏:《刑法学总论》(第 2 版),法律出版社 2016 年版,第 366 页。

〔3〕 参见张明楷:《刑法学》(第 4 版),法律出版社 2011 年版,第 507 页。

象;(4)非构成要件的危害后果严重;(5)犯罪动机卑鄙;(6)犯罪后的态度恶劣;(7)犯罪人一贯表现不好;(8)犯罪前科。

酌定从重处罚情节不仅在刑法理论上得到普遍承认,而且在刑法司法中得到广泛适用。例如,在作为惩办与宽大相结合刑事政策之重要内容的"坦白从宽,抗拒从严"中,"抗拒从严"实际上就是一种酌定从重处罚情节,而且长期以来在我国刑法司法中得到适用。在1979年《刑法》颁布实施之前,我国没有系统的刑法典,单行刑法的数量也很少,实践中主要依据刑事政策来定罪量刑,作为基本刑事政策的惩办与宽大相结合刑事政策在定罪与量刑过程中起到了重要作用。对此,20世纪90年代有影响的刑事政策学著作指出:"中华人民共和国建立以后,这一政策又得到不断的充实和完善。镇压与宽大相结合演变为惩办与宽大相结合。众所周知,我国刑法是中华人民共和国成立30年以后公布实施的,30年来,在中华人民共和国建立初期开展了'镇反'和'肃反'斗争,制定了'惩治反革命条例',开展了'三反'和'五反'斗争,制定了'惩治贪污条例',一方面这些法规中充分体现了惩办与宽大相结合的政策,使这一政策法律化,成为'镇反'、'三反'的法律武器;另一方面,在同反革命和其他刑事犯罪作斗争的过程中,更多的是直接依据和运用这一政策,不断总结实践经验,使这一政策内容更加丰富完整。根据实践经验,逐渐明确将这一政策的内容概括为:首恶必办,胁从不问,坦白从宽,抗拒从严,立功折罪,立大功受奖六个方面。"〔1〕其中,"抗拒从严"作为酌定从重处罚的情节,〔2〕被广泛适用于刑事案件的处理上。根据1979年《刑法》第1条的规定,惩办与宽大相结合的政策是制定刑法的重要依据。该政策的部分内容如"首恶必办""胁从不问""立功折罪"和"立大功受奖"被法定化,〔3〕但"坦白从宽"和"抗拒从严"没有被法

---

〔1〕 杨春洗主编:《刑事政策论》,北京大学出版社1994年版,第234页。

〔2〕 由于当时没有对从重处罚、从轻处罚、减轻处罚等概念的明确规定以及没有"法无明文规定不为罪,法无明文规定不处罚"的观念,故"抗拒从严"中的"从严"完全可能包括从重处罚和加重处罚。

〔3〕 虽然根据1979年《刑法》的规定"胁从者也问",即胁从犯也应当受到处罚,而且处罚范围较大(既处罚被胁迫参加犯罪的,也处罚被诱骗参加犯罪的),但对于胁从犯"应当按照他的犯罪情节,比照从犯减轻处罚或者免除处罚"的规定,在很大程度上是对"胁从不问"这一政策的贯彻,因而排除了把"胁从者不问"作为酌定从宽处罚情节来适用的情形。

定化。[1] 在1979年《刑法》实施期间,"抗拒从严"虽然被排除了加重处罚的内容,但在"刑事政策是刑法的'灵魂'"这一思维方式指导下,"抗拒从严"作为酌定从重处罚情节不但在逻辑上成立,而且被认为属于犯罪人犯罪后的态度在量刑时得到广泛适用。即使在1997年《刑法》实施以来,作为犯罪后态度的"抗拒从严"也被认为属于酌定从重处罚情节来适用,依然是刑法司法的基本逻辑。

应当注意的是,量刑情节是影响刑罚轻重的主客观因素,具有非构成要件性,但司法实践中完全可能把作为构成要件的故意作为酌定从重处罚情节来适用。例如,根据《刑法》第398条第1款的规定,国家机关工作人员违反保守国家秘密法的规定,泄露国家秘密,情节严重的,不论主观上出于故意还是过失,均处3年以下有期徒刑或者拘役;情节特别严重的,也不论主观上出于故意还是过失,处3年以上7年以下有期徒刑。在刑法针对客观方面完全相同但罪过形式不同的情形规定了完全相同的刑罚幅度的情况下,为了贯彻"刑法以处罚故意犯罪为原则,以处罚过失犯罪为例外"的原则,故意完全有可能被作为酌定从重处罚情节来适用。再如,《刑法》第408条之一第1款规定的食品监管渎职罪的基本罪状是"负有食品安全监督管理职责的国家机关工作人,滥用职权或者玩忽职守,导致发生重大食品安全事故或者造成其他严重后果"。由此罪状规定,恐怕很难判断食品监管渎职罪的罪过形式究竟属于故意还是过失。[2] 在这种情况下,实践中很容易形成这样的观念:如果行为人对重大食品安全事

---

〔1〕 长期以来,"坦白从宽"是被认为属于犯罪人犯罪后的态度而作为从宽处罚的因素予以考虑的,但随着2011年《刑法修正案(八)》的颁布实施,"坦白从宽"由酌定从重处罚情节转变为法定的从宽处罚情节(包括从轻处罚和减轻处罚)。至此,在惩办与宽大相结合刑事政策中,只有"抗拒从严"没有被法定化。

〔2〕 对食品监管渎职罪的罪过形式,刑法理论上主要有两种观点。一种观点坚持以行为为根据判断罪过形式,认为《刑法》第408条之一第1款规定了两个行为类型,即故意的滥用职权行为和过失的玩忽职守行为,所以司法解释把该款规定的犯罪确定为一个罪名明显不当,而应当解释为食品监管滥用职权罪和食品监管渎职罪,前者的罪过形式是故意,后者的罪过形式是过失。参见张明楷:《刑法学》(第5版)(下),法律出版社2016年版,第1266页。另一种观点认为,食品监管渎职罪的罪过形式既可以是故意也可以是过失,但判断根据到底是行为还是结果,则不甚明了。参见高铭暄、马克昌主编:《刑法学》(第7版),北京大学出版社、高等教育出版社2016年版,第656页。笔者认为,《刑法》第14条第1款和第15条第1款明确规定故意和过失的判断根据只能是"危害社会的结果",所以只能根据刑法规定的结果来判断食品监管渎职罪的罪过形式。以此来看,该罪的罪过形式可能是故意,也可能是过失,但到底是故意还是过失在规范层面无法得出判断结论,因而属于罪过形式不明的犯罪。

故或者其他严重后果持有故意,则刑罚重;如果行为人对重大食品安全事故或者其他严重后果持有过失,则刑罚轻。在此,犯罪故意也被作为酌定从重处罚情节适用了。

还应当注意的是,司法实践中把犯罪行为终了之后的一些行为及结果作为酌定从重处罚情节来看待。例如,故意杀人之后的碎尸、分尸、焚尸等行为虽然与故意杀人罪有联系,但其发生于故意杀人罪成立之后,因而已经超出了故意杀人罪的范围。要让行为人对其故意杀人后所实施的碎尸、分尸、焚尸等行为负责,只能在故意杀人罪之外寻找根据。但是,对于这种情况,司法实践中往往作为从重处罚的依据来看待,致使酌定从重处罚情节在一定程度上被滥用。

由此可见,酌定从重处罚情节的理论来自于司法实践,是对司法实践的一种被动反映。在这种理论中,丝毫看不到任何对实践的引领,更看不到理性反思。刑法理论在此问题上似乎走的是"从经验到理论"的道路,但也暴露了刑法理论缺乏批判司法实践的弊端,其学术品格值得质疑。也正是缺乏这种理论自觉,致使酌定从重处罚情节在刑法司法中不假思索地被广泛适用乃至滥用。

(二)适用酌定从重处罚情节的理由

存在的事物一定有它存在的理由,如果存在的理由没有了,那么该事物自然就会消失。酌定从重处罚情节之所以在司法实践中被广泛适用,并在刑法理论上得到提倡,其理由就在于刑法立法的不明确。刑法立法的不明确表现为两个方面:一是罪状的不明确;二是刑罚的不明确。虽然酌定从重处罚主要属于刑罚的适用问题,但罪状对刑罚的适用在很大程度上具有决定作用。所以,就酌定从重处罚问题而言,刑法的不明确性还得首先从罪状的不明确来分析。

罪状的不明确,即刑法对具体犯罪之构成要件的描述不明确。在实践中,罪状的不明确主要表现为刑法对罪状的描述过于抽象或含混不清。正是过于抽象或含混不清的罪状,为酌定从重处罚情节的适用留下了空间。例如,《刑法》第 232 条用"故意杀人"这一极为抽象的用语描述了故意杀人罪的罪状,而且对一般的故意杀人罪配置了幅度较大的刑罚——死刑、无期徒刑或者 10 年以上有期徒刑。但是,什么是情节恶劣的故意杀人?什么是手段残忍的故意杀人?什么是谋杀?……对于这些问题均未作出明确规定。因而,情节恶劣、手段残忍、谋杀等的认定就具有很大的随意性,而且完全有可能成为故意杀人罪的酌定从重处罚情节。与此不同,无论大陆法系国家还是英美法系国家的刑法,对故意杀人罪罪状的描述均极为详细,使从重处罚都于法有据,从而严格避免了法外从重处罚的现象。例如,在《德国刑法典》中,与我国刑法中故意杀人罪相对应的犯罪包括谋杀罪、故意杀人罪、受嘱托杀人罪、堕胎罪以及灭绝种族罪,而且对每一种犯罪都规定了比较明确的罪状,完全排除了法外从重处罚情节的适用。[1] 再如,在美国,普通法和制定法均把杀人罪分为谋杀和非预谋杀人两大类。其中,立法和理论上大都把谋杀罪分为蓄意谋杀罪、故意重伤谋杀罪、极端轻率谋杀罪、重罪—谋杀罪、拘捕谋杀罪等,而且以刑罚轻重为出发点,绝大部分州把谋杀罪分为一级谋杀罪和二级谋杀罪。非预谋杀人罪包括激情杀人和具有其他减罪情节的非预谋故意杀人两种。普通法和制定法均为各类谋杀罪的成立规定了不同的条件。[2] 这种复杂的犯罪分类,实质上就是对故意杀人罪罪状的详细描述,其目的在于排除法外从重处罚情节的广泛适用。

通过对故意杀人罪罪状规定的中外比较可以发现,明确的罪状实际上是将现实中可能出现的各种犯罪情节的法定化,并据此将个罪的刑罚划分为不同的等次和幅度,其目的就在于排除法外情节的适用。由于我国刑法对很多犯罪的罪状描述过于抽象,致使很多犯罪的法定量刑情节的范围过于狭窄,所以为了实现处罚上的合理性,司法者只能在法定量刑情节之外寻找刑罚轻重的根据。正是在这种情况下,酌定从重处罚情节进入了司法过程,以处罚的实质合理性遮蔽了处罚的形式合理性,法治的根基被蚕食了。

从逻辑上来讲,刑罚的不明确包括两种情形,即不对具体犯罪规定刑罚和刑罚幅度过大,主要表现为刑罚幅度过大。刑罚幅度过大的形成原因不外乎两种:一是立法者为了避免处罚漏洞而有意为之。一般而言,把幅度较大的刑罚配置于较为抽象的罪状,而抽象的罪状往往能够囊括犯罪的各种情节,因而最有利于避免处罚漏洞。二是由于立法资源不足和立法技术落后而无法制定出较为明确而细致的罪状所致。明确而细致的罪状是对犯罪实践样态类型化的

---

〔1〕 例如,根据《德国刑法典》第 211 条的规定,谋杀是指出于杀人嗜好、性欲的满足、贪财或其他卑劣动机,以残忍、残暴或危害公共安全的方法,或意图实现或掩盖其他犯罪行为而杀人。相应地,根据第 212 条的规定,故意杀人罪就是指非谋杀而故意杀人。除此之外,为了实现处罚的妥当性,《德国刑法典》还规定了受嘱托杀人罪、堕胎罪以及灭绝种族罪,并对各罪的罪状进行了详细的描述,完全排除了法外从重处罚的现象。

〔2〕 参见储槐植、江溯:《美国刑法》(第 4 版),北京大学出版社 2012 年版,第 160 ~ 182 页。

结果,需要耗费大量的立法资源和运用较高的立法技术,与此相对应的则是幅度较小的刑罚(刑罚幅度的细化)。因而,在因立法资源不足和立法技术落后而无法制定出较为明确和细致的罪状的情况下,只能选择幅度较大的刑罚。

与国外刑法相比,我国刑法分则规定的刑罚幅度普遍较大。这种情况在传统型犯罪和现代型犯罪中均有所体现。在传统型犯罪中,具有典型意义的是故意杀人罪。一如前述,大陆法系和英美法系国家的刑法都通过设置多个故意杀人罪并以各种故意杀人罪的不同主客观情形为依据对其刑罚幅度进行了划分。[1] 在我国刑法中,虽然立法者可能从主客观两方面对故意杀人罪进行了区分,进而以此设置了不同的刑罚幅度,[2]但这种区分是比较含混不清的。其中,"情节较轻"到底指的是什么?(手段残忍的)激情杀人是否属于情节较轻?除了后果严重(如杀死多人)、手段残忍之外,还有哪些属于情节一般的故意杀人?对这些影响社会危害程度和主观恶性程度的情节,刑法均未作出明确规定。面对故意杀人罪抽象的罪状和较大的刑罚幅度,司法者只能根据案件的具体情况(酌定情节)来选择刑罚,酌定从重处罚情节自然而然地进入了量刑过程。在现代型犯罪中,具有典型意义的是污染环境罪。例如,《德国刑法典》分则第二十九章规定了"污染环境的犯罪",包括 10 个具体的犯罪类型,[3]而且根据罪过形式、危害结果、行为方式、犯罪形态等的不同对各种具体犯罪类型配置了不同幅度的刑罚,[4]致使法外的情节难以进入量刑环节。但我国《刑法》第 338 条仅仅用一个具体犯罪类型囊括了所有污染环境的犯罪,而且仅仅根据

---

〔1〕 综观世界各国刑法的规定,立法者既可以根据犯罪之客观危害的不同设置刑罚幅度,也可以根据行为人主观恶性的不同设置刑罚幅度。划分刑罚幅度的方法主要包括两种:一是通过设置不同的犯罪并配置不同的刑罚幅度来实现对刑罚幅度的划分;二是根据同一犯罪主客观情形的不同来设置不同的刑罚幅度。大陆法系和英美法系国家的刑法正是通过这两种方式对故意杀人罪的刑罚幅度进行了详细的划分。

〔2〕 根据我国《刑法》第 232 条的规定,故意杀人的,处 10 年以上有期徒刑、无期徒刑或者死刑;情节较轻,处 3 年以上 10 年以下有期徒刑。由此来看,立法者以情节是否较轻把故意杀人罪的刑罚幅度划分为两个,其中的"情节较轻"属于综合性情节,包括主客观两个方面的因素。

〔3〕 这 10 个具体的犯罪类型:污染水域罪(第 324 条),污染土地罪(第 324 条 a),空气污染罪(第 325 条),造成噪声、震动和非放射性罪(第 325 条 a),未经学科的垃圾处理罪(第 326 条),未经许可开动核设施罪(第 327 条),未经许可的放射性物质及其他危险物品的交易罪(第 328 条),侵害保护区罪(第 329 条)、情节严重的危害环境罪(第 330 条)以及放毒造成严重危害罪(第 330 条 a)。

〔4〕 例如,根据《德国刑法典》第 324 条的规定,故意犯污染水域罪的,处 5 年以下自由刑或罚金;过失犯污染水域罪的,处 3 年以下自由刑或罚金。而《德国刑法典》在详细规定了各种污染环境罪的罪状和刑罚幅度后,第 330 条针对第 324 条至第 329 条规定之罪专门规定了情节特别严重的危害环境犯罪。

客观危害结果配置了两个刑罚幅度。[1] 在此,罪过形式、行为方式等足以影响刑罚轻重的因素只能作为酌定量刑情节进入量刑环节。特别值得注意的是,由于《刑法》第338条没有明确规定污染环境罪的罪过形式,而且依据法条的文理和犯罪的性质难以得出该罪的罪过形式到底属于故意还是过失,因而该罪的罪过形式就可能是故意,也可能是过失。[2] 在这种情况下,司法者基于严格区分故意与过失的立法和理论,[3]就会把故意或者过失作为酌定量刑情节来适用。可见,正是立法者没有依据污染环境罪的罪过形式、行为方式、犯罪形态等足以影响刑罚轻重的主客观情形来划分该罪的刑罚幅度,致使该罪的刑罚幅度较宽,为酌定从重处罚情节的适用留下了较大的空间。

三、酌定从重处罚情节的悖论

然而,从罪刑法定原则所蕴含的基本理念及其衍生出的刑法逻辑来看,在我国刑法理论和司法实践中习以为常的酌定从重处罚情节,本身存在严重的悖论。

(一)悖论之一:有违"法无明文规定不处罚"

"法无明文规定不为罪,法无明文规定不处罚"的经典表述表明,罪刑法定原则包括"法无明文规定不为罪"和"法无明文规定不处罚"两个方面的基本内容。但是,我国刑法理论和司法实践似乎只看到"法无明文规定不为罪"的一面,或者说把罪刑法定原则仅仅理解为"法无明文规定不为罪",[4]而在很大程度上忽视了"法无明文规定不处罚"。实际上,从刑法的发展历史来看,虽然出

---

〔1〕 我国《刑法》第338条只是根据"严重污染环境"和"后果特别严重"把污染环境罪的刑罚幅度分为"3年以下有期徒刑或者拘役,并处或者单处罚金"和"3年以上7年以下有期徒刑"。

〔2〕 由于坚持严格区分故意与过失的单一罪过说以及规范论的罪过形式判断基准,我国刑法理论在污染环境罪的罪过形式上出现了分歧。传统观点依据污染环境罪的刑罚设置以及该罪的前身——重大环境污染事故罪的特点,将污染环境罪的罪过形式解释为过失;新的观点依据污染环境罪的行为方式将该罪的罪过形式解释为故意。

〔3〕 我国《刑法》第14条和第15条不仅分别规定了犯罪故意和犯罪过失的概念,而且明确规定了"以处罚故意犯罪为原则,以处罚过失犯罪为例外"的处罚原则。这意味着我国刑法是严格贯彻区分故意与过失的,而且这种区分在定罪上有利于贯彻"疑罪从无"的法治原则,在量刑上有利于贯彻故意的主观恶性大于过失。

〔4〕 例如,有学者在介绍刑法的明确性的概念时,把刑法的明确性仅仅理解为规定具体犯罪之罪状的明确性。参见张明楷:《刑法学》(第4版),法律出版社2011年版,第59页。但事实上,刑法的明确性还应当包括刑罚的明确性,并通过较小的刑罚幅度体现出来。

现过“以罪统刑”和“以刑统罪”两种思想倾向,但不可否认的是,罪始终是为刑服务的,换言之,罪的设置始终是为了实现合理的刑罚处罚。[1] 因此,“法无明文规定不处罚”才是罪刑法定原则的中心。正因如此,贝卡里亚才把罪刑法定原则表述为“只有法律才能为犯罪规定刑罚”。[2] 也正因如此,费尔巴哈才把罪“无法无刑”(法无明文规定不处罚)置于刑法最高原则之首,并且把“无法无罪”(法无明文规定不为罪)解释为“因为法律规定对特定的行为给予刑罚威慑,是法律上的必要的前提条件”。[3] 从表面上来看,“法无明文规定不处罚”的含义是,不得处罚法律没有明文规定需要处罚的行为。据此似乎可以得出这样的结论,即只要法律明文规定需要处罚某种行为,那么在法定刑幅度内依据法律没有明文规定的情节从重处罚都是合法的。换言之,即便适用酌定情节对被告人从重处罚,也是在法定刑幅度内的处罚,因而既实现了罪的法定,也实现了刑的法定。但实际上,从罪刑法定原则的价值意蕴和当代罪刑法定原则的核心内容来看,这种结论显然有悖于“法无明文规定不处罚”。

罪刑法定原则产生的历史背景是17、18世纪西方资产阶级革命,是资产阶级革命的重要成果之一。资产阶级革命的对象主要是封建王权和教权,[4]起初罪刑法定为反对封建王权提供了有力的思想支撑,后来成为了反对专横权力的法律原则,其目的正在于保障人权。正如日本学者所指出的:“罪刑法定原则,是为了对抗中世纪封建国家当中,以国王以及官僚即法官所具有的生杀予夺的大权为背景的肆意专治裁判(罪刑专断原则),在近代市民阶级兴起的过程中所产生的,它是保护市民的权利和自由的原则。”[5]在当代,罪刑法定原则的这一价值倾向不仅没有削弱,而且通过刑罚法规的明确性、适正性、罪刑均衡

〔1〕 从立法上来看,现代刑法以犯罪的性质为依据对犯罪进行分类并配置了不同的刑罚,可谓贯彻了“以罪统刑”的思想。但是,这里的罪质和罪量恐怕也是依据处刑的轻重来划分和归类的。从司法上看,虽然司法者从形式上必须考虑犯罪的性质及危害,但实质上不论在罪与非罪还是此罪与彼罪之关系的认定上,“以刑统罪”的思想均得到了较彻底的贯彻。

〔2〕 [意]贝卡里亚:《论犯罪与刑罚》,黄风译,中国大百科全书出版社1993年版,第11页。

〔3〕 安塞尔姆·里特尔·冯·费尔巴哈:《德国刑法教科书》(第14版),许久生译,中国方正出版社2010年版,第31页。

〔4〕 托克维尔指出,法国革命的最初措施之一是攻击教权,在大革命所产生的激情中,首先燃起而最后熄灭的是反宗教的激情。即使在人们被迫忍受奴役以换取安宁、对自由的热情烟消云散之时,他们仍在反抗宗教的权威。参见[法]托克维尔:《旧制度与大革命》,冯棠译,商务印书馆1992年版,第46页。

〔5〕 [日]曾根威彦:《刑法学基础》,黎宏译,法律出版社2005年版,第8页。

等实质性内容得到了补充和强化。罪刑法定原则的经典表述来自费尔巴哈的“无法无刑”和“无法无罪”，即“法无明文规定不处罚”和“法无明文规定不为罪”。从这一表述无论如何也不能得出“法有明文规定应处罚”和“法有明文规定应定罪”的结论。[1] 由此来看，正因为有了通过限制国家刑罚权的价值意蕴，才使人们把罪刑法定原则表述为“法无明文规定不为罪，法无明文规定不处罚”。因而，判处刑罚和刑罚量的增加都应当有法律的明文规定。

加重处罚无疑属于刑罚量的增加，突破了刑罚幅度的上限，是无根据之刑，因而遭到了现代刑法理论和实践的否定。但是，依据酌定从重处罚情节而增加的刑罚量是否也属于无根据之刑？这需要认真讨论。刑罚的量可分为常量和变量。前者是指仅仅依据符合构成要件的事实而决定的刑罚量，不受量刑情节的影响；后者是指依据各种量刑情节对刑罚的常量进行取舍后形成的刑罚量。例如，在累犯的场合，对行为人所实施的新罪应当判处的刑罚常量，是指仅依据符合新罪构成要件的事实而判处的刑罚量。在应当判处的刑罚常量的基础上依据行为人属于累犯这一法定从重处罚情节而最终判处的刑罚量，就属于刑罚的变量。可见，决定刑罚变量的不是犯罪情节，而是量刑情节。由于量刑情节有从宽量刑情节和从严量刑情节之分，所以依据从宽量刑情节而作出的刑罚的变量就小于刑罚的常量，依据从严量刑情节而作出的刑罚的变量就大于刑罚的常量。以刑罚的常量为基数来看，依据从宽量刑情节作出的刑罚的变量就属于刑罚量的减少（刑罚的减量），而依据从严量情节作出的刑罚的变量就属于刑罚量的增加（刑罚的增量）。在我国，由于从严量刑情节包括法定从重处罚和酌定从重处罚，所以刑罚量的增加就包括依据法定从重处罚增加的刑罚量和依据酌定从重处罚增加的刑罚量。由于法定从重处罚情节是刑法明文规定的量刑情节，所以依据该情节增加的刑罚量于法有据；相反，由于酌定从重处罚情节不是刑法明文规定的量刑情节，所以依据该情节增加的刑罚量于法无据。既然依据酌定从重处罚情节而增加的刑罚量没有法律上的根据，那么适用该情节就违反了罪刑法定原则。

虽然现代刑法理论把罪刑法定原则的派生原则概括为多个方面，但都一致

---

[1] 正因如此，把我国《刑法》第3条前半段“法律明文规定为犯罪行为的，依照法律规定定罪处刑”的规定解释为罪刑法定原则之基本内容的观点，受到了广泛的诟病。

认为当代罪刑法定的核心原则是刑法的明确性。例如,德国学者指出,在罪刑法定原则的四个派生原则(禁止类推、禁止以习惯法入罪、禁止溯及既往和明确性要求)中,明确性原则处于中心或者支配性地位。因为其他三个原则(尤其是禁止类推和禁止以习惯法入罪)以法律的明确规定为前提。当一个行为没有被法律明确规定为违法行为时,是不允许将其入罪的,即使这个行为有悖法律的意义。[1] 我国学者指出,明确性是限制国家权力、保障国民自由的基本要求。因为不明确的刑法不仅不具有预测可能性的功能,国民在行为前仍然不知道其行为的法律性质,必然造成国民行动萎缩的后果,而且为国家机关肆意侵犯国民的自由找到了形式上的法律根据,比没有刑法更容易侵犯国民自由,同时还意味着有意或者无意抹杀民意。[2] 由此来看,"法律的明确规定"包括两个方面的要求:一是法律有规定;二是法律的规定应当明确。如果法律虽然有规定,但规定不明确,则意味着没有规定,因为法官会依据含混不清的规定任意解释法律。我国《刑法》第3条使用的是"明文规定",而不是"明确规定"。那么,两者之间应当是何种关系?对此,我国学者指出:"'明文'只是'明确'的前提,即使具备'明文'规定也并不意味着一定能够达到'明确'。因为即使刑法对构成要件作出了明文规定,但这种规定若在含义上是模糊的,人们无法据此判断行为后果,同样应认为是不明确的。"[3]笔者认为,"明文"与"明确"没有实质差异,完全可以把"明文"解释为"明确的文字",相应地,应当把我国《刑法》第3条中的"明文规定"解释为"用明确的文字加以规定"。

刑法的明确性包括罪的明确性和刑的明确性。刑的明确性意味着任何刑罚量的增加都应当有刑法的明确规定。从重处罚既然属于刑罚量的增加,那么就应当有刑法的明文规定。法定从重处罚是法律明确规定的从重处罚,所以符合刑法的明确性要求。与此不同,酌定从重处罚没有法律的明确规定,所以适用该情节就违背了刑法的明确性原则,从而违背了"法无明文规定不处罚"的原则。

---

〔1〕 参见[德]克劳斯·罗克辛:《德国刑法中的法律明确性原则》,黄笑岩译,载梁根林、[德]埃里克·希尔跟多夫主编:《中的刑法学者的对话:罪刑法定与刑法解释》,北京大学出版社2013年版,第32~33页。

〔2〕 参见张明楷:《罪刑法定与刑法解释》,北京大学出版社2009年版,第50~51页。

〔3〕 杨剑波:《刑法明确性原则研究》,中国人民公安大学出版社2010年版,第31页。

(二)悖论之二:与法定从重处罚情节冲突

法定从重处罚情节,是指刑法明文规定的应当从重处罚的量刑情节。我国刑法中的法定从重处罚情节有3个特点:其一,法定从重处罚是法律明文规定的量刑情节,即具有法定性;其二,法定从重处罚情节意味着刑罚量的增加,即具有从重性;其三,从我国刑法的相关规定来看,法定从重处罚情节属于应当型情节。[1] 法定从重处罚情节的这3个特点实际上为刑法中的从重处罚划定了界限,所以,任何不符合法定从重处罚之特点的从重处罚都是不妥当的。下面以累犯、再犯与前科的关系为例来说明。

前科,顾名思义,就是指行为人曾被科处过刑罚。我国刑法理论一致认为,前科属于酌定从重处罚情节。但是,以行为人有前科为依据而从重处罚与刑法规定的累犯和再犯存在冲突。《刑法》第65条第1款规定了一般累犯的成立条件,第66条规定了特别累犯的成立条件,而且规定对于累犯应当从重处罚。从逻辑关系来看,累犯中的前罪都属于前科。但是,从累犯的成立条件来看,刑法只规定依据构成累犯的前科对行为人从重处罚。换言之,刑法只把符合累犯成立条件的前科作为对累犯从重处罚的依据,除此之外的所有前科均不应当成为对累犯应当从重处罚的依据。就一般累犯而言,作为从重处罚依据的前科只能是应当判处有期徒刑以上刑罚之新罪发生前5年内行为人实施的刑罚已经执行完毕的被判处有期徒刑以上刑罚之罪。以下前科不能作为从重处罚的依据:其一,应当被判处有期徒刑以上刑罚之新罪发生前行为人实施的没有被判处有期徒刑以上刑罚之罪;其二,不应当判处有期徒刑以上刑罚之新罪发生前行为人实施的任何犯罪;其三,在应当判处有期徒刑以上刑罚之新罪发生之日起5年以前(不包括5年)行为人实施的刑罚已经执行完毕或者赦免(或假释)的被判处有期徒刑以上刑罚之罪。就特别累犯而言,作为从重处罚之依据的前科只能是新的危害国家安全犯罪、恐怖活动犯罪、黑社会性质的组织犯罪发生之前行为人曾经实施的危害国家安全犯罪、恐怖活动犯罪、黑社会性质的组织犯罪,除此之外的任何前科都不能作为对行为人从重处罚的依据。

---

[1] 从刑法规定应当还是可以适用为标准,可将法定量刑情节分为可以型量刑情节和应当型量刑情节。可以型量刑情节,是指刑法规定可以适用的量刑情节;应当型量刑情节,是指刑法规定应当适用的量刑情节。从我国刑法的规定来看,从宽量刑情节中既有可以型量刑情节,也有应当型量刑情节,但从严量型情节(从重处罚)中只有应当型量刑情节。

再犯，即行为人再次犯罪。从形式上来看，再犯是就再次犯罪而言，而前科是就曾经的犯罪而言。但从实质上来看，两者之间没有区别。再犯意味着在犯新罪之前曾经犯过罪，其成立以行为人有前科为前提。前科的成立虽然不以发生新罪为条件，把曾经的犯罪都可以称作前科，但如果没有新罪的发生，前科在刑法评价上就没有任何意义。所以，就刑法评价而言，前科与再犯之间可以画等号。因而，前述累犯与前科的关系也表达了累犯与再犯的关系。具体而言，任何累犯都属于再犯，所以累犯的成立条件表明，刑法只把成立累犯的再犯作为应当从重处罚的依据，除此之外的再犯都不应当被作为从重处罚的依据。

值得注意的是，《刑法》第 356 条规定："因走私、贩卖、运输、制造、非法持有毒品罪被判过刑，又犯本节规定之罪的，从重处罚。"此即我国刑法对毒品犯罪之再犯的规定。依照此规定，毒品犯罪的再犯应当从重处罚。毒品犯罪的再犯的成立条件是，前罪是走私、贩卖、运输、制造、非法持有毒品罪，后罪是《刑法》分则第六章第七节规定的所有犯罪。[1] 这是我国刑法明文规定的唯一的再犯从重处罚的情形。这一规定表明，刑法只处罚毒品犯罪的再犯，除此之外的不符合累犯条件的再犯都不应当从重处罚。前科与再犯在刑法评价上的同一性表明，刑法只是把作为前科的毒品犯罪作为从重处罚的依据，除此之外的不符合累犯条件的前科都不应当作为从重处罚的依据。不仅如此，并不是所有的毒品犯罪之间都可以成立毒品犯罪的再犯。《刑法》分则第六章第七节共规定了 11 个毒品犯罪，[2] 属于毒品犯罪再犯之前罪的只是走私、贩卖、运输、制造毒品罪和非法持有毒品罪，而后罪则包括 11 个毒品犯罪。所以，除走私、贩卖、运输、制造毒品罪和非法持有毒品罪之外的 9 个毒品犯罪与作为后罪的 11 个毒品犯罪之间不成立毒品犯罪的再犯。既然如此，那么这 9 个犯罪与作为后罪的 11 个毒品犯罪之间成立的再犯如果不符合累犯的成立条件，就不是从重

---

〔1〕 可见，与一般的再犯的成立条件不同，在毒品犯罪的再犯的成立条件中，前罪的范围明显小于后罪的范围。而且，从刑法对毒品犯罪之再犯的规定来看，成立毒品犯罪之再犯的情形不再成立累犯。因为如果对毒品犯罪的再犯中符合累犯条件的情形依然适用累犯的规定，就属于重复评价。

〔2〕 这 11 个犯罪是走私、贩卖、运输、制造毒品罪（第 347 条），非法持有毒品罪（第 348 条），包庇毒品犯罪分子罪和窝藏、转移、隐瞒毒品、毒赃罪（第 349 条），非法生产、买卖、运输制毒物品、走私制毒物品罪（第 350 条），非法种植毒品原植物罪（第 351 条），非法买卖、运输、携带、持有毒品原植物种子、幼苗罪（第 352 条），引诱、教唆、欺骗他人吸毒罪（第 353 条第 1 款），强迫他人吸毒罪（第 353 条第 2 款），容留他人吸毒罪（第 354 条），非法提供麻醉药品、精神药品罪（第 355 条）。

处罚的对象。基于再犯与前科在刑法评价上的同一性,不能把除走私、贩卖、运输、制造毒品罪和非法持有毒品罪之外的9个毒品犯罪作为11个毒品犯罪的前科在刑法上进行评价。

由此可见,在刑法明文规定了从重处罚情节的情况下,任何非法定的从重处罚都是不妥当的。相应地,作为非法定的从重处罚之依据的酌定从重处罚情节,是不能允许适用的。

(三)悖论之三:不符合量刑基准的基本要求

量刑基准,顾名思义,即裁量刑罚的基础和标准。合理的量刑基准对于保障人权和量刑规范化建设具有重要的现实意义。但是,量刑的基准到底是什么?这在我国并不是一个很清楚的问题。换言之,在我国刑法理论上虽然有"量刑基准"这一用语,但却没有量刑基准的实质内容。

从当前各级法院所颁布的一些量刑规范化意见来看,所谓量刑基准主要是由犯罪事实和量刑情节来决定的。其基本的思路是,首先依据犯罪事实来确定量刑幅度,其次依据各种量刑情节来决定从重、从轻、减轻或者免除处罚。这一量刑思路反映出的最大问题是没有对各种量刑情节进行类型化,并以此来限制量刑情节的作用范围,致使各种量刑情节之间可以任意抵消。例如,在行为人属于再犯但有自首情节的案件中,自首情节所具有的从轻处罚的功能往往被再犯所具有的从重处罚功能抵消。诚然,自首属于法定的从宽处罚的情节,再犯属于酌定从重处罚的情节,两者都表现了预防的必要性,而且前者表明行为人的预防必要性的减小,后者表明行为人的预防必要性加大。从表面上来看,用再犯所具有的从重处罚的功能抵消自首所具有的从轻处罚的功能不存在问题,但这将意味着,只要是为了预防犯罪,就可以从重处罚,可以抵消从宽处罚情节的功能。在此,哪些情节可以相互抵消,哪些情节不能相互抵消,不能够抵消的依据是什么等,都没有反映出来。显然,这是没有量刑基准的一种做法。

在量刑基准的建构方面,大陆法系国家的做法值得我国借鉴。在大陆法系国家的刑法理论和实践中,根据并合主义的刑罚根据论把量刑情节划分为影响责任刑的情节和影响预防刑的情节。依据报应主义对预防主义的制约,刑罚的上限由责任刑来划定;同时,依据预防主义对报应主义的制约,可以在责任刑以下根据预防的必要性选择宣告刑。虽然在责任刑的确定上存在幅的理论与点的理论的争论,但在责任刑以下依据预防的必要性确定宣告刑,是刑法理论的通说,也是司法实践的通行做法。[1] 从表面上来看,大陆法系国家刑法中的量刑基准是依据刑法的正当化根据而建立起来的,是对并合主义的贯彻,但从实质上来看是法治在量刑层面的具体体现。当前,罪刑法定原则的核心已从以往的成文法为核心(明文)转向以明确性为核心(明确)。[2] 报应的正义性之判断依据在于已经发生的行为和结果以及依据行为与结果而得出的行为人的责任,这一判断依据是已然的犯罪事实,因而具有相当的明确性。与此不同,预防的必要性的判断依据在于再犯可能性,即未然的犯罪,但对再犯可能性的判断主要是一种假设,缺乏明确的可操作性强的标准。正是在明确性这一法治原则的制约下,建立了通过以已然之罪为判断依据的报应的正义性判断来限制以未然之罪为判断依据的预防的必要性判断的判断模式。

不仅如此,这种量刑基准也是实质法治思维方式的具体运用。实质法治并非不要形式法治,而是在形式法治之下要求依据处罚的必要性与合理性进行出罪判断。这种思维方式不仅已成为罪刑法定原则的基本内容,而且已在构成要件实质化的理论倾向中得到了较彻底的贯彻。对此,罗克辛教授指出,为了落实刑法的"大宪章"机能和刑法的不完整性,只能对行为构成进行限制性解释,必须把法益保护思想的运用限制在不可放弃的可罚性领域。为了达到这一目的,就需要一些调节性的规则(如社会相当性原理),还应当在大多数行为构成中一开始就排除那些轻微的损害。[3] 可见,在刑法领域所谓实质法治,是指在罪刑法定原则之形式内容的制约下,依据处罚的必要性与合理性进行出罪判断。实质法治只是为以处罚的必要性与合理性为判断依据而出罪提供了依据,绝不意味着依据处罚的必要性与合理性入罪。具体判断过程是,把在形式上符合构成要件的行为依据处罚的必要性与合理性排除于构成要件之外。这种思维方式同样适用于量刑,具体表现如下:首先从形式上依据报应的正义性并根

---

〔1〕 参见张明楷:《责任主义与量刑原理——以点的理论为中心》,载《法学研究》2010 年第 5 期。

〔2〕 在 2014 年于德国举行的"罪刑法定原则与刑法解释"的国际研讨会上,中德刑法学者一致认为,刑法的明确性原则是当代罪刑法定原则的核心内容,而且不论在中国还是德国,明确性都是刑法的软肋。参见陈兴良:《中国刑法中的明确性问题——以〈刑法〉第 225 条第 4 项为例的分析》,载梁根林、[德]埃里克·希尔根多夫主编:《中德刑法学者的对话:罪刑法定与刑法解释》,北京大学出版社 2013 年版,15~22 页;[德]克劳斯·罗克辛:《德国刑法中的法律明确性原则》,黄笑岩译,载梁根林、[德]埃里克·希尔根多夫主编:《中德刑法学者的对话:罪刑法定与刑法解释》,北京大学出版社 2013 年版,第 46 页。

〔3〕 参见[德]克劳斯·罗克辛:《刑事政策与刑法体系》(第 2 版),蔡桂生译,中国人民大学出版社 2011 年版,第 30~31 页。

据影响责任刑的情节决定责任刑,为确定宣告刑划定上限,然后从实质上依据预防的必要性并根据影响预防刑的情节决定具体的宣告刑。其中,确定责任刑的根据是一般的正义观念和已然之罪,而确定预防刑的根据是预防的必要性和未然之罪。一般的正义观念和已然之罪虽然是一种客观存在,但不具有更多的实质意义;与此不同,预防的必要性和未然之罪则具有更多的实质意义。因为"形式指的是法律内在的东西,实质指的是法律的外部世界,就像形式正义和实质正义的差别一样"。[1] 可见,在大陆法系国家的刑法理论和实践中,实质法治的思维方式不仅在构成要件符合性判断中得到了较为有效的贯彻,而且在量刑基准的设定上发挥着重要功能。

在以并合主义的刑罚根据论为基础而建立起来的量刑基准中,首先应当将量刑情节划分为影响责任刑的情节和影响预防刑的情节。而且在适用顺序上,应先适用影响责任刑的情节,并以此确定责任刑并为宣告刑划定上限;然后适用影响预防刑的情节,并以此确定具体的宣告刑。宣告刑可以低于责任刑(的上限),但不能超过责任刑(的上限)。[2] 由此来看,依据影响预防刑的情节所确定的刑罚量如果超过责任刑(的上限),那么宣告刑只能是责任刑(的上限);依据影响预防刑的情节所确定的刑罚量如果低于责任刑(的上限),那么宣告刑就应当是预防刑。这就意味着,如果依据影响预防刑的情节所确定的刑罚量超过责任刑(的上限),则影响预防刑的情节就不能适用;如果依据影响预防刑的情节所确定的刑罚量低于责任刑(的上限),则应当适用影响预防刑的情节。在酌定从重处罚情节中,依据影响预防刑的情节所确定的预防刑必然超过责任刑(的上限),所以这些情节的适用就不符合量刑基准的要求。

四、酌定从重处罚情节的去向

(一)酌定从重处罚情节:一个难以避免的案件因素

存在的事物一定有它存在的理由。如果某一事物存在的理由没有了,那么

---

〔1〕 [美]理查德·A.波斯纳:《法理学问题》,苏力译,中国政法大学出版社2002年版,第51页。

〔2〕 值得注意的是,在大陆法系国家的刑法理论与司法实际所坚持的量刑基准上存在点的理论与幅的理论之争。点的理论认为责任刑是一个点,而幅的理论认为责任刑是一个幅度。就点的理论而言,因为责任刑是一个"点",所以责任刑本身无所谓上限,相对于预防刑其本身就是上限;就幅的理论而言,因为责任刑是一个"幅",所以责任刑本身具有上限和下限,但为预防刑划定界限的只是责任刑的上限。

该事物自然就会消失。既然酌定从重处罚情节是司法实践中广泛适用并得到刑法理论承认的量刑情节,那么就一定有它的现实性。笔者认为,酌定从重处罚情节的现实性正在于刑事案件的社会结构。

美国学者布莱克从案件社会学的角度提出了"案件的社会结构"的概念,并指出:"除了法律的技术特征——法律准则具体应用于实际案件中的过程之外,每一案件还有其社会特征:谁控告谁?谁处理这一案件?还有谁与案件有关?每一案件至少包括对立的双方(原告或受害人,以及被告),并且可能还包括一方或双方的支持者(如律师和友好的证人)及第三方(如法官或陪审团)。这些人的社会性质构成了案件的社会结构。"并且认为,每一个案件都是社会地位和关系的复杂结构,案件的社会结构可以预测和解释案件的处理方法。[1]布莱克还指出,现代法学区分了法律的两个维度,即实体的维度和程序的维度。但是,就像不同的案件在实体上和程序上不同的一样,案件在社会意义上也是不同的——谁起诉谁、谁支持谁、谁裁决谁的案件。法律的第三个维度就是社会学的维度。[2] 可见,布莱克所说的案件的社会结构实质上就是指影响案件处理的社会因素,对应于法律的社会学维度。由此还可以得出,与案件的社会结构相对应的是案件的法律结构,即影响案件处理的法律因素,对应于法律的实体的和程序的维度。

案件的法律结构与社会结构在对案件处理的影响上是有分工的。如果说法律结构主要是从过程和形式上影响案件处理的话,那么社会结构主要从结果和实质上影响案件的处理。与社会生活相比,一切法律规定都是形式的。影响案件处理的社会因素虽然可能完全是案内因素,但它从法律外部对案件产生影响,属于实质性影响,表达的是实质正义。与此不同,影响案件处理的法律因素完全属于法律的规定,对案件的影响具有形式性,表达的是形式正义。如果案件的法律结构代表的是案件处理的法律效果,那么案件的社会结构代表的则是案件处理的社会效果。因而,任何刑事案件的处理都必须兼顾案件的法律结构与社会结构。单纯从刑事案件的法律结构来考虑,会损害案件处理的社会效

---

〔1〕 参见[美]唐·布莱克:《社会学视野中的司法》,郭星华等译,法律出版社2002年版,第5~6页。

〔2〕 同上书,第105页。

果,不利于社会冲突的有效解决;同样,单纯从案件的社会结构来考虑,则会损害案件处理的法律效果,不利于维护法律的权威。所以,案件处理的结果是由案件的法律结构与社会结构共同决定的。组成刑事案件之社会结构的因素很多,可将这些因素大致分为社会因素与个人因素两大类。社会因素如社会治安形势、一定的社会状态(如灾难发生与救灾期间)、风俗习惯等;个人因素如行为人的犯罪动机、犯罪前的一贯表现、犯罪后的表现、被害人的基本状况等。正是这些影响刑事案件处理的社会因素,为酌定从重处罚情节的存在提供了现实基础。例如,在手段极其残忍的故意杀人案件中,人们往往会基于朴素的正义观念要求重惩被告人。正是在这种社会心理的支持下,手段残忍被作为酌定从重处罚情节适用于案件的处理中。再如,在基于挥霍而实施的盗窃案件中,人们往往会将其与基于生活所迫而实施的盗窃案件进行对比,要求对被告人从重处罚。正是在这种社会观念的影响下,挥霍动机就成为了盗窃罪的酌定从重处罚情节。

(二)酌定从重处罚情节的合理性限度及取舍

然而,酌定从重处罚情节的现实性并不等于其合理性,因而对酌定从重处罚情节应当设立一个合理适用的限度。在前文关于酌定从重处罚情节的现实性解读中,与其理论依据相适应,存在一个尚未解决的问题——案件的社会结构与法律结构之间的关系问题。正是这一问题,关系到酌定从重处罚情节的合理性限度。

刑法是正义的文字表述。刑法用语不仅写明了哪些行为是犯罪以及该如何处理这些犯罪,更为重要的是,它为司法权的行使划定了界限。因而,当把刑法规范适用于具体的案件时,必须在刑法用语的含义范围内解释刑法,任何超出用语之含义范围的解释都是对刑法的正义性的损害。刑事案件的社会结构虽然对刑事案件的处理结果具有决定意义,但不能超越法律结构所划定的范围。正因如此,现代刑法理论从形式上反对一切不利于被告人的类推适用(虽然从实质上看这种刑法适用具有合理性),但从实质上允许一切有利于被告人的刑法适用;相应地,现代刑法理论也一致反对适用不利于被告人的习惯法,但从实质上允许适用有利于被告人的习惯法。由此来看,在处理刑事案件时,应当坚持案件的法律结构优于案件的社会结构的原则。换言之,案件的社会结构只能在案件的法律结构之框架下才能被考虑。这一原则已经得到我国最高司法机关的提倡。[1] 酌定从重处罚情节属于案件的社会结构，只能服从于案件的法律结构，在法律结构的框架内对案件的处理过程和结构产生影响。

可见，案件社会学指出了社会结构对案件的处理所具有的重要意义，但也只是告诉人们不能机械地理解法律，而应当通过社会事实来解释法律，保持法律用语对社会生活的开放性。如果把案件的社会结构理解为与案件的法律结构处于相互对立的关系，并通过前者消解后者，则这就意味着法律的崩溃，法治建设将毁于一旦。因而，案件社会学虽然为酌定从重处罚情节的存在提供了理论支撑，但它同样划定了酌定从重处罚情节的合理性限度。

既然酌定从重处罚情节是一种悖论性存在，特别是与法定从重处罚情节之间相抵牾，那么就应当对其从概念上予以否定；但同时应当看到，酌定从重处罚情节的存在在案件社会学上也有一定的现实性与合理性。因而，在从概念上否定酌定从重处罚情节的同时，对其在合理性限度内还应予以适当的保留。这就是酌定从重处罚情节的取舍问题。

酌定从重处罚情节属于量刑情节，所以对其应当以量刑基准的基本要求为依据进行取舍。首先，应当把酌定从重处罚情节划分为影响责任刑的酌定从重处罚情节和影响预防刑的酌定从重处罚情节。前文已指出，酌定从重处罚情节主要包括 8 种：(1)非构成要件的手段残忍；(2)非构成要件的特殊犯罪时间和地点；(3)非构成要件的特殊犯罪对象；(4)非构成要件的危害后果严重；(5)犯罪动机卑鄙；(6)犯罪后的态度恶劣；(7)犯罪人一贯表现不好；(8)犯罪前科。从这 8 种酌定从重处罚情节的基本内容来看，第 1 种至第 4 种情节属于影响责任刑的情节，第 5 种至第 8 种情节属于影响影响责任刑的情节。其次，根据影响责任刑的情节和影响预防刑的情节的适用范围对酌定从重处罚情节进行取舍。由于影响责任刑的情节是决定基准刑的情节，所以不论从宽处罚情节还是

---

[1] 2010 年 2 月 8 日最高人民法院发布的《关于贯彻宽严相济刑事政策的若干意见》对贯彻宽严相济刑事政策提出了 5 项总体要求，其中第 5 项总体要求是："贯彻宽严相济刑事政策，必须严格依法进行，维护法律的统一和权威，确保良好的法律效果。同时，必须充分考虑案件的处理是否有利于赢得广大人民群众的支持和社会稳定，是否有利于瓦解犯罪，化解矛盾，是否有利于罪犯的教育改造和回归社会，是否有利于减少社会对抗，促进社会和谐，争取更好的社会效果。要注意在裁判文书中充分说明裁判理由，尤其是从宽或从严的理由，促使被告人认罪服法，注重教育群众，实现案件裁判法律效果和社会效果的有机统一。"该段话由三句组成。其中，第一句表达的是案件的法律结构，第二句表达的是案件的法律结构，第三句表达的是法律结构与社会结构的关系。从基本的行文顺序来看，首先强调的是应充分考虑案件的法律结构，其次才是社会结构，案件的法律结构优先于案件的社会结构。

从重处罚情节都可以适用。因而,上述第1种至第4种情节都可以适用。由于影响预防刑的情节只能在责任刑以下影响刑罚的轻重,而依据上述第5种至第8种情节所确定的刑罚量必然超过责任刑,所以都不能适用。

五、结语

孟德斯鸠曾经指出:“在法律已经把各种观念很明确地加以规定之后,就不应再回头使用含混笼统的措辞。路易十四的刑事法令,在精确地列举了和国王有直接关系的诉案之后,又加上了这一句:‘以及一切向来都由国王的判官审理的诉案。’人们刚刚走出专横独断的境域,可又被这句话推回去了。”[1]酌定从重处罚情节的广泛适用就属于这种情况。在法治社会,刑罚量的增加需要刑法的明确规定。在刑法明确规定了各种从重处罚情节的情况下,人们就会依据这些规定来预测自己行为的后果,并据此作出或不作出某种行动。但是,当在法定从重处罚情节之外还保留了酌定从重处罚情节时,刑罚量的增加就变得模糊不清,为司法者任意增加刑罚量提供了正当性根据。因而,我国刑法理论长期以来所坚持的法定量刑情节和酌定量刑情节的量刑情节划分理论应当得到彻底反思。

从酌定从重处罚情节被广泛适用的实践来看,刑事政策对刑法司法具有重要的指导作用。例如,犯罪人的一贯表现就是在“坦白从宽,抗拒从严”这一长期以来被奉为经典的刑事政策的笼罩下发挥着作用。正是在这种刑事政策指导下,如果一个被认为是“坏人”的人犯了罪,那么他就应当承担更重的刑罚处罚。但是,对坏人的判断依据绝非法律,而更多的是来自琢磨不定的道德评价。在这种情况下,道德评价成为了在法律上从重处罚的依据,道德评价与法律评价混为一谈,严重背离近代以来所形成的法律与道德分离这一反封建的重大成果。

罪刑法定原则是法治原则,是法治在刑法领域的集中体现,要求通过刑法立法、刑法司法、刑法解释等活动得以具体展开。罪刑法定原则不仅要求“法无明文规定不为罪”,更为重要的是要贯彻“法无明文规定不处罚”。然而,从酌定从重处罚情节的实践和理论来看,我国刑法司法在罪刑法定原则的贯彻上

---

〔1〕[法]孟德斯鸠:《论法的精神》(下册),张雁深译,商务印书馆1963年版,第297页。

还不彻底,刑法理论也没有为该原则的具体贯彻提供行之有效的理论指导。因而,为了有效贯彻罪刑法定原则,应当从理论上抛弃酌定从重处罚情节的概念和逻辑,并根据并合主义的刑罚正当化根据对酌定从重处罚情节进行取舍,使之在法治的轨道上运行。

后　记

本书是我2011年以来对“普通”刑法问题研究的一个总结。其中,大部分已在国内的一些期刊发表,但在本书出版过程中做了适当修改,《刑法目的的基本层面及其展开》和《刑事政策与刑法的关系》两篇文章初次与读者见面。

之所以将2011年作为我学术研究的一个分水岭,是因为在此之前我主要从事的是刑法与民族习惯法之互动关系的研究,先后发表过一些有较大影响的论文;同时,出版了专著《正义的妥协——民族法文化视域的刑法思考》(法律出版社2009年版)。我始终坚信,只要付出努力,定会有回报。果不其然,《正义的妥协》出版后不久就在市场上购买不到。研究相关领域的学者和研究生多次向我提出送书要求,但我难以满足,对此深感遗憾。在研究刑法与民族习惯法之互动关系的过程中,我有两种感觉:一是很多专门从事法学研究的人认为这种研究的学术含量不高。实际上,对刑法与民族习惯法之互动关系的研究是典型的“中国”法学,较接地气。研究者不仅要懂法学,还要懂民族学、文化与社会人类学、宗教学等学科,所以对研究者知识储备的广度和深度要求更高。二是这方面的研究成果出版或发表较难。就著作的出版而言,需要更严格的审查程序和更长的出版期限;就论文的发表而言,编辑们都很慎重。

研究刑法与民族习惯法之互动关系的心路历程表明,开展该领域研究的难度和受到的阻力均较大,但我并未放弃对该领域的研究,而且我越发感觉到,立基于本土民族文化研究刑法问题,是我国刑法学摆脱尾随西方刑法学之后亦步亦趋,实现自我发展和发达的重要途径。但与此同时,我也应当向人们(特别是同行)表明,研究刑法与民族习惯法之互动关系的人同样可以在“普通”刑法领域做出贡献,而且在研究视角和方法上较独到。本书正是这种研究范式的一种体现。

本书能够顺利出版，首先要感谢法律出版社的编辑们。正是他们的辛勤劳作，使本书从题目到结构再到完整性上逐步得到完善。其次，要感谢河北大学政法学院的领导和同事们。正是他们多年来对本人研究工作的支持，才有了本书的研究内容。书中的很多观点得益于我的老师和同事犀利而诚挚的批评和建议。最后，感谢我的家人。正是他们分担了更多的家务工作，才给我腾出更多的时间来进行研究。

苏永生

图书在版编目(CIP)数据

刑法断思 / 苏永生著. -- 北京:法律出版社,
2017
(法学与法治建设研究文丛 / 孟庆瑜主编)
ISBN 978-7-5197-1529-8

Ⅰ.①刑… Ⅱ.①苏… Ⅲ.①刑法-研究 Ⅳ.
①D914.04

中国版本图书馆 CIP 数据核字(2017)第 260298 号

刑法断思
XINGFA DUANSI

苏永生 著

策划编辑 陈 妮
责任编辑 陈 妮
装帧设计 马 帅

出版 法律出版社
总发行 中国法律图书有限公司
经销 新华书店
印刷 北京京华虎彩印刷有限公司
责任校对 杨锦华
责任印制 吕亚莉

编辑统筹 财经出版分社
开本 720 毫米×960 毫米 1/16
印张 15.25
字数 230 千
版本 2017 年 11 月第 1 版
印次 2017 年 11 月第 1 次印刷

法律出版社/北京市丰台区莲花池西里 7 号(100073)
网址/www.lawpress.com.cn
投稿邮箱/info@lawpress.com.cn
举报维权邮箱/jbwq@lawpress.com.cn
销售热线/010-63939792
咨询电话/010-63939796

中国法律图书有限公司/北京市丰台区莲花池西里 7 号(100073)
全国各地中法图分、子公司销售电话:
统一销售客服/400-660-6393
第一法律书店/010-63939781/9782
西安分公司/029-85330678
重庆分公司/023-67453036
上海分公司/021-62071639/1636
深圳分公司/0755-83072995

书号:ISBN 978-7-5197-1529-8
定价:48.00 元